石头里有一只会飞的鹰

雕塑家用一块普通的石头雕了一只鹰，栩栩如生，振翅欲飞。观者无不惊叹。问其技，曰：石头里本来就有一只鹰，我只不过将多余的部分去掉，它就飞起来了。

雕塑家回答奇妙，以故事开头，引人入胜。

这个回答很有哲理。

原子弹爆炸是因为原子核里本来就有原子能；植物发芽，是因为种子里本来就有生命。它不爆炸、不发芽，是因为它有一个多余的外壳，我们去掉它，它就实现了它自己的价值。达尔文本酷爱自然，但父亲一定要他学医，他不遵父命，就成了伟大的生物学家。居里夫人二十五岁时还是一名家庭教师，还差一点当了小财主家的儿媳妇。她勇敢地甩掉这些羁绊，远走巴黎，终于成为一代名人。鲁迅先是选学地质，后又学医，当把这两层都剥去时，一位文学大师就出现了。就是宋徽宗、李后主也不该披那身本来就不属于他的龙袍，他们在公务中痛苦地挣扎，还算不错，一个画家、词人终于浮出水面。这是历史的悲剧，但也是成才的规律，是做事的规律。物各有主，人各其用，顺之则成，逆之则败。佛说，人人都是佛，就看你能不能跳出烦恼。原来每个人都有一堆"烦恼"裹着一个"自我"，而我们却常常东冲西突，南辕北辙，找不到自我。

以原子弹爆炸和植物发芽来类比哲理，形象、深刻，说服力强。

列举典型事例，论证成才成事的规律：去掉多余的外壳。

每当我看杂技演出时，总不由联想一个问题，人体内

"她就是石头里飞出来的一只鹰"，论述中，不忘照应开篇的材料。

好画、好歌、好文章，运用排比论证观点，有气势。

进一步举例论证，明确"多余的外壳"就是"虚荣"。

"总要把一只鹰一层层地裹在石头里"，又在回扣开头材料。

联系现实生活，明确做法：学会以减为加。

到底有多少种潜能。同样是人，你看，我们的腰腿硬得像个木棍，而演员却软得像块面团。因为她只要一个"软"字，把那些无用的附加统统去掉。她就是石头里飞出来的一只鹰。但谁又敢说台下的这么多的观众里，当初就没有一个人身软如她？只是没有人发现，自己也没有敢去想。法国作家福楼拜说："你要描写一个动作就要找到那个唯一的动词，你要描写一种形状就要找到唯一的形容词。"那么，你要知道自己的价值，就要找到那个唯一的"我"，记住，一定是"唯一"，余皆不要。好画，是因为舍弃了多余的色彩；好歌，是因为舍弃了多余的音符；好文章，是因为舍弃了多余的废话。一个有魅力的人，是因为他超凡脱俗。超脱了什么？常人视之为宝的，他像灰尘一样地轻轻抹去。建国后，初授军衔，大家都说该给毛泽东授大元帅。毛说，穿上那身制服太难受，不要；居里夫人得了诺贝尔奖，她将金质奖章送给小女儿在地上玩；爱因斯坦是犹太人的骄傲，以色列开国，想请他当第一任总统，他赶快写信谢绝。他们都去掉了虚荣，舍弃了那些不该干的事，留下了事业，留下了人格。

可惜在现实生活中，我们总是算加法比算减法多，总要把一只鹰一层层地裹在石头里。欲孩子成才，就拼命地补课训练，结果心理逆反，成绩反差；想要快发展，就去搞"大跃进"，结果欲速不达；想建设，就去破坏环境，结果生态失衡，反遭报复。何时我们才能学会以减为加，以静制动呢？

诸葛亮说"宁静致远"，当你学会自己不干扰自己时，你就成功了。老子说"无为而治"。马克思对共产主义社会的解释是"自由人联合体"，连国家机器也将消亡。

当社会能省掉一切可以省掉的东西时，最理想的社会就出现了。

展望正确做法的意义。

阅读指导

　　文章以雕塑家的故事开头，引出论点，即人生要懂得学会减法，省掉一切可以省掉的东西，才更能获得成功。相当于材料作文，概述材料，提炼论点。然后逐层推进，先是论证成才成事要去掉多余的外壳，继而论证虚荣就是多余的外壳，然后联系现实，提出要学会减法，也就是提出怎么办，最后，展望正确做法对个人、对社会的意义。文章逐层推进，结构严谨，观点鲜明，论述深刻。

　　以第三段为例，主要运用了举例论证方法。通过列举达尔文、居里夫人、鲁迅、宋徽宗、李后主等人舍弃了自己不喜爱的，做自己喜欢的事业，取得成功的事例，证明了去掉多余的外壳就能成才成事的观点，增强了文章说服力。文章还采用了比喻论证、引用论证，使说理形象生动、说服力强。

　　行文中注意紧扣材料，突出中心论点，也是本文可以学习的特色。

　　标题新颖，比喻贴切，石头比喻影响人们的多余的外壳，鹰比喻成功，鲜明地表达了论点。

普京独行在空旷的大街上

网上视频播出，普京参加完自己柔道启蒙教练的葬礼后，拒绝记者、警卫的跟随，一个人行走在圣彼得堡空旷的大街上。

简介视频，引出评述事件。

他紧贴着临街的窗户，走在窄窄的有点老旧的人行道上，一会儿又跨过一条马路，跃上对面的人行道，偶有行人看他一眼，也各行其道。以我们的习惯思维，这首先有安全问题，其次还有老百姓的围观。我老觉得那临街的窗户里会随时伸出一把手枪，或者路边会有人下跪上访，给一个难堪。但是没有，普京只是自顾自地走着，行人也没有人大惊小怪。官不觉官，民自为民，这是一种多么平静的政治生态。微风吹起普京西服的下摆，他扬起光头，甩着一副摔跤手的臂膀，目光向前。我不知道他在想什么，是想安静一会儿，还是想看看这片他治下的土地。他难道就不怕安全不保，不怕有人来纠缠。但从画面看，他一身胆气，淡定自然。这不只是因为他柔道出身，有一身好武艺，还因别有一种政治上的自信。

叙述中侧重"自顾自地走着，行人也没有人大惊小怪"，评议他一身胆气，淡定自然，并追溯原因："别有一种政治上的自信"。

这场面又令我联想起几个镜头。毛泽东当年也常这样一个人走在延安的大街上，不时和迎面而来的农民打招呼。这有斯诺的《西行漫记》为证，也曾有一张他双手叉腰与人说话的照片。周恩来喜好话剧，上世纪五十年代他常去看"人艺"的戏，夜戏散后就和回家的演员一起，同行在

联系三个伟人的镜头，以引出进一步思考。

北京后半夜空旷的大街上，热烈地讨论着剧情和演技。德国女总理默克尔下班后就到超市买菜，还排队交钱。法国总统希拉克是个大个子，也爱一人漫步巴黎街头。一天他发现一个小孩紧随其后，便回身问："是要签名吗？"孩子说："不，不需要签名。天热，我走在你的影子里凉快些。"童言无忌，他大惭，人民不看重他的虚名，而是要他给民以实惠。当晚，他写了一篇《我愿给你们带来阴凉》的讲稿，作为他的施政纲领。

提出问题：党群关系。用党史教训和基层一些不良现象，指出干部应该"先自自然然地做人，再兢兢业业地做事"。

　　这里引出了一个问题，政治家或者我们的干部，与群众应该是一种什么样的关系，他自己应该是一种什么样的常态心理。中国人经历了文化大革命的特殊岁月后，深刻地懂得了一个真理：领袖是人不是神。不但一般人从政治现实中深切地明白了这一点，党也将此作为一种政治经验总结成文件。一九八〇年七月三十日中央通过少宣传个人的五条规定，同年十月二十日又通过决定，二三十年内不挂现任领导人像，防止个人迷信。可惜，中央带头了，基层却很牛。有些人经常表现为无事忙，有事慌；对下欺，对上瞒；对内硬，对外软；无事拿架子，有事扶不起。作者出差就不止一次地遇到"清街""闭景区"等。共产党本来是为人民服务的，一个服务员去服务的时候怎么能让被服务者回避呢？当然更不能敲锣打鼓，像刘邦还乡那样。正常地生活在人民群众中，这不仅是共产党政治的要求，即使一些进步的资产阶级政治家，甚至封建政治家也能做得到。但现在我们却还是不得不从最基本的说起，时时提醒干部不要脱离群众，不要害怕群众，不要画地为牢，也不要作秀，不要哗众取宠。要学会先自自然然地做人，再兢兢业业地做事。

但政治家毕竟不是一个普通的人，他要有特殊的机敏和坚定的信念，虽不作秀，却必须做事。几乎与这个独步街头的画面同时，电视台还有一个画面是普京怒斥日本记者的挑衅。日首相安倍与普会谈后共同举行答记者问。这应是一个严肃的场合，安倍在喋喋不休地讲话，普在一旁无聊地玩着手中的一支笔。我立即想起奥巴马对普的印象："他很随便，就像一个坐在后排的懒散的学生。"但是，当一个日本记者问普京："为什么俄在'北方四岛'继续修建地热发电站？这是日本绝不接受的举动。俄什么时候能停止推行这一十分令人气愤的政策？"普京，这个打盹的老虎，立即锐利地回答："我发现您是在认真地读写在小纸条上的问题。我想请您向指示您提问的人转达以下内容：这些领土问题不是我们制造出来的，这是一百年前就有的历史遗留问题。如果您想捣乱，继续直接提出强硬的问题，那您也一定会直接得到强硬的答案。"这是打狗给主人看，在一旁的安倍如坐针毡，但也无可奈何。普京是无事散，有事强；对内柔，对外刚。这又使我想起当年毛泽东在中国还不得不依赖苏联的情况下却在谈判桌上痛斥赫鲁晓夫："是不是想把我们的沿海都拿去？"还有，邓小平在大会堂对为香港问题来访的英国首相撒切尔夫人说："主权问题绝不能谈判。"震得铁娘子出门就跌了一跤。还有陈毅那段有名的外交逸事。有外国记者问陈毅"中国是否好战"，陈毅拍着桌子怒道："我们等候美帝国主义打进来，已经等了十六年。我的头发都等白了！或许我没有这种幸运能看到美帝国主义打进中国，我的儿子会看到，

正反举例，进一步思考政治家要善于并敢于做事。

283

他们也会坚决打下去！"

　　我曾有诗言："宠而不惊，弃而不伤。丈夫立世，独对八荒。"政治人物算得上是有作为的大丈夫了，切不要自宠、自伤。他要独对的是各种复杂的问题，是整个国家、整个世界，是一片空旷的未来。为了对得起这个职位、这个局面，他首先内心要自然坦诚，宁静致远。古人言，"居官无官官之事"，就是说不要走路坐卧总把自己当个官。无论是毛泽东在延安的街头，还是周恩来说戏，希拉克与儿童对话，还是普京逛街，默克尔买菜，他们都有一个坦诚的我，不是总拿自己当个官；第二，他又随时不忘自己的责任，该变脸时就变脸、敢变脸。无论是普京骂记者还是邓小平斥铁娘子都是为国家利益而担当，这时又没有了自我，只有官身、官责。这大概就是毛泽东评价自己时说的一半猴气，一半虎气。能公能私，能我能国，或猴或虎，是为真男子。他脚下踩着一片结实的土地，行走在一条空旷的大街上，任我行，不作秀，不回头。

以普京独行大街结尾，回应开篇材料，语意深刻。

阅读指导

二〇一三年八月十八日网上视频播出普京独行在空旷的大街上，第二天《人民日报》就发表了这篇署名时事评论，即梁衡的题为《普京独行于空旷大街：有一种政治上的自信》的文章。

普京独行在空旷的大街上，他一身胆气，淡定自然，别有一种政治上的自信。奥巴马曾经说过："他很随便，就像一个坐在后排的懒散的学生。"但当问到重要的问题时他还是会给出有力的答案，一如打盹的老虎立即目光炯炯地直接反击，这就是普京，外表似小孩，内心却装着国家装着责任与抱负。一个国家的领导者首先要有自己的特色，自己的见解，自己的本色。

梁衡以几十年的记者职业敏感和党性修养，敏感而深刻地抓住了这条新闻的巨大价值。文章除了讲普京自信地独行外，还列举了当年毛泽东、周恩来、陈毅、邓小平的往事。提倡各级干部都应该有普京和中国老一代革命家那样的风格，批评了"有些人经常表现为无事忙，有事慌；对下欺，对上瞒；对内硬，对外软；无事拿架子，有事扶不起"，寄予了一种期望，"随时不忘自己的责任，该变脸时就变脸，而且敢于变脸"，盼望我们当今的政治家或各级干部能始终明确自己与群众应该是一种什么样的关系，自己应该保持一种什么样的常态心理，呼唤"要随时不忘自己的责任，要学会先自自然然地做人，再兢兢业业地做事"。为了对得起这个职位，这个局面，他首先内心要自然坦诚，宁静致远。又随时不忘自己的责任，该变脸时就变脸、敢变脸。能公能私，能我能国，或猴或虎，做真男子。

285

文章由视频简介写起，先想象和阐释了普京政治上的自信，然后联想起毛泽东、周恩来、默克尔、希拉克的四个镜头，从而引出了"政治家或者我们的干部，与群众应该是一种什么样的关系，他自己应该是一种什么样的常态心理"的身边的现实问题，提醒干部不要脱离群众，并进而联系当代国际外交生态，对政治家提出"不作秀""必须做事"的期望，盼望政治人物能做有作为的大丈夫。文章"引、议、联、析、结"，逐层推进，娓娓而谈，广征博引，叙议结合，针针见血，具有雄辩的逻辑力和警世的震撼力。本文的语言精准、简洁、有气势，尾句"他脚下踩着一片结实的土地，行走在一条空旷的大街上，任我行，不作秀，不回头"，整散结合，意蕴深厚，铿锵有力。

邓小平认错

一个时代的转型和国家的进步，是以其领袖的思想转变为标志的。当我们欢呼中国改革开放三十年的成就时，不能不追溯到三十年前的一个思想细节。

由一个道理入题，引出对要评议的新闻事件的回顾。

一九七八年十月邓小平访问新加坡。而这之前中国在极"左"时期一直称新为"美帝国主义的走狗"。当邓小平吃惊地看到新加坡的成就时，他承认对方实行的对外开放、引进外资的方针是对的。当谈到中国的对外方针时，李光耀说，中国必须停止革命输出。邓小平停顿片刻后突然问："你要我怎么做？"这倒让李吃了一惊。他就大胆地说："停止马共和印尼共在华南的电台广播，停止对游击队的支持。"李光耀后来回忆："我从未见过一位共产党领袖，在现实面前会愿意放弃一己之见，甚至还问我要他怎么做。尽管邓小平当时已七十四岁，但当他面对不愉快的现实时，他还是随时准备改变自己的想法。"

回顾事件及当事人的感想。

这次新加坡之行，邓小平以他惊人的谦虚代表中国共产党和政府承认并改正了两个错误：一是改变保守自闭，对外开放，引进外资；二是接受建议，不再搞革命输出；大大改善了中国的对外关系。这是多么难能可贵的自我批评精神啊。

以鲜明的观点来评论事件，提出中心观点：认错是难能可贵的自我批评精神。

人孰能无错？但并不是人人都能事后认错。普通人认错难，有光环笼罩和鲜花托举的伟人、名人认错就更难。

但也正是这一点考验出一个人的品格与能力。纵观历史，名人，喜功、贪功的多，自责、担责的少。像邓小平这样，大功不自喜，大德不掩错，是真伟人。平时，我们看一个人的成功，总是说他发现了什么，创造了什么？其实同样重要的另一面是他承认了什么，改正了什么？当一个人承认并改正了前一个错误时，就为他的下一个创造准备了条件，铺平了道路。而当一个伟人这样做时，他就为国家民族的复兴铺平了道路。延安时期搞抢救运动，伤害了革命同志，毛泽东亲自到会道歉，脱帽鞠躬。一九五八年犯了大跃进错误，第二年在庐山会议上毛泽东认错说："去年犯了错误，每个人都有责任，首先是我。"当然，这次认错不彻底也为以后的"文革"留下祸根。"文革"之后，小平主政，总结历史教训，他没有委错于人，而是代毛泽东认错，说："讲错误，不应该只讲毛泽东同志。大跃进，毛泽东同志头脑发热，我们不发热？在这些问题上要公正。中央犯错误，不是一个人负责，是集体负责。"后来他又多次讲到，不争论，团结一致向前看。是这种谦虚的实事求是的科学态度，保证了大转折时期的平稳过渡。一个领袖的英明，包括他的智慧、魄力，也包括他的谦虚、诚实。一个民族的幸福不只是有领袖带领他们取得了什么成就，更是带领他们绕开了什么灾难。领袖一念，国家十年，伟人多一点谦虚，国家就少一次失误，多一次复兴的机会。

　　认错是痛苦的，一个伟人面向全体人民和全世界认错，更要经受巨大的心灵痛苦。党犯了错误，总得有人出来担其责，重启新航；一个时代的失误，总得有人来画个句号，另开新篇。这不是喜气洋洋的剪彩，是痛定思痛，发愤图

结合党史教训，论证认错的实质和领袖认错的意义。

288

强的誓言。只有那些敢于担起世纪责任的人，才会有超时代的思考；只有那些出以公心为民造福的人，才能不图虚名，面对现实，实事求是。当我们今天沉浸在改革开放的喜悦中时，请不要忘记当年一代伟人痛苦的思考和艰难的抉择。

点出能认错的原因。

结尾结合形势回扣主题，使结构完整。

阅读指导

　　新加坡前总理李光耀在回忆录中谈起了邓小平在"文革"后出访时的一件事，作者敏锐地感受到了邓公的胸怀、眼光，感受到了当年这一细节给予当今中国带来的巨大意义。

　　"文革"后期，邓小平主持大局，为了国家富强与民族振兴，他访问了日本、新加坡及欧洲的一些国家，实地参观了解，听取了这些国家领导人提出的忠告和建议。在新加坡，谈到中国的对外方针，他直率、坦诚地听从了李光耀的建议，连李光耀都意想不到，"我从未见过一位共产党领袖，在现实面前会愿意放弃一己之见，甚至还问我要他怎么做。尽管邓小平当时已七十四岁，但当他面对不愉快的现实时，他还是随时准备改变自己的想法"。这里，既体现了邓小平的"惊人的谦虚"，也体现了一代伟人"难能可贵的自我批评精神"。

　　普通人认错难，有光环笼罩和鲜花托举的伟人、名人认错就更难。看一个人的成功，既要看他创造了什么，同样重要的另一面是他承认了什么，改正了什么。这一点，考验出一个人的品格与能力。而当一个伟人这样做时，他就为国家民族的复兴铺平了道路。像邓小平这样，大功不自喜，大德不掩错，以谦虚的实事求是的科学态度，保证了大转折时期的平稳过渡。一个民族的幸福不只是有领袖带领他们取得了什么成就，更是带领他们绕开了什么灾难。领袖一念，国家十年，伟人多一点谦虚，国家就少一次失误，多一次复兴的机会。作者不仅结合具体例子赞扬了邓小平的谦虚、诚实，智慧、魄力，更由此赞扬了他面向全体人民和全世界认错而经受巨大心灵痛苦——"担起世纪责任"的超时代的思考，以及"出以公心为民造福"的不图虚名、实事求是的伟大人格。

　　善于置换历史背景，是梁衡散文震撼人心的魅力之源。文章首尾都扣住三十年后的今天，从今天欢呼中国改革开放三十年的成就，从人们沉浸在改革成功的喜悦中，来追溯、思考邓公认错的伟大意义、现实意义及警醒意义。

做人如写字，先方后圆

以比喻为标题，形象深刻。

我常恨自己字写得不好，许多要用字的场合常叫人尴尬。后来我找到了根子上的原因，自己小时用的第一本字帖，是赵孟頫的《寿春堂记》，字圆润、漂亮，弧线多，折线少，力度不够。当时只觉好看，谁知这一学就入了歧途。字架子软，总是立不起来。后来当记者，更是大部分时间左手握一个小采访本，右手在上面边听边画，就更没有什么体，只是一些自己才认识的符号。

由字写得不好的生活感受写起，先言他事。

一次读史，说书法家沈尹默的字原来并不好，他和陈独秀相熟，一天在友人聚会的酒桌上，陈当众挖苦他的字不好，沈摔筷下楼而去，从此发愤练字而成名家。"文革"中沈的"检查"大字报，常是白天贴出，晚上就被人偷去珍藏。我也曾多次发愤练字，但总是有比写字更重要的事等着我，使我一次次"愤"不起来。因为如果真要练字，就得从头临帖，从头去学欧阳询、颜真卿、柳公权，而这却要花时间。真奇怪，欧、颜、柳、赵，三硬一软，我怎么当初就偏偏学了一个赵字呢？我甚至私下埋怨父亲没有尽到督导之责，一失足酿成终身恨。

写沈尹默发愤练字，而自己却没有时间再练。继续讲故事，写自己的悔恨。

后来又看到曾国藩谈写字，说心中要把圆形的软毛笔当作一个四面体的硬木筷去用，转角换面，字才有棱有角，有力有势。于是我就去帖求碑，以求其硬，专选《张黑女墓志》《张猛龙碑》这种又方又硬的帖子来练。说是练，其实是看。

办公桌一角摆上"二张"，腰酸背困之时，翻开看上几眼。练字要有童子功，就像小演员走台步，要用笔锋走遍那字架的每个角、每个棱。童子早不再，逝者如斯夫，我还是没有时间。字没练成，理倒是通了：学字要先方后圆。先把架子立起来，以后怎么变都好说。就像盖房，先起钢筋、骨架、墙面，最后装修任你发挥。如果先圆再去求方，就像对一个已装修完的家，要回头去改墙体结构，实在太难，只有推倒重来。而人生没有返程票，时光不能倒流，岂能什么事都可以推倒重来？只好认了这个苦果，好字待来生了。

继续讲故事：找帖来看，还是没练成字。由故事开始引发道理：学写字要先方后圆。

做人如写字，也要先方后圆。赵孟頫是宋臣而后又事元的，确实圆而不方，不像文天祥。人若能先方，即小时吃苦磨炼，修身治学，品行端方，后必有大成。一个人少年时就圆滑、懦弱，就很难再施教成才；而小时方正，哪怕刚烈、莽撞些，也可裁头修边，煨弯成才。

引出文章的主题，提出并阐释做人的道理。层层铺垫，由生活小事，阐发出深刻的做人道理。小中见大，以小喻大，显示出作者观察与思考生活的细致、敏锐和深刻。

293

阅读指导

　　这篇生活感悟，借写字谈做人的道理，将深奥的抽象道理寓于浅显的生活经历中，娓娓道来，由浅入深，以小见大，写得既形象又深刻。

　　作者在许多要写字的场合常觉得尴尬，羞于自己的字写得不好，便埋怨父亲没有尽到教育的责任，让自己小时候临摹赵孟頫的架子软的字帖。后来做记者时，作者习惯采访时在采访本上快速记画，字也就更不好看了。尽管一次次想练字，却没有时间练。

　　字没练成，倒是想通了练字道理：学写字要先方后圆。又因为世事纷扰，总是在应付着怎么做人，就悟出了做人的道理：做人如写字，也要先方后圆。人生的智慧，总是从生活中细细品味得来。做生活的有心人，才能感受到生活的启迪，才能积累写作素材，才能提升写作水平。

　　文章运用举例论证、比喻论证和正方对比论证来说理。说作者要发愤练字，举了书法家沈尹默当众受辱后发愤练字而成名成家的例子，以此来激励自己。讲写字道理时，类比了盖房装修。盖房要先起钢筋、骨架和墙面，先把架子立起来，才能在装修时让你发挥。在谈做人道理时，举例赵孟頫和文天祥，从正反两方面来谈如果小时圆而不方，则以后修身治学难以有大成就。

　　文章短小精悍，语言既口语化，又有化用古语、整散结合、自造警语等特点。如"一次次愤不起来""我怎么当初就偏偏学了一个赵字呢""看上几眼，过过瘾"，运用口语，生动亲切，情感鲜明。"一失足成终身恨""童子早不在，逝者如斯夫"，让语言以有文雅气息，便于传达深沉厚重的情感。"如果一个人少年时就圆滑、懦弱，就很难再施教成才；而小时方正，哪怕刚烈、莽撞些，也可裁头修边，煨弯成才"，增强气势，使作者的观点更加鲜明、突出，具有说服力。"人生没有返程票""做人如写字，先方后圆"，鲜明深刻，警醒有力。文章虽短，却自然亲和，而又凝练深刻，如品橄榄，越品越有味。

社交礼仪

马红坤　主编

编辑委员会

主编：马红坤

副主编：邹松林　徐衡　王涛涛

编委：邹波　肖希茜

知识出版社
Knowledge Publishing House

图书在版编目（ＣＩＰ）数据

社交礼仪 / 马红坤主编. -- 北京：知识出版社，
2015.3

ISBN 978-7-5015-8413-0

Ⅰ．①社… Ⅱ．①马… Ⅲ．①心理交往—礼仪—高等
学校—教材 Ⅳ．①C912.1

中国版本图书馆CIP数据核字(2015)第034526号

社交礼仪

出 版 人　姜钦云
责任编辑　周玄
装帧设计　罗俊南
出版发行　知识出版社
地　　址　北京市西城区阜成门北大街17号
邮　　编　100037
电　　话　010-88390659
印　　刷　阳谷毕升印务有限公司
开　　本　710mm×1000mm　1/16
印　　张　20
字　　数　180千字
版　　次　2015年3月第1版
印　　次　2021年1月第4次印刷
书　　号　ISBN 978-7-5015-8413-0

定　　价　32.00元

前　言

　　礼仪是人类维系社会生活而共同遵守的道德和行为规范，它是人们在长期共同生活和相互交往中逐渐形成的、并以风俗、习惯和传统等方式固定下来的行为准则。对个人来说，礼仪是道德水平、文化修养、交际能力的外在表现；对社会来说，礼仪是国家文明程度、道德风尚和生活习惯的反映。

　　社交礼仪是一种无声的人际交往语言，它不仅能体现一个人的涵养和素质水平，而且有利于我们的身心健康，对我们的学习、生活都有重要的影响。在信息化高度发达的今天，熟悉掌握并合理运用社交礼仪是每一个大学生必需的基本技能。

　　目前，国内关于社交礼仪的图书种类繁多，大部分图书的受众是社会人士，语言过于通俗，案例过于简单，并且缺乏一定的理论水平，不能满足学校技术技能型人才培养的要求。学校为学生开设《社交礼仪》课程的目的不仅是要其掌握社交中的一些基本知识和理论，熟悉各种社交场合的应对方法和策略，使学生在校期间，以及走向工作岗位后均能与人和谐交往，而且也重视其创新教育及素质教育，侧重其职业核心能力的培养。因此，学校迫切需要一本适合本校学生的《社交礼仪》教材来满足教学的需要。

　　本书共分为十二章，内容包括礼仪概述、仪容仪表礼仪、语言沟通礼仪、迎送礼仪、宴请礼仪、求职礼仪、办公室礼仪、通信礼仪、会议礼仪、公共场所礼仪、推销礼仪、商务仪式礼仪等。本教材的每个章节都包含最新的案例、课程小结、思考与练习、活动与探索等内容，便于读者学习掌握。《社交礼仪》一书是老师们在多年礼仪教育与研究的基础上撰写的礼仪教材。教材体系完整，结构合理，特别结合当前大学生的实际情况和职业发展前景编写，具有很强的实用性，是一部理论联系实际的教材。

本书由马红坤担任主编，邹松林、徐衡、王涛涛担任副主编，编委有邹波、肖希茜等，胡剑锋作为本书主审，确立了目录大纲。具体写作分工如下（按各章节先后顺序）：第一章和第二章由马红坤编写，第三章和第四章由邹松林编写，第五章、第六章和第七章由肖希茜编写；第八章至十二章由邹波编写。

本书在写作过程中借鉴了许多专家学者的有关论著，也整理了许多网络中新颖的案例，尤其得到了出版社编辑的悉心帮助，在此特表示衷心的感谢。由于水平有限，书中疏漏或不足之处在所难免，恳请广大读者批评指正。

CONTENTS

目 录

目录

第 1 章
礼仪概述

　　本章简要介绍了礼仪的含义及其发展历程，并在此基础上探讨了现代礼仪的特点；针对当前社会中人们的礼仪修养，指出了加强礼仪知识学习的重要性和必要性。

名言警句

不学礼，无以立。

——《史记·孔子世家》

能以礼让为国乎，何有？不能以礼让为国，如礼何？

——《论语·里仁》

1.1 礼仪概述

礼仪作为人类历史发展中形成的一种浓郁的文化，其不仅是社会生活的要求，也是个人乃至民族文明程度的体现。我国自古就是一个讲究礼仪的国家，礼仪文化源远流长，素有"礼仪之邦"的美称。

1.2 礼仪的概念与含义

礼仪作为人类交际的表现形式之一，同绘画、文字等其他文明表现形式一样，是人类不断摆脱愚昧、野蛮，逐渐走向文明、开化的标志和见证。因此，了解礼仪的概念和含义有助于我们对人类文明的发展有一个更清晰的认识。

1.2.1 礼仪的概念

礼仪是指人们在社会交往中受历史传统、风俗习惯、宗教信仰、时代潮流等因素影响而形成的，既为人们所认同，又为人们所遵守，以建立和谐关系为目的的各种符合交往要求的行为准则和规范的总和。总而言之，礼仪就是人们在社会交往活动中应共同遵守的行为规范和准则。

从个人修养的角度来看，礼仪可以说是一个人内在思想水平、文化修养及交际能力等的外在表现。

从交际的角度来看，礼仪可以说是人际交往中适用的一种艺术，是一种交际方式或方法。礼仪是人际交往中约定俗成的示人以尊重、友好的习惯做法。

从传播的角度来看，礼仪可以说是在人际交往中进行相互沟通的技巧。

1.2.2 礼仪的含义

伴随着社会价值观的根本改变，礼仪也被赋予了全新的现代意义。那些旨在维护森严的封建等级制度的礼仪，尤其是那些落后的繁文缛节，新的社会制度和价值体系非但无法接纳，而且必须予以抛弃。

如果说传统意义上的礼仪是一种涵盖一切制度、法律和道德的社会行为规范的话，那么今天的礼仪则仅仅是礼貌、礼节等相关活动的形式。

礼仪属于道德范畴，是礼节和仪式的总称，是在人际交往中以某种约定俗成的程序、方式来表现的律己、敬人的过程。礼仪的本质就是通过规范化的行为来表示人际间的相互尊重、友善和包容。

重要提示

礼仪涉及穿着、交往、沟通、情商等内容，可大致分为社交礼仪、政务礼仪、商务礼仪、服务礼仪、涉外礼仪五大分支。礼仪是综合性的学科，所谓五大分支，仅是相对而言，各分支礼仪内容都是相互交融的。

阅读材料

高明的《礼学新探》提出礼的意义

高明的《礼学新探》提出礼的意义有三。

1. 礼"是宜乎履行的"。如《说文解字》将之训为"履"，荀子云："礼者，人之所履也"（《荀子·大略》）。这可用当代西方哲学所谓的"实践"一词来理解。

2. 礼"是合乎道理的"。如《礼记·仲尼燕居》云："礼也者，理也，君子无理不动。"荀子云："礼也者，理之不可易者。"这是指"礼"的实践是依于普遍道理而行，这一普遍道理可通过哈贝马斯的"共识论"来理解。

3. 礼"是舍乎人情的"。如《礼记·坊记》："礼者，因人之情，而为之节文，以为民坊者也。"《礼记·礼运》："故圣人之所以治人七情，舍何以治之？"这是指礼是调节人生各种情怀的表现，可通过舍勒的"情之现象学"及孔汉斯的"全球伦理观"来理解。

1.3 礼仪的起源与发展

礼仪作为社会生活的行为规范，是与人类社会同时产生、同步发展的。每个阶段都会形成与之相适应的礼仪。每种礼仪形式，都有一个从无到有、从低级到高级、从局部到整体的演变过程。

1.3.1 礼仪的起源

了解礼仪的起源，有利于认识礼仪的本质，自觉地按照礼仪的规范要求进行社交活动。对于礼仪的起源，研究者们有各种观点，综合起来，大致可归纳为以下几种：

有一种观点认为，礼仪起源于祭祀。东汉许慎的《说文解字》对"礼"字的解释是这样的："履也，所以事神致福也。"意思是实践约定的事情，用来给神灵看，以求得赐福。"礼"字是会意字，"履"（jī）指祭祀时盛祭品的器皿，从中可以分析出，"礼"字与古代祭祀神灵的仪式有关。古时祭祀活动不是随意进行的，而是严格地按照一定的程序、一定的方式进行的。郭沫若在《十批判书》中指出："礼之起，起于祀神，其后扩展而为人，更其后而为吉、凶、军、宾、嘉等多种仪制。"这里讲到了礼仪的起源以及礼仪的发展过程。

有一种观点认为，礼仪起源于法庭的规定。在西方，"礼仪"一词源于法语的"etiquette"，原意是"法庭上的通行证"。古代法国为了保证法庭中活动的秩序，将印有法庭纪律的说明文件发给进入法庭的每个人，作为遵守的规矩和行为准则。后来"etiquette"一词进入英文，演变为"礼仪"的含义，成为人们交往中应遵循的规矩和准则。

另外还有一种观点认为，礼仪起源于风俗习惯。人是不能离开社会和群体的，人与人在长期的交往活动中，渐渐地产生了一些约定俗成的习惯，久而久之这些习惯成为人与人交往的规范，当这些交往习惯以文字的形式被记录，并同时被人们自觉地遵守后，就逐渐成了人们交际交往中固定的礼仪。遵守礼仪，不仅使人们的社会交往活动变得有序、有章可循，同时也能使人与人在交往中更具有亲和力。1922年美国学者伊丽莎白·波斯特的《西方礼仪集萃》一书问世，该书在开篇中这样写道："表面上礼仪有无数的清规戒律，但其根本目的在于使世界成为一个充满生活乐趣的地方，使人变得平易近人。"

从礼仪的起源可以看出，礼仪是在人们的社会活动中，为了维护一种稳定的秩序，保持一种交际的和谐而应运产生的。一直到今天，礼仪依然体现着这种本质特点和独特功能。

1.3.2 我国礼仪的发展

1. 萌芽

我国素有"礼仪之邦"的美誉，礼仪文化源远流长。"礼"最早出现在金文里面。在人类发展的最初期，人们对火山、地震、电闪雷鸣等自然现象无法解释，从而认为天地间有神、鬼的存在。出于对天地鬼神的惧怕、敬仰，人们就会举行一些仪式，用物品来祭拜，这就是礼的萌芽。这从"礼"字的繁体"禮"可以看出（见图1-1）。北京的"天坛"、"地坛"就是古代国君用来祭天祭地的建筑。

图1-1 "礼"的繁体

2. 发展

古代尧舜时期，已经有了成文的礼仪制度，即"五礼"：祭祀之事为吉礼，冠婚之事为嘉礼，宾客之事为宾礼，军事之事为军礼，丧葬之事为凶礼。

尧舜时期制定的礼仪经过夏、商、周这三个时代 1000 余年的总结、推广而日趋完善。周朝前期历经文王、武王、成王 3 个君主，重新"兴正礼乐，度制于是改，而民和睦，颂声兴"，周公还在朝廷设置礼官，专门掌管天下礼仪，使礼制臻于完备。在这个时期，礼仪被打上了阶级的烙印。为了维护自己的统治地位，奴隶主开始将原始的宗教礼仪发展为符合奴隶社会政治需要的"礼制"，即将礼仪制度化，形成了典章制度和刑典法律。

春秋战国时期，诸子百家争鸣，礼仪也产生了分化。礼仪制度成为国礼，民众交往的礼俗也逐渐成为家礼。《管子·牧民》中有"大礼"和"小礼"之说，意为"礼之大者在国家典章制度，其小者在平民日用居处行为之间"。后来以孔子、孟子为主的儒家学派系统地阐述了礼制的起源、本质和功能，第一次在理论上全面而深刻地论述了社会等级秩序的划分及其意义。

纵观封建社会的发展历程，可以说历代统治者都十分重视礼仪，自秦汉以后的历代统治都推崇儒家的"社治"。汉武帝时期，"废黜百家，独尊儒术"的治国方略确定之后，礼仪作为社会道德、行为标准、精神支柱，其重要性提高到了前所未有的高度。统治者根据自己的统治需要，在演习周礼的基础上，不断对礼制加以修改、补充、完善。"导之以德，齐之以礼"，让人们以"礼"仪为准绳，不得逾越。统治者还在朝廷设置掌管天下礼仪的官僚机构，如汉代的大鸿胪、尚书礼曹，魏晋时的祠部（北魏又称仪曹），隋唐以后的礼部尚书（清末改为典礼院）等。这种"以礼治国"的做法，对于稳定当时的社会秩序起到了重要作用。

封建社会礼仪的内容大致涉及国家政治礼制和家庭伦理两类。礼制的核心思想已从奴隶社会的"尊君"观念发展为"君权神授"的理论体系，所以"天不变，道亦不变"。这里的"道"指的就是封建的"三纲五常"（"三纲"即"君为臣纲，父为子纲，夫为妻纲"，"五常"即"仁、义、礼、智、信"），形成了完整的封建礼仪道德规范。到了宋代，封建礼制有了进一步的发展，产生了封建理学理论，并把道德和行为规范作为封建礼制的中心。"三从四德"就是这一时期女子道德礼仪的标准。封建礼仪中的"君权神授"夸大、神化了帝王的权力，"三纲五常"、"三从四德"压抑了人们的个性发展，限制了人们之间的平等交往。

近代以来，西方侵略者的入侵，使中国在进入半殖民地半封建社会的同时，也受到了西方政治、经济、文化以及资本主义道德礼仪的影响，西方一些先进的文明和文化对中国传统伦理秩序产生了巨大的冲击，客观上促进了世界各国礼仪文化之间的交流。

3. 新生

新中国成立后，我国逐渐确立了以平等相处、友好往来、相互帮助、团结友爱为主要原则的，具有中国特色的新型社会关系和人际关系。新中国的"五讲四美三热爱"给了那个时代强有力的精神支持。改革开放以来，随着中国与世界的交往日趋频繁，西方一些先进的礼仪、礼节陆续传入我国，同我国的传统礼仪一道融入社会生活的各个方面，构成了社会主义礼仪的基本框架。许多礼仪从内容到形式都在不断变革，对传统礼仪文化的扬弃不断进行，现代礼仪的发展进入了全新的时期。中共中央在 2001 年 9 月 20 日印发了《公民道德建设实施纲要》，包括如图 1-2 所示的内容。以"八荣八耻"（如图 1-3）为主要内容的社会主义荣辱观作为社会主义核心价值体系的重要组成部分，体现了社会主义的价值导向，是引领社会风尚的一面旗帜。今后，随着社会的进步、科技的发展和国际交往的增多，礼仪必将得到新的完善和发展。

爱国守法 明礼诚信 团结友善 勤俭自强 敬业奉献	爱岗敬业 诚实守信 办事公道 服务群众 奉献社会
文明礼貌 助人为乐 爱护公物 保护环境 遵纪守法	尊老爱幼 男女平等 夫妻和睦 勤俭持家 邻里团结

图 1-2 《公民道德建设实施纲要》

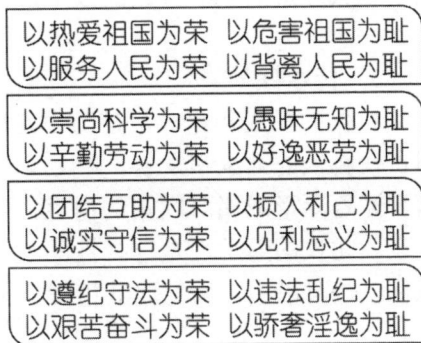

以热爱祖国为荣	以危害祖国为耻
以服务人民为荣	以背离人民为耻
以崇尚科学为荣	以愚昧无知为耻
以辛勤劳动为荣	以好逸恶劳为耻
以团结互助为荣	以损人利己为耻
以诚实守信为荣	以见利忘义为耻
以遵纪守法为荣	以违法乱纪为耻
以艰苦奋斗为荣	以骄奢淫逸为耻

图 1-3 "八荣八耻"

1.4 现代礼仪的特征与原则

礼仪发展演变至今，成为现代交际礼仪，归属道德范畴。现代礼仪具有道德的一般特点，但作为道德的一个特殊方面，其又有着自身的特点和原则。

1.4.1 现代礼仪的特征

1. 规范性

礼仪和道德、法律一起被称为人类社会的三大规范。礼仪规范是约定俗成、相沿成习的,其对人们在交际场所的约束性,使人们自觉不自觉地遵守礼仪规范,人们也都在用礼仪规范来衡量和判断他人,所以礼仪的规范性是客观存在的。

2. 共同性

所谓共同性是全社会的约定俗成,是全社会共同认可、普遍遵守的准则。一般来说,礼仪代表一个国家、一个民族、一个地区的文化习俗特征。但不少礼仪也是全世界通用的,具有全人类的共同性。例如,礼貌用语等大多是全世界通用的。礼仪的共同性,主要源于共同的经济生活和文化生活,现代经济的快节奏、高效率,使现代礼仪向简洁、务实方向发展。

3. 传承性

礼仪的形成和完善,是历史发展的产物,任何国家的现代礼仪都是本国古代礼仪的继承和发展。礼仪经历不同的发展阶段,经过不同时期的"过滤",逐渐形成相对固定的内容,而且一旦形成,通常会世代相传、经久不衰。礼仪的继承性是选择性的继承,任何礼仪的形成与发展都不是食古不化、全盘沿用,而是取其精华、去其糟粕的继承发展。

4. 差异性

"十里不同风,百里不同俗"。不同的国家和民族,因其历史与文化背景的不同,其礼仪的表现形式和思想观念也各不相同。这种民族差异性使得不同国家、不同民族的礼仪文化各具特色、丰富多彩,如东方民族的含蓄、深沉,西方文化的坦率、开放。东方人见面习惯拱手、鞠躬、握手,如图1-4所示;西方人见面习惯亲吻和拥抱。

图1-4 握手

5. 时代性

世界上任何事物都是发展变化的,礼仪虽然有较强的相对独立性和稳定性，但它也毫不例外地随着时代的发展而发展变化。礼仪具有时代性，同一国家、同一民族的礼仪文化在不同时代的发展过程中，都会被打上时代的烙印。如中国古代礼仪要求"礼不下庶人"，而现代礼仪则讲究礼仪面前人人平等。随着社会交往的扩大，各国礼仪文化之间互相渗透，尤其是西方礼仪文化引入中国，使中华礼仪在保持传统民族特色的基础上，发生了更文明、更简洁、更实用的变化。

1.4.2 现代礼仪的基本原则

1. 遵守

在社会生活中，每一位参与者都必须自觉、自愿地遵守礼仪，用礼仪去规范自己在交际活动中的一言一行，一举一动。遵守的原则，就是对行为主体提出的基本要求，更是人格素质的基本体现。遵守礼仪规范，才能赢得他人的尊重，确保交际活动达到预期的目标。

2. 尊重

尊重是礼仪的情感基础，人与人之间彼此尊重，才能保持和谐愉快的人际关系。尊重原则是指在自尊自爱的基础上，尊重他人的人格、劳动、价值和感情。"礼者，敬人也"，所谓尊重的原则，就是要求人们在交际活动中，与交往对象既要互谦互让、互尊互敬、友好相待、和睦共处，更要将对交往对象的重视、恭敬、友好放在第一位。在礼仪的两大构成部分中，怎样对待他人比如何要求自己更为重要，这一部分实际上是礼仪的重点与核心。而对待他人的诸多要求中最重要的一条就是要常存敬人之心，处处不可失敬于人，不可伤害他人的个人尊严，更不能侮辱对方的人格。

3. 真诚

真诚是对人对事的一种实事求是的态度，是待人真心实意的友善表现。真诚表现为在人与人之间信息传递、情感交流、思想沟通的交际过程中，诚信无欺，言行一致，表里如一，待人以诚，不虚伪、不骗人、不侮辱人等。

4. 平等

平等是人与人交往时建立情感的基础，是保持良好的人际关系的诀窍。现代礼仪是在平等的基础上形成的，是一种平等的、彼此间相互对等关系的体现。即对任何交往对象，都必须以礼相待，一视同仁，给予同等程度的礼遇。表现为不骄狂，不我行我素，不自以为是，不厚此薄彼，不傲视一切、目空一切，更不能以貌取人，或以职业、地位、权势压人，而应该时时处处平等谦虚待人。

5. 适度

礼仪是一种程序规定，而程序自身就是一种"度"，没有"度"，施礼就可能进入误区。交往应把握礼仪分寸，得体适度，根据具体情况、具体情境而行使相应的礼仪。如在与人交往时，既要彬彬有礼，又不能低三下四；既要热情大方，又不能轻浮诡谀；要自尊却不自负；要坦诚但不粗鲁；要信人但不轻信；要谦虚但不拘谨；要老练持重，但又不能圆滑世故。

6. 宽容

宽容原则的基本含义是要求人们在交际活动中运用礼仪时，既要严于律己，更要宽以待人。要多容忍他人，多体谅他人，多理解他人，而不能求全责备，斤斤计较，过分苛求，咄咄逼人。在人际交往中，要容许他人有个人行动和独立进行自我判断的自由。对不同于己、不同于众的行为耐心容忍，不要求其他人处处效法自身，与自己完全保持一致，实际上也是尊重对方的一个主要表现。

7. 从俗

从俗就是指交往各方都应尊重彼此之间的风俗、习惯，了解并尊重各自的禁忌。由于国情、民族、文化背景的不同，在人际交往中，实际上存在着非常大的地域文化差异。对这一客观现实要有正确的认识，而不能唯我独尊，简单否定其他人不同于己的做法。要尽量入乡随俗，与绝大多数人的习惯做法保持一致，切勿随意批评、否定其他人。遵守从俗原则会使礼仪的应用更加得心应手，从而更加有助于人际交往。

总而言之，讲究礼仪，遵从礼仪规范，可以有效地展现一个人的教养、风度与魅力，可以更好地体现出一个人对他人和社会的认知水平和尊重程度，从而使个人的学识、修养和价值得到社会的认可和尊重。适度、恰当的礼仪不仅能给公众以可亲可敬、合作、交往的信任和欲望，而且会使与公众的合作过程充满和谐与融洽的气氛。

礼仪是人类文明进步的重要标志，是适应时代发展、促进个人进步和成功的重要途径。我国历来是"礼仪之邦"，但从当今人们礼仪素质的现状来看，仍存在着一些不尽如人意的地方，因此必须重视和加强礼仪教育。

　　每个人的文明程度不仅关系到自己的形象，同时也影响着整个社会、整个国家的精神风貌。身居礼仪之邦，应为礼仪之民。知书达理，待人以礼，应该是当代年轻人和每一名文明公民的基本素养。因此，进行礼仪教育具有跨时代的特殊意义。

1.5　加强大学生礼仪教育

　　中国近代史上著名的政治活动家、教育家、史学家梁启超有一句名言："少年知礼则国家壮大"，这句话放在当下依然适用。大学生应重视礼仪修养，以更加自如地应对日益激烈的国内外竞争，承担起建设祖国、强盛国家的重任。

1.5.1　大学生礼仪

　　大学生是知识层次较高的群体，也是中国未来发展的引领者、顶梁柱，在礼仪修养上应该对自身有更高的要求。一个优秀人才，不仅应当有高水平的专业知识，还必须有良好的道德品质修养和礼仪修养。礼仪是良好品德修养的表现形式，也是良好道德品质养成的重要途径之一，良好的道德品质需用彬彬有礼的方式来体现。一个严重缺乏道德礼仪修养的学生，即使专业水平较高，也很难成为一个优秀的人才。追求个性是当代年轻人的特点，在追求个性过程中，却有一些大学生把丑陋当成了个性，许多不文明、不礼貌，甚至丑陋、粗俗的东西被当作了"新潮"、"潇洒"，在现在的大学校园里面，经常可以看到衣冠不整者、行为不端者、张口骂人者、随地吐痰者，其他的不文明礼貌的现象亦不鲜见，如关门时声震如雷、打电话从不自我介绍、不再礼让教师、端着饭盒边走边吃等，这些不良现象已经不再是个别行为，而渐渐有了愈加普遍的趋势。

　　造成一些大学生礼仪素养低下的原因是多方面的。首先，应试教育对学生的行为习惯产生一定程度的影响。在这个层面上，家长、教师，乃至整个教育体系都负有不可推卸的责任。高考指挥棒的魔力使中小学的教育成为以"分数"和"考试"为中心的教育。德育和美育长期受到不应该的冷落。这种教育只用学习成绩的名次来衡量学生的优劣，只在教学上下功夫，而在塑造孩子的灵魂方面却很少花费时间和精力。其次是社会的转型。当社会处于价值的转型期，伦理、道德观念都处混乱状态之中，作为社会一部分的大学生，也难以做到"出淤泥而不染，濯清涟而不妖"。作为一个典型的亚文化圈，大学必然要受到社会大文化的影响和侵蚀。在商品化和传媒化的社会里，不食人间烟火的象牙塔早已不复存在。中国的大学生正经历着一个痛苦的"断奶"历程，如何判断真、善、美，是他们急待弥补的课程。最后是社会不良风气的影响，例如校园里的学术抄袭都影响着青年学生的思想和灵魂。

1.5.2　大学生中开展礼仪教育的必要性

礼仪是人类文明进步的重要标志，是适应时代发展、促进个人进步和成功的重要途径。我国历来是"礼仪之邦"，但从当代大学生礼仪素质的现状来看，确实存在着许多不尽如人意的地方，因此，必须重视和加强大学生的礼仪教育。

1.　礼仪是促进社会主义精神文明建设的需要

礼仪教育是社会主义精神文明教育体系中最基础的内容。讲文明、讲礼貌是人们精神文明程度的实际体现，普及和应用礼仪知识则是加强社会主义精神文明建设的需要。社交礼仪教育让大学生明确言谈、举止、仪表和服饰能反映出一个人的思想修养、文明程度和精神面貌。而且每个人的文明程度不仅关系到自己的形象，同时也影响着整个学校的精神面貌乃至整个社会的精神文明。

2.　礼仪是大学生提高思想政治素质的需要

目前，许多高校存在着这样的现象：学生接受的是高层次教育，而其实际行为却连基本道德水平也达不到。这在很大程度上与缺乏必要的礼仪教育有关。礼仪是一种非法律社会规范，主要包括道德规范、宗教规范、习俗、共同生活准则等，是调整社会成员行为的基本准则。对大学生进行系统的礼仪教育，使其掌握基本的行为准则，不仅可以丰富礼仪知识，掌握符合社会主义道德要求的礼仪规范，懂得在实际生活中按照礼仪规范表现自己的行为，而且可以做到把内在的道德品质和外在的礼仪形式有机地统一起来，成为名副其实的、有较高道德素养的现代文明人。

3. 礼仪是大学生建立良好人际关系的需要

大学期间能否与他人建立良好的人际关系，对大学生的成长和学习有着十分重要的影响。美国华盛顿大学心理学家约翰·戈特曼的研究结果显示，那些懂得以适当的方式解决身边问题和处理生活中烦心事的孩子，其身心更加健康，而且更会关心他人，更富有同情心，朋友更多，学习成绩更好。美国著名的人际关系学大师、西方现代人际关系教育的奠基人戴尔·卡耐基的《成功之路》及吉米·道南与约翰·麦克斯韦尔合著的《成功的策略》都导出同一条公式："个人成功＝15%的专业技能＋85%的人际关系和处世技巧"。因此，通过人际交往活动，在交往中获得友谊，是大学生适应新的生活环境的迫切需要，是从"依赖于人"的人发展成"独立"的人的迫切需要，也是建立良好的人际关系、成功地走向社会的迫切需要。

4. 礼仪是大学生完成成长课题的需要

大学生成为人格完善的"社会人"，不断提高心理健康水平和心理承受能力是成长的重要课题。大学生堪称"准社会人"，还不是真正的社会人。他们有一种强烈的走向社会的需要，同时又普遍存在一些心理困惑。比如，走上工作岗位后如何与领导、同事打交道，如何建立良好的人际关系，如何进行自我形象设计，如何尽快地适应社会生活等社会交往问题。一个具有良好的心理承受力的人，在交际活动中遇到各种情况和困难时，都能始终保持沉着稳定的心理状态，根据所掌握的信息，迅速采取最合理的行为方式，化险为夷，争取主动。相反，一些缺乏良好心理承受力的人，在参加重大交际活动前，常会出现惊慌恐惧，心神不定，坐卧不安的状况，有的在交际活动开始后，甚至会出现心跳加快，四肢颤抖，说话声调不正常的现象。对大学生进行礼仪教育，让大学生掌握符合社会要求的各种行为规范，不仅能够满足大学生走向社会的需要，还可培养大学生适应社会生活的能力，提高心理健康水平和心理承受力。

身居礼仪之邦，应为礼仪之民。知书达理，待人以礼，应当是当代大学生的一个基本素养。对大学生进行礼仪教育具有跨时代的特殊意义，不仅是教育的必需，也是社会文明进步的强烈要求。

重要提示

礼仪修养的最佳途径：了解自己，坚定信念，控制情绪，有理想，进取，诚实，正直，认真，做好自己的事。

【典型案例】

案例一　修养是第一节课

有一批应届毕业生22人，实习时被导师带到北京的国家某部委实验室参观。全体学生坐在会议室里等待部长的到来，这时有秘书给大家倒水，同学们表情木然地看着她忙活，其中一个还问了句："有绿茶吗？天太热了。"秘书回答说："抱歉，刚刚用完了。"林浩然听着有点别扭，心里嘀咕："人家给你水你还挑三拣四。"轮到他时，他轻声说："谢谢，大热天的，辛苦了。"秘书抬头看了他一眼，满含着惊奇，虽然这是很普通的客气话，却是她今天唯一听到的一句。

门开了，部长走进来和大家打招呼，不知怎么回事，轻悄悄的，没有一个人回应。林浩然左右看了看，犹犹豫豫地鼓了几下掌，同学们这才稀稀落落地跟着拍手。由于不齐，显得有些零乱。部长挥了挥手："欢迎同学们到这里参观。平时这些事一般都是办公室负责接待的，因为我和你们的导师是老同学，非常要好，所以这次我亲自来给大家讲一些相关情况。我看同学们好像都没有带笔记本，这样吧，王秘书，请你去拿一些我们部里印的纪念手册，送给同学们做纪念。"接下来，更尴尬的事情发生了，大家都坐在那里，很随意地用一只手接过部长双手递过来的手册。部长脸色越来越难看，来到林浩然面前时，已经快要没有耐心了。就在这时，林浩然礼貌地站起来，身体微倾，双手握住手册，恭敬地说了一声："谢谢您！"部长闻听此言，不觉眼前一亮，伸手拍了拍林浩然的肩膀："你叫什么名字？"林浩然照实回答，部长微笑地点头，回到自己的座位上。早已汗颜的导师看到此景，才微微松了一口气。

两个月后，同学们各奔东西，林浩然的去向栏里赫然写着国家某部委实验室。有几位颇感不满的同学找到导师："林浩然的学习成绩最多算中等，凭什么推荐他而没推荐我们？"导师看了看这几张尚显稚嫩的脸，笑道："是人家点名要的。其实你们的机会是完全一样的，你们的成绩甚至比林浩然还要好，但是除了学习之外，你们需要学习的东西太多了，修养是第一节课。"

讨论：林浩然为什么能够成功？

案例二　迟到的后果

国内的一家企业前往日本寻找合作伙伴。到了日本后，通过多方努力，这家企业终于寻觅到了自己的"意中人"——一家具有国际声望的日本大公司。经过长时间的讨价还价，双方商定先草签一个有关双边合作的协议。当时，在中方人士看来，可以算是大功告成了。

到了合作协议正式签字的那一天，由于种种原因，中方人员阴差阳错，抵达签字现场的时间比双方约定的时间晚了15分钟。当他们气喘吁吁地跑进签字厅时，但见日方人员早已衣冠楚楚地排列成一行，正在恭候他们的到来。不过在中方人员跑进来之后，还没容他们做出任何有关自己迟到的解释，日方人员便整整齐齐、规规矩矩地向他们鞠了一个大躬，随后便集体退出了签字厅。也就是说，因为中方人员在签字仪式举行时的迟到，导致了双方的合作搁浅。

讨论：为什么眼看煮熟的鸭子又飞了？

案例三　脾气岂可乱发？

安丽是个销售干将。年轻时，做事风风火火，雷厉风行，人也厉害，干脆利索。可是，今年31岁的她，已渐渐没有了当年的魅力，工作时有点力不从心，事业开始走下坡路。看到老板也不给自己加薪，就辞职了。经过三个月的东奔西跑，其他老板看到她这年龄，都开了低价。安丽感觉自己真不值钱了，也只好给自己开在3000元以下。这一天她到一家小公司应聘，双方谈得很好，但是，没有谈到工资问题，原来老板很欣赏安丽的销售能力和口才，但也担心她的脾气。安丽很想在这家公司做，面试之后，忍耐不住，当晚用QQ与老板谈起了工资问题。老板问她："你准备接受的工资标准是多少？""起码2800吧！"老板心中得到认可，但说："我现在还不能完全了解你的能力，需要一个月的试用，这一个月，基础工资1800，加上提成也可达到你的标准。"安丽一听火冒三丈，当时就关闭了QQ，不再搭理老板。当然老板也就不再搭理她了。

讨论：请你分析安丽求职失败的原因何在？

小　结

　　本章共讲述了 5 个方面的内容，开篇的礼仪概述可以给读者一个初步的印象；第二部分的礼仪概念与含义使大家对礼仪有了进一步的了解；第三部分介绍了礼仪的起源与发展，目的是通过介绍礼仪的演变进程使读者加深对礼仪的理解；第四部分的现代礼仪的特征与原则则是以现代礼仪为重点，介绍了现代礼仪的重要性以及学习礼仪知识的意义，以求从总体上给大家一个概念，使得本教材的读者在学习过程中有目标、有动力。最后一部分阐述了大学生礼仪，针对大学生这个特殊群体，探讨了开展礼仪教育的必要性。

　　本章的重点是礼仪的概念与现代礼仪的特点，旨在提高读者对礼仪重要性的认识，加强其礼仪知识学习的自觉性。

思考与练习

1. 你是如何看待礼仪随时代发展而变化的特点的？
2. 礼仪对构建和谐社会有哪些作用？
3. 现代礼仪的特点有哪些？

活动与探索

1. 与身边的朋友展开讨论，主题是"如何做一名'知书达理'的文明公民"。
2. 搜集一两则关于中国古代礼仪的佳话，并向大家宣讲。

社交礼仪

第 2 章
仪容仪表礼仪

　　本章讲述仪容仪表修饰的途径，并介绍护肤、化妆、西装、学生服饰、饰物佩戴等知识和原则。

　　仪容是人的容貌长相；仪表是综合人的外表，它包括人的形体、健康状况、姿态、服饰、风度等方面，是人举止风度的外在体现。一个人的仪容美和仪表美体现了其对他人、对社会的尊重，表现出一个人的精神状态和对生活的热爱。仪容美和仪表美是自然美与社会美、静态美与动态美协调统一的整体美。

2.1 仪 容

　　仪容修饰的基本要素是貌美、发美、肌肤美。美好的仪容一定能让人感觉到其五官构成彼此和谐并富于表情；发质健康发型适合使其英俊潇洒、容光焕发；肌肤健美使其充满生命的活力，给人以健康自然、鲜明和谐、富有个性的深刻印象。每个人的先天容貌是无法改变的，每一个人都应愉悦地接纳自己，但后天的修饰可以弥补不足，使一个长相普通的人变得楚楚动人，使一个五官平凡的人变得气质出众。可以通过努力学习，不断提高个人的文化、艺术素养和思想、道德水准，培养出自己高雅的气质与美丽的心灵，这不仅是个人对美的追求，而且是社会交往的需要。

2.1.1 仪容基本要求

1. 整洁

　　整洁是仪容的首要要求。一个人即使面容姣好、穿着高档，但如若汗臭扑鼻、头发肮脏，无疑会大煞风景。整洁，即整齐洁净、清爽。要勤洗澡，每日洗脸、洗脚，脖颈、手、指甲都应干干净净。指甲要常剪，头发按时理，并经常注意去除眼角、口角及鼻孔的分泌物。要经常剃须、修剪鼻毛与耳毛、遮掩腋毛、掩饰腿毛。要勤换衣袜，消除身体异味，有狐臭要搽药品或及早治疗。要注意口腔卫生，早晚刷牙，饭后漱口，吃过大葱、蒜、韭菜等异味食物后应立即去除异味，必要时可以含一点茶叶或嚼口香糖。

2. 自然

　　几千年以来，随着时代的变迁、文明礼仪和文化的进步，人类对美的向往与追求不断发展，但自然依然是美的最高境界。自然美原意是指不用修饰，自然而然的美，是事物本质的外观呈现。而如今，高超的化妆技术也可使人看起来像没有经过修饰一样，自然散发出个人气质和个性。自然美，是一种感觉，健康的皮肤，微笑的脸庞，清爽的发型，干净、整洁、具有亲和力的感觉，都是自然美的体现。自然美离不开心灵美，自然美可以通过内在修养显露出来，也就变成了外在美。美，要发自内心，不标新立异，不矫揉造作，即是自然美。

3. 端庄

端庄指端平正直，庄严大方。端庄是神气充足，道德淳厚而显露于外的自然征象，是美的一种特殊表现。端庄不是简单的仪容修饰，而是修养和气质的自然流露，端庄的修养必须从行为上做起，如待人忠厚宽容，襟怀坦白，说话心口如一，言而有信，光明正大等。仪容庄重大方，斯文雅气，不仅会给人以美感，而且易于使自己赢得他人的信任。

2.1.2　护肤

1. 皮肤分类

护肤首先要从了解我们的皮肤开始。目前，一般将皮肤分为干性、油性、中性、混合性和敏感性 5 类。

（1）干性皮肤

表现特征：皮肤水分、油分均不正常，干燥、粗糙，缺乏弹性，皮肤的 PH 值不正常，毛孔细小，脸部皮肤较薄，易敏感。面部肌肤暗淡、没有光泽，易破裂、起皮屑、长斑，不易上妆。但外观比较干净，皮丘平坦，皮沟呈直线走向。皮肤松弛、容易产生皱纹和老化现象。干性皮肤又可分为缺油性和缺水性两种。

保养重点：多做按摩护理，促进血液循环，注意使用滋润、美白、活性的修护霜和营养霜。要注意补充肌肤的水分与营养成分、调节水油平衡的护理。

护肤品选择：多喝水，多吃水果、蔬菜，不要过于频繁地沐浴及过度使用洁面乳，注意每周护理及使用保持营养型的产品，选择非泡沫型、碱性度较低的清洁产品、带保湿的化妆水等。

（2）油性皮肤

表现特征：油脂分泌旺盛、T 部位油光明显、毛孔粗大、触摸有黑头、皮质厚硬不光滑、皮纹较深；外观暗黄，肤色较深、皮肤偏碱性，弹性较佳，不容易起皱纹、衰老，对外界刺激不敏感。皮肤易吸收紫外线，容易变黑、易脱妆、易产生粉刺、暗疮。

保养重点：随时保持皮肤洁净清爽，少吃糖、咖啡等刺激性食物，多吃维生素 B2 或 B6 以增加肌肤抵抗力，注意补水及皮肤的深层清洁，控制油脂的过度分泌，调节皮肤的平衡。

护肤品选择：使用油分较少、清爽性、抑制皮脂分泌、收敛作用较强的护肤品。白天用温水洗面，选用适合油性皮肤的洗面奶，保持毛孔的畅通和皮肤清洁。暗疮处不可以化妆，不可使用油性护肤品，化妆用具应该经常地清洗或更换，尤其要注意适度的保湿。

（3）中性皮肤

表现特征：水分、油分适中，皮肤酸碱度适中，皮肤光滑细嫩柔软，富于弹性，红润而有光泽，毛孔细小，无任何瑕疵，纹路排列整齐，皮沟纵横走向，是最理想的皮肤。中性皮肤多数出现在小孩当中，通常以14岁以下发育前的少女为多。年纪轻的人尤其青春期过后仍保持中性皮肤的很少。这种皮肤一般炎夏易偏油，冬季易偏干。

保养重点：注意清洁、爽肤、润肤以及按摩的周护理。注意补水、调节水油平衡的日护理。

护肤品选择：依据皮肤年龄、季节选择，夏天选亲水性产品，冬天选滋润性产品，选择范围较广。

（4）混合性皮肤

表现特征：一种皮肤呈现出两种或两种以上的外观（同时具有油性和干性皮肤的特征）。多见为面孔T区部位易出油，其余部分则干燥，并时有粉刺发生，男性约80%是混合性皮肤。混合性皮肤多发生于20～35岁。

保养重点：按偏油性、偏干性、偏中性皮肤分别侧重处理，在使用护肤品时，首先要滋润较干的部位，再在其他部位用剩余量擦拭。注意适时补水、补充营养成分、调节皮肤的平衡。

护肤品选择：夏天参考油性皮肤的选择，冬天参考干性皮肤的选择。

（5）敏感性皮肤

表现特征：皮肤较敏感，皮脂膜薄，皮肤自身保护能力较弱，皮肤易出现红、肿、刺、痒、痛、脱皮和脱水现象。

保养重点：经常对皮肤进行保养；洗脸时水不可以过热过冷，要使用温和的洗面奶洗脸。早晨，可选用防晒霜，以避免日光伤害皮肤；晚间可用营养型化装水增加皮肤的水分。在饮食方面要特别注意不吃、喝易引起过敏的食物。皮肤出现过敏后，要立即停止使用任何化妆品，对皮肤进行观察和保养护理。

护肤品选择：应先进行适应性试验，在无反应的情况下方可使用。切忌使用劣质化妆品或同时使用多重化妆品，并注意不要频繁更换化妆品。另外，含香料过多及过酸过碱的护肤品不能用，而应选择适用于敏感性皮肤的化妆品。

皮肤颜色反映肝脏状况

1. 黄色。中国最早的医书《黄帝内经》曾这样描述"湿热相交，民病疸也"。即今天所谓的肝炎及胆囊炎。

传统中医学还将黄疸分为阳黄和阴黄。阳黄指黄色鲜明如橘子色，病程较短，属于热证、实证；阴黄则指黄色晦暗，病程较长者，属于寒证、虚证。不同的黄色揭示了疾病的不同阶段并采用不同的治疗法则。从未患过肝炎的人，在畏寒、发热、恶心、呕吐、肝痛、极度乏力后，忽然出现眼睛和皮肤发黄，表明患了急性黄疸型肝炎。慢性肝炎患者若出现黄疸，表明病情加重，肝炎处于活动期，这时肝功能和转氨酶一般都会不正常，肝细胞损害严重。病人这时一定要积极治疗、充分休息和注意营养。

2. 红色。人体产生的雌激素主要由肝脏灭活。雌激素有扩张血管的作用。体内雌激素积蓄，严重时可使皮肤上出现一个形状像蜘蛛的红色血管痣。部分慢性肝炎和肝硬化患者的面、颈、肩、上胸和背部会出现成片的毛细血管扩张，使这些部位泛出丝丝红色。还有些慢性肝炎和肝硬化患者手掌和脚掌出现红色的斑点和斑块，医学上称为肝掌，也是体内雌激素积蓄的结果。肝炎患者肤色变红，表明肝脏功能受到长期严重损害。

3. 黑色。皮肤颜色黝黑，面部眼睛周围发黑，是慢性肝炎、肝硬化和肝癌患者肝功能严重损害的一个重要特征。

张仲景在《金匮要略》又将黄疸分为黄疸、谷疸、女劳疸、酒疸和黑疸5类，黑疸最为严重，晋代名医葛洪说："疗黄疸，变成黑疸者多死"。意思是黄疸尚可治疗，但若变成黑疸，就只有等死，当然这只是在当时的医术条件下决定的。因此，若出现皮肤颜色异常，切不可等闲视之，应立即检查，弄清病情，并积极治疗。

2. 一般护肤程序

护肤包括深层护肤和表层护肤两种，这两种方式的护肤品功效是不一样的。前者的主要功能是为皮肤提供营养，其重点在于营养的吸收。后者的主要功能是为皮肤增加一层保护膜，防止外界不良环境对皮肤的侵害，因此对营养吸收的要求比较少。正确的方法是先进行深层洁肤，保证肌肤能够吸收充足的营养，接着涂上具有保湿、滋润效果的护肤品，然后再做外部保护。

在使用护肤品时要注意，按照分子越小越先用的原则，如爽肤水、精华液、眼霜、乳液、乳霜、膏状护肤品，质地越清爽、越稀越先用，这样更有利于各种营养的充分吸收。

我们以一般护肤步骤为例进行说明：

（1）清洁

每天早晚各一次的清洁工作，可以温和并彻底地卸除脸上的化妆品、表面油脂及污垢。

如果白天用过隔离或防晒产品，则首先要卸妆，其方法是在面部涂适量清洁霜，与表面污垢充分接触，然后用化妆棉轻轻拭去。眼部和唇部格外娇嫩，需要专门的眼部和唇部卸妆产品清除眼线、睫毛膏、唇膏等化妆品。卸妆后要使用洗面奶清洗面部，并用指腹由内往外轻揉清洗，不要用力搓，最后用温水冲净。

阅读材料

洁面的注意事项

1. 洁面产品的好坏，主要决定于"清洁成分"本身，而不是那些添加物。例如，某洗面奶成分写的仅是"高效保湿因子，维生素 E"，则基本上无法从这两种成分判断这支洗面奶的好坏。

2. 表面活性剂决定了整支洗面奶的好坏。氨基酸表面活性剂以天然成分为原料制造，成分本身可调为弱酸性，所以对皮肤刺激性很小，亲肤性又特别好。它是目前高级洗面奶清洁成分的主流，价格也较为昂贵。长期使用，也不会对皮肤造成伤害。

3. 不少洗面奶都伤皮肤，抗衰老必须用氨基酸洗面奶。最关键是温和、没有刺激，不但对皮肤没有刺激，对眼睛也没有刺激。另外，洁面产品需要清洁能力强还要容易洗干净，残留极少，而且要保证残留物对皮肤没有伤害。

4. 好的洁面产品除了肤感舒适、涂抹轻柔、泡沫细软、不能有拉丝和啫喱状的感觉之外，还要有营养和保湿的功效，清洗后皮肤清爽而不紧绷。

5. 使用洗面奶或洁面凝露时一般应使用温水洗脸，水温应在37℃左右。因为当皮肤有一定温度和湿度时，护肤品的吸收最好。用冷水清洁皮肤后，护肤品吸收会变慢，而用过热的水清洁皮肤会造成一定的损伤。

6. 自来水含氯气伤害皮肤。清洁时建议用纯净水或蒸馏水。油性皮肤、黑头、痤疮皮肤建议用洗面奶按摩1分钟左右。有红血丝的皮肤洗脸时注意水温不要过高，否则会使血丝加重。

7. 选择纯净水或蒸馏水清洁皮肤费用不菲，简易方法是将水静置8小时以上即可使用，或者将自来水烧开5分钟后再放凉也行，这样可以有效消除水中的氯气。

8. 不要频繁地更换你所使用的洗面奶品牌，除非你觉得使用中的洗面奶并不适合你。因为各种品牌的洗面奶的酸碱值不同，每换一次，皮肤就必须经历一个适应期，如果酸碱度反差太大，甚至会出现皮肤疼痛或脱皮的现象。

（2）爽肤

爽肤的过程可再次清洁肌肤，软化角质、平衡 PH 值，帮助收缩毛孔，增加肌肤的柔软感。用化妆棉沾湿爽肤水或柔肤水，轻拍脸部及颈部，重复擦拭，直到化妆棉上没有污垢及残留化妆的痕迹为止。需注意的是爽肤的过程一定要避开眼部。

（3）营养

应针对皮肤的类别和特点，选用适合自己的护肤产品。例如，润肤水、润肤乳、润肤液、润肤霜、精华液等，给皮肤补充必需的水分和养分，充分滋润皮肤，保持皮肤的柔润光滑。为达到最佳效果，使用保养品时一定要用指腹轻轻地以朝上和朝外的方式涂抹。眼部的护理一般使用眼部专用护肤品，如眼霜、眼部精华液等。

（4）防护

如果省略防护步骤，空气中有许多有害物质会附着在皮肤表面，为保护皮肤避免环境中有害物质的伤害，通常使用隔离霜、防护霜等给予皮肤以保护，并可调整肤色，为彩妆做基础。使用时用指腹或海绵轻轻地将隔离向外推开、推匀。要特别注意的是下巴、发际等交接处，做到颜色要融合。夜间不需要进行皮肤防护。

日常习惯护好肤

1. 补充水分

秋天到来后，由于空气开始变得非常干燥，加之早晚温差大，天气逐渐变冷，引起皮肤毛孔收缩，皮肤表面的皮脂腺与汗腺分泌减少，从而使得皮肤表面很容易丧失水分。而皮肤衰老的最大原因正是水分不足，加之秋季皮肤新陈代谢缓慢，所以，秋风一起，许多人的脸上便起了皱纹或色斑、粉刺。原有的蝴蝶斑、褐斑也会加深，皮肤变得干燥，皮下脂肪增厚，皮肤紧绷，甚至起皮掉屑。因此，秋季护养肌肤要注意合理饮水，弥补夏季丧失的水分，并防秋燥对体液的消耗。每天都要饮用足够的水，使之渗透于组织细胞间，维护人体的酸碱平衡，保证机体新陈代谢的正常运行，并有效地将人体废物排出体外，从而保持皮肤的清洁与活力。饮水可饮白开水、果汁、矿泉水等。其中白开水是最好的"天然饮料"，应该首选。中国人喜饮的绿茶有清热泻火的作用，经常饮用，能够预防某些皮肤疾病，如青春痘、粉刺等的发生。一般来说，每天饮 6～8 杯水，即能满足皮肤内部的需要。

2. 均衡营养

营养不良会使人的皮肤干、粗、皱、硬。如果过多地摄取动物脂肪，则皮肤会表现出油亮或脱屑，这样易发生痤疮等皮肤病。因此，平时应注意饮食的多样性、营养的合理性，多食能转化皮肤角质层、使皮肤光滑的维生素A（动物的肝、肾、心、瘦肉等），多吃新鲜的蔬菜、水果，少吃含饱和脂肪酸较高的动物性食物。此外，天气干燥，嘴唇容易干裂，既影响美观又增加不适感。要解决这个问题，除了用温水洗唇涂上护唇油外，平时应多吃富含维生素的食物，如动物肝、牛奶、鸡蛋、红白萝卜、苹果、香蕉和梨等。

3. 注重洁肤

秋季空气中的污染物极易阻塞毛孔，从而引起皮肤疾病。另外，入秋后，角质层大量脱落，不及时清洁皮肤也会造成严重干燥、粗糙。所以，不论化妆与否，每天早晚用洗面奶仔细清除污垢，应是一项必做的工作。洁肤应选用杀菌力强、清洁效果好的洗面奶（弱酸性产品）；可适当在洗脸、洗浴水中加入少量食醋，也能达到清洁效果。

4. 睡前护肤

睡前护肤十分重要，因为面部细胞的分裂次数晚上要比白天高得多（10倍以上），新生的细胞需要更加细腻的呵护。针对秋天干燥的气候，还应经常使用滋润乳液，同时用化妆水擦拭额头、鼻翼、下巴等皮脂分泌旺盛的部位。

5. 特殊护理

（1）去角质

我们的肌肤每天都会自行新陈代谢，由基底层产生的细胞会慢慢地到达肌肤的表面，然后成为角质层，一般也称角化。皮肤的角化周期通常约为28天。如果新陈代谢正常，老旧的角质细胞就会自然脱落。不过由于环境、季节、紫外线、作息不正常等因素，有时会使新陈代谢变得缓慢。所以我们的皮肤表面角质层越堆越厚，角质过度的堆积，就会容易让肌肤感觉没有透明感，也失去原本的弹性，所以固定且适当地去角质，可以将皮屑去除，让肌肤更晶莹剔透。去角质可到专业的美容院，更方便的方法是到商场购买适合自己的去角质产品在家自己操作。

（2）保湿

水是生命的重要组成部分。我们的皮肤中有天然保湿系统，在理想的状态下，这种天然保湿系统可以给皮肤提供足够的水分。但风吹、日晒、空调这些外界因素都会加快皮肤水分的流失，在这些因素的影响下，肌肤自身的保湿系统就不能完全满足肌肤对水分的需求。但美白、防晒、控油等恰恰都是在补水保湿的基础上完成，很多问题皮肤的最主要原因就是由于缺水造成的，所以补水保湿是解决问题的关键。因此，每天你必须给你的肌肤提供足够的水分，增强肌肤对外界的抵御能力。要补充体内足够的水分，多吃水果和蔬菜，使用适合自己的保湿产品，定期做保湿面膜，避免风吹日晒，不用过热的水洗脸。

（3）防晒

当皮肤接受紫外线过度暴晒后，会损伤表皮细胞；活化酪胺酸酶，加速色素合成，破坏皮肤的保湿功能，使皮肤变得干燥，让真皮层中的弹力纤维受损，使细纹产生。在强烈照射下，还会造成肌肤发炎、灼伤。有异常情形时，则会变成色素性的皮肤癌等，防晒在我们的生活中必不可少。伞、帽子、墨镜、衣服是必不可少的防晒物品，都是物理防晒品。防晒霜有物理防晒和化学防晒两种原理。使用防晒霜要确保 SPF ≥ 15，并且能同时抵抗 UVA 和 UVB。出门时，不要以为戴着帽子或置身于阴凉处就能避开紫外线，反射光中还有超过1/3的部分为紫外线。同样，冬天和阴天也要做好防晒，因为露天的地方也有超过1/3的部分为紫外线反射光。在夏日10时至16时阳光最强的时候，最好不要在室外活动和工作。如果外出时间在10时至13时之间，面部裸晒半个小时以上，应该重新洗面、洁面，涂抹防晒霜。

阅读材料

UVA UVB UVC

人们口中的"紫外线"实际上还可细分为长波长的 UVA、中波长的 UVB 及短波长的 UVC。其中 UVC 在进入大气层时，已在臭氧层的防护下被隔离，能辐射到地面的只剩 UVA 和 UVB 了。UVB 又称"户外紫外线"，只要适当地遮掩即可隔离，它是引起皮肤泛红、发炎及晒伤的主要原因；UVA 会折射进室内，又称为"室内紫外线"，它能深入真皮层，对胶原、弹力纤维甚至纤维母细胞进行破坏，所以 UVA 不但是能激发色素合成而使肤色"变黑"，更是造成皮肤"老化"及细纹产生的主要祸首。

2.1.3 化妆

化妆是指运用化妆品和工具，采取合乎规则的步骤和技巧，对人的面部、五官及其他部位进行描画、渲染、整理，增强立体印象，调整形色，掩饰缺陷，表现神采，从而达到美容目的。化妆是一种历史悠久的女性美容术，在古代早有记载，现代的化妆因其实用而兴起，成为满足女性追求自身美的一种手段。化妆能表现出女性独有的天然丽质，增添魅力。成功的化妆能唤起女性心理和生理上的潜在活力，增强自信心，使人精神焕发，还有助于消除疲劳，延缓衰老。

1. 化妆的分类

化妆可分为基础化妆和重点化妆。基础化妆是指整个脸面的基础敷色，包括：清洁、滋润、收敛、打底与扑粉等，具有护肤的功用。重点化妆是指眼、睫、眉、颊、唇等器官的细部化妆，包括：加眼影、画眼线、刷睫毛、涂鼻影、擦胭脂与涂唇膏等，能增加容颜的秀丽并呈立体感，化妆可随不同场合来变化，有晚宴妆、舞会状、新娘妆等分类。

化妆的方法有日常的一般化妆法，适应各种场合需要的特殊化妆法，以及简捷的速成化妆法等。

人体最全面的化妆分类为：皮肤、毛发、指甲、牙齿、眼睛 5 个部分的化妆。其中皮肤包括嘴唇，毛发包括睫毛。

2. 常用化妆品分类

（1）润肤类化妆品

润肤类化妆品的主要功能是护理面部、手臂、腿部及身体其他部位的皮肤，使之更加滋润、柔嫩。常见的有乳液、润肤蜜、雪花膏等。

（2）美发类化妆品

美发类化妆品的主要功能是保护头发，起到滋润、去屑、止痒、柔顺、造型等作用。比如发蜡、生发油、发乳、香波、摩丝、冷烫液等。

（3）修饰类化妆品

在化妆时用在适当部位起到着色、突出、晕染、修饰等作用，使得妆容更加自然协调，明艳动人。包括眼影、眉笔、睫毛膏、唇膏、指甲油、蜜粉等。

（4）芳香类化妆品

芳香类化妆品是通过本身的香气去除异味、增添芬芳。包括香水、花露水、香精、爽身粉等。

（5）药物类化妆品

它具有各种不同疗效，可以预防、消除美容缺陷，如粉刺霜、雀斑霜、减皱霜、人参霜等。

3. 化妆步骤

化妆的内容和程序都有一定的规范，不同的妆容又有各自的要点，下面介绍一般化妆的简单步骤。

（1）洁面

化妆前首先要将脸洗净，用温水配合洗面奶去除脸部和颈部的汗水、油垢和灰尘。

（2）润肤

洁面后用化妆棉涂抹爽肤水或化妆水，然后涂抹润肤霜或是润肤露。这一步很关键，好的润肤霜会在滋润皮肤的同时为涂粉底打下一个好基础，使皮肤免受其他化妆品的刺激，而且可以使皮肤看上去晶莹剔透。

（3）隔离

使用隔离霜是保护皮肤、保护化妆的重要步骤，这一步很重要，但很多人在化妆时都省略这一步，这是非常错误的。使用隔离霜就是为了给皮肤提供一个清洁温和的环境，形成一个抵御外界侵袭的防备"前线"，如果不使用隔离霜就涂粉底，会因粉底堵住毛孔而伤害皮肤，也容易产生俗称"吃"粉底化妆品的脱落现象。

隔离霜的涂抹方法很简单，取用豆粒大小的隔离霜点在脸上，涂抹均匀就可以了。隔离霜不必用多。隔离霜有多种颜色，通常绿色和蓝色的隔离有好的遮盖作用，适合脸部有斑点或其他瑕疵的人使用；紫色则比较适合东方人偏黄的皮肤；白色的比较适合透明妆使用。

（4）粉底

粉底可改善肤色、修饰脸型，化妆中打底就好像建大厦要打好地基一样，是化妆中重要的一步。在底色的型号与质地的选择上要接近个人肤色而不留痕迹，再利用底色的色彩差别打出立体感而不留界限。

打粉底时，取比隔离霜多一倍的量均匀地涂抹在脸部。要注意的是眼部，头发与额头的交界处一定要涂抹均匀。

针对脸上的斑点或痘痘，可在粉底的基础上使用遮瑕霜或者遮瑕液。用小刷子轻轻地刷在瑕疵及其周围区域。这样粉底不用打得太厚也可以盖住斑点、痘痘了。

（5）粉饼或散粉

根据肤质或妆容选择粉饼或散粉，要用粉扑轻轻拍打或粉刷扫匀，注意脸与颈部的交界处不留痕迹，达到提亮与定妆的效果。

（6）眼睛

首先是眉毛的修剪。按照脸型和个人喜好修剪出满意的眉形，必要时再用眉刷和眉粉修饰。眉形的塑造也不宜高挑、过于纤细，顺眉毛自然的走向稍加修整，恰到好处地展现出个人率真个性。

妆色的重点凝结在眼部。如何在平淡中捕捉光影，在生活中体现韵味，眼妆起着举足轻重的作用。用眼线笔或眼线液沿睫毛线内侧边缘轻轻画好眼线，可使眼睛看上去更加立体、有神。

眼影要根据不同的妆容和服装选择颜色的搭配。眼影的色彩使用应由浅到深地渐变，暗色与亮色的晕染要衔接自然，明暗过度合理。如粉红色的眼影，就要先将整个眼眶都涂上一层淡粉，然后在接近睫毛的地方加深。完妆后要在眉骨鼻梁上扫上一层白色的散粉。可以达到突显立体感的效果。东方人面部较平，可在眼线内侧涂上较深的眼影，以衬托出鼻子的线条。

涂抹睫毛膏时，蘸取适量睫毛膏从睫毛根部轻轻向外刷，必要时可多刷几遍。不同的睫毛膏具有防水、加长、加粗等不同功能，可根据场合和自身情况选取合适的。

（7）腮红

腮红能使整个脸部显得柔美自然，也能使颧骨显得突出。用刷子在颧骨处打圈往上画，向着太阳穴的位置，然后再用同色胭脂粉轻扫太阳穴部位，便可使面部色彩显得浓淡和谐。

（8）唇部

先用一块小化妆棉沾少量粉底遮盖住原来的嘴唇轮廓，并涂在唇上，这样可以使唇膏上得更均匀，并能更持久。用唇线笔勾画出理想的唇线，再用唇刷将颜色涂在整个唇部，画完后用化妆纸吸干油脂，重复画一次会使唇妆更持久。整个唇部化妆的过程中，保持唇部的放松，分开做微笑状。

更简单的方法是用唇膏或唇彩沿唇部轮廓内侧涂抹均匀，也可在唇正中点上唇彩，再抿一下即可完成。

（9）修正

最后要检查化妆的效果，进行必要的修正、补充和矫正，还可根据场合喷洒合适的香水。化妆完成。

2.1.4　发型

美的发型能够衬托人的气质和个性，美的发型能使人增强自信，扮靓生活。发型可表现出庄重、喜庆、活泼、典雅等不同感觉，每个人可根据自身爱好、脸型、年龄和职业选择适合的发型。

1.　头发的清洁与保养

美丽的发型离不开护理周到的发质。光泽、秀美的头发，不仅是健康体魄的体现，而且使人更加自信。生活中，由于头发上常有灰尘和汗水，细菌就会借体温的影响而繁殖，不仅破坏了毛囊，也影响头发的寿命。洗头能够将头皮屑和污垢有效地清除，使头发在一个健康的环境下生长。洗头的频率因发质和具体情况因人而异，通常油性发质或运动量大的人，最好天天清洗头发；发质干而运动量少的人，可两到三天清洗一次。头发洗得太勤，会将皮脂腺分泌滋润头发的油脂充全洗掉，这不仅不利于护发，反而会使头发发黄、变干，失去自然的光泽。洗头最重要的是选好洗发和护发用品，要综合考虑头发的粗细、软硬、形态、性质和条件，是属中性、干性还是油性等因素。有时，头发也会因气候、冷暖、污染、情绪、染发、烫伤等影响而受损，这就要做特别的护理。

阅读材料

洗头的学问

梳理：洗头应先梳理头发，以梳掉头发表面的灰尘和头皮屑，同时把凌乱的头发理顺，以便清洗。

水温：洗头的水温以 40℃ ~ 45℃ 为宜。水温低，不易把油脂等污物洗掉；而水温高，又会造成头皮表层细胞的坏死，使得头屑增多，卷发变直。

预洗：用温水将头发完全浸透，然后以冲洗的方式冲掉头发表面的脏物。如果头发很脏，就需要多冲几次，以便发挥洗发剂的作用。

清洗：将洗发剂倒在手上，然后均匀地抹在头上。要注意一是用量不宜过多，二是要边抹边做环形按摩，以利于香波起泡，发挥洁力。之后，一定要将头发彻底冲洗干净。如果头发较脏还需二次清洗，洗发剂的用量只需首次的一半，边洗边按摩。再次将头发彻底冲干净。洗头时要用指腹轻轻揉搓，而不是用手指甲或梳齿用力梳头，这样容易伤及头发和头皮，造成毛囊发炎、脱发等现象，另外不要用碱性较强的肥皂、洗衣粉等强碱性洗剂洗头，以免损伤头发的角质蛋白，使其变性、发脆、易折断，增加头皮屑。

护理：先用毛巾吸去头发上的水分，然后用适量的护发素抹于发上，停留片刻，最后用清水清洗干净。

擦干：要及时将头发擦干或吹干，可用毛巾包裹头发，以吸收水分，但不能用力搓。如使用吹风机，切忌让风筒靠得太近，这样会把头发吹焦。造成头皮的轻度烫伤。

2. 发型与脸型

（1）长脸型

长脸型需要用优雅可爱的发式来缓解由于脸长而形成的严肃感。在发型的轮廓上，要压抑顶发的丰隆，顶部应平伏，前发宜下垂，使脸部显得圆一些，同时，还要使两侧的发容量增加，以弥补脸颊欠丰满的不足。对于脸型狭长的女性来说，将头发做成卷曲波浪式，可增加优雅的品味，因而应选择松动而飘逸，整齐中带点乱的发型。

（2）圆脸型

圆脸型应增加发顶的高度，使脸型稍稍拉长，给人以协调、自然的美感。在梳妆时要避免面颊两侧的头发隆起，否则会使颧骨部位显得更宽。宜侧分头缝，梳理垂直向下的发型，直发的纵向线条可以在视觉上减弱圆脸的宽度。

（3）方脸型

方脸型的梳妆要点是以圆破方，以柔克刚，使脸型的不足得到弥补。

可将头发编成发辫盘在脑后，使人们的视觉由于线条的圆润而减弱对脸部方正线条的注意。前额不宜留齐整的刘海，也不宜全部暴露额部，可以用不对称的刘海修饰宽直的前额边缘线，同时又可增加纵长感。两耳边的头发不要有太大的变化，避免留齐至腮帮的直短发。

（4）菱形脸型

菱形脸型是整个脸型的上半部为正三角形形状，下半部为倒三角形形状。用发型矫正这种脸型时，上半部可按正三角脸型的方法处理，下半部则按倒三角脸型的方法处理。一般将额上部的头发拉宽，额下部的头发逐步紧缩，靠近颧骨处可设计一种大弯形的卷曲或波浪式的发束，以遮盖其凸出的缺点。

（5）三角形脸型

根据发型与脸型的比例关系，梳理时要将耳朵以上部分的发丝蓬松起来，用喷发胶或定型剂可以达到这种效果，这样能增加额部的宽度，从而使两腮的视觉宽度相应地减弱。

（6）倒三角形脸型

倒三角形脸型在梳理时要注意扬长避短，便可达到整洁、美观、大方的效果。适合选择侧分头缝的不对称发式，露出饱满的前额。

（7）椭圆形脸型

椭圆形脸型是女性中最完美的脸型，采
用长发型和短发型都可以，但应注意尽可能把
脸显现出来，突出这种脸型协调的美感，而不
宜用头发把脸遮盖过多。

椭圆形脸型

3. 发型选择的原则

任何一个人在选定适合自己的发型时，都要考虑自身的发质、年龄、
身材、职业、场合等因素，综合平衡后做出选择。一般情况下，男性发型
首要的原则是简洁和清爽，不宜留长发；女性首要的原则是端庄，不宜崇
尚过于华丽和美艳的发型。对学生而言，无论男女，都应简洁、利落，显
示青春活力。公务员、教师等应选择稳重大方的发型；建筑工、纺织工、
车工、医生、厨师、食品营业员等职业，出于安全生产和工作的需要，应
戴工作帽，这就要求应留较短发型或将头发全部梳起。经常进行露天作业
的人，发型应简单，头发也应短一些，这样能够使梳洗方便。

2.2 着 装

古往今来，着装从来都体现着一种社会文化，体现着一个人的文化修
养和审美情趣，是一个人身份、气质和内在素质的外在流露。从某种意义
上来说，服饰是一门艺术，它所传达的情感与意蕴甚至是语言不能替代的。
恰当的着装与服饰会给人以良好印象，提高社交的成功率；反之会降低身
份，损害形象。

2.2.1 TPO 原则

TPO 原则，即着装要考虑到时间（Time）、地点（Place）、场合（Occasion）。
TPO 原则，是有关服饰礼仪的基本原则之一。它的含义，是要求人们
在选择服装、考虑其具体款式时，首先应当兼顾时间、地点、场合，并应
力求使自己的着装及其具体款式与着装的时间、地点、场合协调一致。

1．时间

一年有春、夏、秋、冬四季的交替，一天有 24 小时变化，显而易见，在不同的时间里，着装的类别、式样、造型应随之有所变化。比如，冬天要穿保暖、御寒的冬装；夏天要穿通气、吸汗、凉爽的夏装。白天穿的衣服需要面对他人，应当合身、严谨；晚上穿的衣服不为外人所见，可适当宽大、随意等。

2．地点

从地点上讲，置身在室内或室外，驻足于闹市或乡村，停留在国内或国外，身处于单位或家中，在这些变化不同的地点，着装的款式理当有所不同，切不可以不变应万变。例如，穿泳装出现在海滨、浴场，是人们司空见惯的；但若是穿着它去上班、逛街，则令人一片哗然。在国内，一位少女只要愿意，随时可以穿小背心、超短裙，但她若是以这身行头出现在着装保守的阿拉伯国家，就有悖当地习俗，显得有些不尊重当地人了。

3．场合

衣着要与场合协调，着装应适应自己扮演的社会角色。与顾客会谈、参加正式会议等，衣着应庄重考究；听音乐会或看芭蕾舞，则应按惯例着正装；出席正式宴会时，则应穿中国的传统旗袍或西方的长裙晚礼服；而在朋友聚会、郊游等场合，着装应轻便舒适。另外要考虑到目的性，比如为了表达自己悲伤的心情，可以穿深色、灰色的衣服等。一个人身着款式庄重的服装前去应聘求职、洽谈生意，说明他郑重其事、渴望成功。而在这类场合，若选择款式暴露、性感的服装，则表示自视甚高，对求职、生意的重视，远远不及对其本人的重视。

2.2.2 着装搭配基本原则

1．整洁原则

整洁的原则指整齐干净，这是着装搭配最根本的原则。一个穿着整洁的人总能给人积极向上的感觉，总是受欢迎的，而一个穿着褴褛肮脏的人给人感觉总是消极颓废的。在社交场合，人们往往通过衣着是否整洁大方来判断来人对交往是否重视，是否文明有涵养等。整洁的原则并不意味着穿着高档时髦，只要保持服饰干净合体、全身整齐有致便可。

2. 个性原则

个性原则指社交场合树立个人形象的要求。人人希望自己以一个独立的人被社会接纳与承认。要使打扮富有个性应注意两个问题，第一就是不要盲目赶时髦，最时髦的往往是最没有生命力的。第二就是穿出自己的个性。俗话说"世间没有两片完全相同的叶子"，"一样米养百样人"。不同的人由于年龄、性格、职业、文化素养等的不同，自然就会有不同的气质。故服饰选择应综合考虑，既要根据个人气质选择服饰，同时又要通过服饰表现个性气质。为此，必须深入了解自我，让服装尽显自己的个性风采，一个盲目追求时髦的人必然会失去自我。可想而知，一个身为教师的女性穿着透明装和超短裙出现在讲台上，同一个粗腰壮腿的女士穿迷你裙招摇于街市一样不可理解。服饰的个性原则，归根到底也是一个美的原则，服饰搭配技巧美的生命力就在于掩盖缺点，尽显人体优点。

3. 和谐原则

所谓和谐原则指协调得体的原则，有两层含义，一是指着装应与自身体型相和谐，二是指着装应与年龄相符合。服饰本来是一种艺术，能遮盖体型的某些不足。借助于服饰，能创造出一种身材美妙的感觉。

不同的体型着装应有所区别。对于高大的人来说，在服装选择与搭配上，切忌穿太短的上装，款式不能太复杂，适宜穿横条或格子上装。服装色彩宜选择深色、单色为好，太亮太淡太花的色彩有一种扩张感，就显得更大了。对于身材娇小的人而言，上衣不要太长、太宽，裤子不能太短，裤腿不要太大，裤子宜盖着鞋面为好，服装色彩宜稍淡、明快柔和些为好，上下色彩一致可造成修长之感。服装款式宜简洁，忌穿横条纹的服装。

对于较胖的人而言，穿衣就要尽量让自己显得瘦一些，不能穿太紧身的衣服，以宽松随意些为好，衣领以低矮的"V"型领为最佳，不能用太夸张的腰带，这样容易显出粗大的腰围。在颜色上以冷色调为好，过于强烈的色调就更显胖了。忌穿横条纹、大格子或大花的衣服。对于偏瘦的人而言，要尽量穿得丰满些。不要穿太紧身的服饰，服装色彩尽量明亮柔和，太深太暗的色彩反而更显瘦弱。可选穿一些横条、方格、大花图案的服饰，以达到丰满的视觉效果。

着装除了与体型身材协调外，还应注意与年龄相吻合。不是所有的服装服饰搭配都适合同一个年龄。由于年龄的差异，从服装款式到色彩均有讲究。一般而言，年轻人可以穿得鲜亮、活泼、随意一些，而中年人相对应穿得庄重严谨一些。但随着生活的发展，人们着装的观念发生了许多变化，一个很明显的趋势就是：年轻人穿得素雅，中老年人相对花哨，老年人希望通过服装来掩盖岁月的痕迹，年轻人试图通过服饰来强化自己的成熟期，这自然无可厚非。青春自有自己独特的魅力，而中老年人自然也有年轻人无法企及的成熟美，服饰的选择唯有适应这种美的呼应，方能创造出和谐与神韵。

阅读材料

男士正装的 7 个原则

1. 三色原则

三色原则是在国外经典商务礼仪规范中被强调的，国内著名的礼仪专家也多次强调过这一原则，简单说来，就是男士身上的色系不应超过 3 种，很接近的色彩视为同一种。

2. 三一定律

鞋子、腰带、公文包三处保持一个颜色，黑色最佳。

3. 三大禁忌

左袖商标要拆掉；不能穿尼龙袜，不能穿白色袜；领带质地选择真丝和毛的，除非制服配套否则不用一拉得，颜色一般采用深色，短袖衬衫打领带只能是制服短袖衬衫，穿夹克不能打领带。

4. 有领原则

有领原则是说正装必须是有领的，无领的服装，比如 T 恤，运动衫一类不能成为正装。男士正装中的领通常体现为有领衬衫。

5. 纽扣原则

绝大部分情况下，正装应当是纽扣式的服装，拉链服装通常不能称为正装，即使某些比较庄重的夹克事实上也不能称为正装。

6. 皮带原则

男士的长裤必须是系皮带的，通过弹性松紧穿着的运动裤不能成为正装，牛仔裤自然也不算。即便是西裤，如果不系腰带就能很规矩，那也只能说明这条西裤腰围不适合你。

7. 皮鞋原则

正装离不开皮鞋，运动鞋和布鞋、拖鞋是不能称为正装的。最为经典的正装皮鞋是系带式的，不过随着潮流的改变，方便实用的懒式无带皮鞋也逐渐成为主流。

2.2.3 西装

西装又称"西服"、"洋装"。西装是一种"舶来文化"，在中国，人们多把有翻领和驳头（驳头指与西服领子连在一起，里襟上部向外翻折的部位）、3个衣兜、衣长在臀围线以下的上衣称作"西服"，这显然是中国人对于来自西方的服装的称谓。广义的西装指西式服装，是相对于"中式服装"而言的欧系服装。狭义的西装指西式上装或西式套装。西装通常是公司企业从业人员、政府机关从业人员在较为正式的场合着装的首选。西装之所以长盛不衰，很重要的原因是它拥有深厚的文化内涵，主流的西装文化常常被人们打上"有文化、有教养、有绅士风度、有权威感"等标签。

西装一直是男性服装王国的宠物，"西装革履"常用来形容文质彬彬的绅士俊男。西装的主要特点是外观挺括、线条流畅、穿着舒适，若配上领带或领结后，则更显得高雅典朴。另外，在日益开放的现代社会，西装作为一种衣着款式也进入到女性服装的行列，体现女性和男士一样的独立、自信。下面主要介绍男士西装有关搭配。

1. 西装的分类

（1）按穿着者分类

按穿着者的性别和年龄，西装可分为男西装、女西装和儿童西装3类。

（2）按场合分类

按穿着场合分类可以分为礼服和便服两种。

（3）按件数分类

按西装的件数来划分，分单件西装，二件套西装，三件套西装。西服套装，指的是上衣与裤子成套，其面料、色彩、款式一致，风格相互呼应。通常，西服套装，有两件套与三件套之分。两件套包括一衣和一裤，三件套则包括一衣，一裤和一件背心。按照人们的传统看法，三件套西装比两件套西装更显得正规一些。商界男士在正式的商务交往中所穿的西装，必须是西服套装，在参与高层次的商务活动时，以穿三件套的西服套装为佳。便装，单件西装，即一件与裤子不配套的西装上衣，一般仅适用于非正式场合。

（4）按纽扣分类

按西装上衣的纽扣排列来划分，分单排扣西装上衣与双排扣西装上衣。

单排扣的西装上衣，最常见的有一粒纽扣、两粒纽扣、三粒纽扣3种。一粒纽扣、三粒纽扣单排扣西装上衣穿起来较时髦，而两粒纽扣的单排扣西装上衣则显得更为正规一些。

双排扣的西装上衣，最常见的有两粒纽扣、四粒纽扣、六粒纽扣3种。两粒纽扣、六粒纽扣的双排扣西装上衣属于流行的款式，而四粒纽扣的双排扣西装上衣则明显具有传统风格。男子常穿的双排扣西装是六粒扣、枪驳领、方角下摆款。

至于西服后片开衩分为单开衩，双开衩和不开衩，单排扣西服可以选择三者其一，而双排扣西服则只能选择双开衩或不开衩。

（5）按版型分类

所谓版型，指的是西装的外观轮廓。严格地讲，西装有4大基本版型。

第一种版型，欧版西装。欧版西装实际上是在欧洲大陆，比如意大利、法国流行的。总体来讲，它们都叫欧版西装。最重要的代表品牌有杰尼亚、阿玛尼、费雷。欧版西装的基本轮廓是倒梯形，实际上就是肩宽收腰，这和欧洲男性比较高大魁梧的身材相吻合。

第二种版型，英版西装。它是欧版的一个变种。它是单排扣，但是领子比较狭长，和盎格鲁－撒克逊人有关。盎格鲁－撒克逊人的脸形比较长，所以他们的西装领子比较宽广，也比较狭长。英版西装，一般是三个扣子的居多，其基本轮廓也是倒梯形。

第三种版型，美版西装。它是指美国版的西装。美国版西装的基本轮廓特点是"O"型。它宽松肥大，适合于休闲场合穿。所以美版西装往往以单件者居多，一般都是休闲风格。美国人一般着装的基本特点可以用"宽衣大裤"4个字来概括，强调舒适、随意是美国人的特点。

第四种版型，日版西装。日版西装的基本轮廓是"H"型的。它适合亚洲男人的身材，没有宽肩，也没有细腰。一般而言，它多是单排扣式，衣后不开衩。

2. 西装的穿着

（1）合身

穿着西装最重要原则就是"合身"。在合身的前提下，综合脸型、身高和肩宽的比例，选一套适合自己体型的服装，是挑选西装的第一要素。

（2）平顺

西装所要求的就是平顺的线条，因此只要是在平顺之外凸出的部分，都是破坏西装外形的元凶，最常见的情况就是口袋里放置过多的物品。就整套西装来说，包括裤子的口袋在内，所有设计在外部的口袋都只是一种装饰，真正能够放置物品的只有上装的前胸暗袋。因此，一套新西装的口袋封口线，其实并没有拆除的必要。有些人常会在西装上衣外部口袋插钢笔或放置其他东西，其实这是很不礼貌的。

（3）纽扣

穿双排扣的西装一般应将纽扣都扣上。穿单排扣的西装，如是两粒扣的只扣上面的一粒，三粒扣的则扣中间的一粒。在一些非正式场合，可以不扣纽扣。

（4）插花眼

西装的驳领上通常有一只扣眼，这叫插花眼，是参加婚礼、葬礼或出席盛大宴会、典礼时用来插鲜花用的。在中国，人们一般无此习惯。

3. 西装与衬衫

穿西装时，衬衫袖应比西装袖长出 1～2cm，衬衫领应高出西装领1cm 左右。衬衫袖口的纽扣一定要扣上，下摆必须扎进裤内。若不系领带，衬衫的领口应敞开。在正式交际场合，衬衫的颜色最好是白色的。一般男士必备一件白色衬衫和一件蓝色衬衫。

在衬衫的选择上，有几个重要的细节。例如，可以打领带的衬衫应该具有硬领与有足够打领结的领台空间。一般说来，适合打领带的衬衫都比较正式，同时在领子上自领缘向内约 0.5cm 的位置处缉有白色的缝线，如果这个间距小，那就是偏向休闲款式的衬衫。另外不能选择短袖衬衣搭配西装，一般说来，西装里面应该搭配长袖衬衫。

4. 西装与领带

（1）搭配

领带是西装的灵魂。凡是参加正式交际活动，穿西装就应系领带。领带长度以到皮带扣处为宜。如穿马甲或毛衣时，领带应放在它们后面。领带夹一般夹在衬衫的第四、五个纽扣之间。

在领带的选择上，首先把注意力集中在领带与西服上衣的搭配上。从比较讲究的观点看，上衣的颜色应该成为领带的基础色。通常，衬衫的颜色应该与领带上次要颜色中的一种相配。领带的花纹或图案，也应以保守沉稳为宜，如斜纹、小圆点、小方块或规则重复的小图案等，都是不错的选择。无论同色系或是对比色彩的搭配，只要掌握领带具有画龙点睛的效果，整体造型就能十分突出，品味也就能立即展现（领带样式如图 2-1 所示）。

图 2-1 领带

（2）领带的打法

领带的打法，随着时代进步不断翻新和增多，这里介绍 10 种。

① 平结

平结为最多男士选用的领结打法之一，几乎适用于各种材质的领带。要诀：领结下方所形成的凹洞需让两边均匀且对称（如图 2-2 所示）。

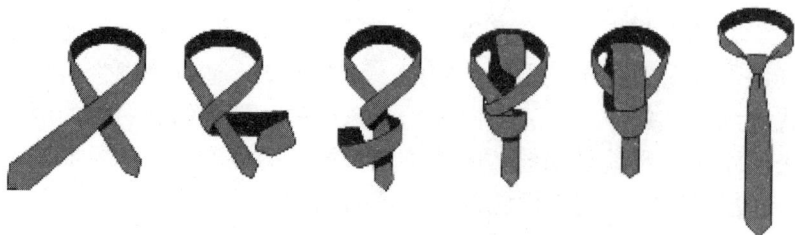

图 2-2 平结

② 交叉结

这是对于单色素雅质料且较薄领带适合选用的领结，对于喜欢展现流行感的男士不妨多加使用"交叉结"（如图 2-3 所示）。

图 2-3　交叉结

③ 双环结

一条质地细致的领带再搭配上双环结颇能营造时尚感，适合年轻的上班族选用。该领结完成的特色就是第一圈会稍露出于第二圈之外，不要刻意盖住（如图 2-4 所示）。

图 2-4　双环结

④ 温莎结

温莎结适合用于宽领型的衬衫，该领结应多往横向发展。应避免材质过厚的领带，领结也勿打得过大（如图 2-5 所示）。

图 2-5　温莎结

⑤ 双交叉结

这样的领结很容易让人有种高雅且隆重的感觉，适合正式之活动场合选用。该领结应多运用在素色且丝质领带上，若搭配大翻领的衬衫不但适合且有种尊贵感（如图 2-6 所示）。

图 2-6　双交叉结

⑥ 亚伯特王子结

亚伯特王子结适用于浪漫扣领及尖领系列衬衫，搭配浪漫质料柔软的细款领带。正确打法是在宽边先预留较长的空间，并在绕第二圈时尽量贴合在一起，即可完成此完美结型（如图 2-7 所示）。

图 2-7　亚伯特王子结

⑦ 四手结

四手结（单结）是所有领结中最容易上手的，适用于各种款式的浪漫系列衬衫及领带（如图 2-8 所示）。

图 2-8　四手结

⑧ 浪漫结

浪漫结是一种完美的结型，所以适合于各种浪漫系列的领口及衬衫。完成后可将领结下方的宽边缩小，窄边可左右移动调整位置，使其更显和谐美（如图 2-9 所示）。

⑨ 简式结

简式结（马车夫结）是最常见的一种结型。适用于质料较厚的领带，

图 2-9　浪漫结

适宜配合标准式以及扣式领口的衬衫。将领带的宽边由上往下翻转，并将折叠处隐藏在后面，待完成后再调整领带长度（如图 2-10 所示）。

图 2-10　简式结

⑩　十字结

十字结（半温莎结）结型十分优雅及罕见，其打法亦较复杂，使用细款领带较容易上手，最适合搭配浪漫的尖领及标准式领口系列衬衣（如图 2-11 所示）。

图 2-11　十字结

5．西装与鞋袜

穿西装时不宜穿布鞋、凉鞋或旅游鞋。庄重的西装要配深褐色或黑色的皮鞋。袜子的颜色应比西装深一些，花色要尽可能朴素大方。

2.2.4 女士西装

女士西装有上衣和长裤相配
的套装，也有上衣和裙子搭配的
套装。女士西装的式样也较多，
领型有青果领、V字领、披肩领等；
款式有单排扣、双排扣；衣长有
长至大腿，也有短至腰部；图案
和拼接也有多种变化。

在社交场合无论是西服套装
还是套裙都应简洁大方，给人以
精明干练的感觉，要搭配正装鞋，
颜色和款式都以简单为好。套裙
应大小适度，裙子长度一般要达
膝部，但最长不应超过小腿中部。

要注意长筒袜颜色的搭配，还要注意不要穿钩丝、破洞的袜子，不要把袜
口露在裙外。另外要注意自身的举止和姿态，在行走或蹲坐时应轻缓。

2.3 饰　物

一般将帽子、围巾、腰带、眼镜、手袋、阳伞、发饰、挂件等统称为
饰物。随着时代的进步和生活水平的提高，这些饰物越来越多地出现在日
常生活，以靓丽的色彩和新颖的款式装点着我们的生活。饰品佩戴是服饰
礼仪的重要组成部分。饰品不仅具有美化的功能，同时还能传播一定的信
息，具有一定的象征意义。

2.3.1 饰物的佩戴原则

1. 简洁
饰物的佩戴一个最简单原则就是少而精，主题突出，忌讳把全部家当

都佩戴到身上。选择饰物要做到恰到好处,画龙点睛,最好能够锦上添花,而决不能画蛇添足,过犹不及。比如,同时带 3 个以上的戒指,不仅不会带来美感,反而会使人感觉杂乱无章。

2. 场合

女士赴宴或参加舞会等,可以佩戴一些较大的胸针,以期达到富丽堂皇之效;而平日上班或在家休闲时,可以佩戴一些小巧精致、淡雅的胸针、项链、耳环等,不宜佩戴过于华丽的饰物。需强调的是,面试时最好不要佩戴饰物。

3. 协调

饰物佩戴应与服饰相配。一般领口较低的服饰必须配项链,而竖领上装可以不戴项链。项链色彩最好与衣服颜色相协调。穿运动服或工作服时可以不戴项链和耳环。

4. 适合

饰物要与佩戴者的体型、年龄相适合。比如脖子粗短者,不宜戴多串式项链,而应戴长项链。宽脸、圆脸型和戴眼镜的女士,少戴或不戴大耳环和圆形耳环。年轻女士可以戴一些夸张的无多大价值的工艺饰品;相反,年纪较大的妇女应戴一些较贵重的比较精致的饰物,这样显得庄重、高雅。

5. 色彩

佩戴饰物时,应力求同色,若同时佩戴两件或两件以上饰品,应使色彩一致或与主色调一致,比如选择同色系的手袋、鞋子和腰带,千万不要打扮得色彩斑斓,像棵"圣诞树"。

6. 季节

饰物佩戴还应考虑一年四季有别的原则。夏季以佩戴色彩鲜艳的工艺仿制品为好,可以体现夏日的热情;冬季则佩戴一些金、银、珍珠等饰品为好,可以显现庄重典雅。

2.3.2 饰物佩戴

1. 戒指

在西方，戒指是无声的语言。一般来说，戒指戴在左手手指上会有不同含义：戴在食指上表示未婚或求婚；中指上表示正处于热恋中；无名指上表示已订婚或结婚；小指上则表示独身；而大拇指上一般不戴戒指。右手戴戒指是一种装饰，没有特别的含义。

2. 项链

项链是最早出现的首饰之一。项链除了具有装饰功能之外，有些项链还具有特殊显示作用，如天主教徒的十字架链和佛教徒的念珠。佩戴项链必须讲究款式对路，尺寸适度，这样才可突出佩戴者的气质与个性，减少或弥补一个人脸型或颈脖的某些不足，创造出人意料的装饰效果。对于一般女性来说，短项链可使脸型在视觉上变宽、脖子变粗，因而方型脸、脖子较短的女性适宜佩戴稍长些的项链，搭配穿着领口大一点、低一点的上衣，使项链充分显露出来，这样可以使人看起来脸型较瘦、脖子较长，从而增加美感。

3. 耳环

耳环又称耳坠，可以由金属、塑胶、玻璃、宝石等物料制成。有些是圈状的，有些是垂吊式的，有些是颗粒状的。佩戴耳环要特别注意与脸型的搭配，避免与脸型相同的形状。

4. 手镯

佩戴手镯时对个数没有严格限制，可以戴一只，也可以戴两只、三只，甚至更多。如果只戴一只，应戴在左手而不应是在右手上；如果戴两只，则可以左右手各戴一只，或都戴在左手上；如果戴三只，就应都戴在左手上，不可以一手戴一只，另一手戴两只。戴三只以上手镯的情况比较少见，即使要戴也都应戴在左手上。不过在此应当指出，这种不平衡应通过与所穿服装的搭配来求得和谐，否则会因标新立异而破坏了手镯的装饰美。如果戴手镯又戴戒指时，则应当考虑两者在式样、质料、颜色等方面的协调与统一。

5．手袋

手袋是我们日常生活中最熟悉、最常用的饰物。作为整体的一个重要部分，手袋的选择和花色都得花一番心思。手袋的选择应与场合、年龄、身材、身份相符合。身材高大的女士，不宜用太小的包；如是较矮的女性，包不宜过大；公文包适用于女性管理人员、办事人员等，年轻女子手持很有韵味的公文包式手袋显得比较干练；手提式手袋适用于中老年人，显得沉稳端庄，斜肩背包则适用于青年活泼的女孩或学生。另外，选择手袋要考虑到衣服的颜色，最好与其他佩饰颜色一致或协调。

6．帽子

帽子有遮阳、装饰、增温和防护等作用，种类很多，选择亦有讲究。首先要根据脸型选择合适的帽子。圆脸戴圆顶帽，就显得脸型大、帽子小，如戴宽大的鸭舌帽就比较合适。尖脸的人戴了鸭舌帽就显得脸部上大下小，更显瘦削，因此戴圆顶帽比较合适。国字脸的人戴所有的帽子都比较合适。其次要根据自己的身材来选择帽子。身高的人帽子宜大不宜小，否则给人头轻脚重的感觉。身矮的人则相反。个子高的女性不宜戴高筒帽，否则给人的感觉是"又"长高了。个子矮的女性不宜戴平顶宽檐帽，会显得个子更矮。另外帽子的形式和颜色等必须和衣服、围巾、手套及鞋子等配套，才不会显得杂乱无章。

7．围巾

围巾不仅具有保暖功能，更具有装饰美化的效果。佩戴围巾时应注意与其他服饰相协调。男士一般在冬季室外佩戴围巾，面料多为纯毛、人造毛织物等。而女士佩戴围巾的时间和场合宽泛很多，春夏天佩戴真丝绸丝巾或是纯棉围巾，冬季佩戴毛、棉围巾和披肩。现在围巾的变化更多了，人们还将长围巾或是丝巾绑在头发或是腰间做装饰物，起到画龙点睛的作用。

8. 眼镜

眼镜既是保护眼睛的工具，又是一种美容的装饰品。不同脸型选择适合的眼镜佩戴可改善脸部线条，给人以对称平和的感觉，增强美感。另外选择佩戴墨镜时，不仅要考虑其颜色、款式、质地，还要考虑自己的脸型和肤色等，尤其是它们的整体效果。提醒注意的是：室内活动不要戴墨镜，室外礼仪性的活动也不应戴墨镜。

9. 腰带

如今腰带已经成为一种时尚，特别是男士，几乎每一个男士都要在裤子上系一根皮带。腰带的作用已经延展到了实用性之外，时尚搭配，甚至点缀的意义也日益凸显。腰带的颜色、款式、粗细不仅要与整体服装和饰物相协调，更要与佩戴的人相协调。比如矮胖的人不宜戴宽腰带，正式场合不宜戴嬉皮风格腰带。

名句警言

步从容，立端正，揖深圆，拜恭敬；勿践阈，勿跛倚，勿箕踞，勿摇髀；缓揭帘，勿有声，宽转弯，勿触棱。

——《弟子规》

2.4 表　情

美国心理学家艾伯特·梅拉比安在一系列研究的基础上得出了一个公式：信息的总效果 = 7% 言词 + 38% 语调 + 55% 面部表情。由此可见，面部表情在信息传达中起着十分重要的作用。面部表情指的是通过面部表情来交流情感、传递信息的语言，它主要包括眼神、眉语、微笑等。能够巧妙使用面部表情的人，才是善于塑造自我交际形象的人。

2.4.1 眼神

眼神又称目光语，是人们在交往中通过视线接触所传递的信息。眼睛是心灵的窗户，人的内心世界可通过眼神表达，目光的方向、眨眼的频率、眼球的转动都有其含义。中国的成语中有许多是描写眼睛和眼神的，比如"眉目传情"、"瞠目结舌"、"暗送秋波"、"眉开眼笑"等。

1. 眼神

眼神主要由注视的时间、视线的位置和瞳孔的变化 3 个方面组成。

（1）注视的时间

据有关调查研究，人们在交谈时，视线接触对方脸部的时间约占全部谈话时间的 30% ～ 60%。超过这一平均值，可认为对谈话者本人比对谈话内容更感兴趣；低于这一平均值，则表示对谈话内容和谈话者本人都不怎么感兴趣。在整个交谈过程中，与对方目光接触应该累计达到全部交谈过程的 50% ～ 70%，其余 30% ～ 50% 的时间可注视对方脸部以外 5 ～ 10 米处，这样比较自然、有礼貌。在社交过程中，与朋友会面或被介绍认识时，可凝视对方稍久一些，这既表示自信，又表示对对方的尊重。当然，必须考虑到文化背景，不同国家、民族的人常为多看几眼、少看几眼而引起误解。如在南欧，注视对方可能会造成冒犯；与黑人交谈时应避免直视对方的眼睛，而白人则认为不看他的眼睛是对自己的话题不感兴趣的表示；大多数朝鲜人在向对方提出请求时总是看着对方的眼睛来知悉对方的真实想法，这样在遭拒绝时就不会羞愧；而日本人却认为直视对方的眼睛是不礼貌的。

（2）视线的位置

人们在社会交往中，不同的场合和对象，目光所及之处也是有差别的，分为视线向上、视线向下、视线水平，如图 2-12 所示。有的人在与比较陌生的人打交道时，往往因为不知把目光怎样安置而窘迫不安；已被人注视而将视线移开的人，大多怀有相形见绌之感；仰视一般体现"尊敬、信任"的含义；斜视一般表示轻蔑等。双方交谈时，应注视对方的眼鼻之间，表示重视对方及对其发言感兴趣。当双方缄默不语时，就不要再看着对方，以免加剧因无话题本来就显得冷漠、不安的尴尬局面。当别人说了错话或显拘谨时，务请马上转移视线，以免对方把自己的眼光误认为是对其的嘲笑和讽刺。如果你参加辩论赛，并希望在争辩中获胜，那在双方对视中就千万不要移开目光，而应坚持对视，直到对方眼神转移为止。

a. 视线向上　　　　　　a. 视线向下　　　　　　a. 视线水平

图 2-12　视线的位置

（3）瞳孔的变化

瞳孔的变化即视线接触时瞳孔的放大或缩小。心理学家往往用瞳孔变化大小的规律来测定一个人对不同的事物的兴趣、爱好、动机等。兴奋时，人的瞳孔会扩张到平常的 4 倍大；相反，生气或悲哀时，消极的心情会使瞳孔收缩到很小，眼神必然黯然无光。所谓"脉脉含情"、"怒目而视"等都多与瞳孔的变化有关。

2. 眼神礼仪

（1）注视区域

场合不同，注视的部位也有所不同。一般分为公务凝视、社交凝视和亲密凝视，如图 2-13 所示。

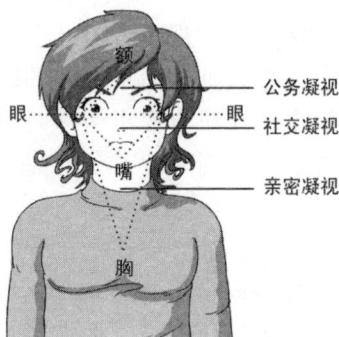

图 2-13　注视部位

公务凝视区域：在洽谈、磋商、谈判等严肃场合中，目光要严肃认真，注视的部位应在以两眼为底线、额中为顶角所形成的三角区域内。

社交凝视区域：这是指在各种社交场合使用的注视方式。注视的位置应在以两眼为上线、唇心为下顶角所形成的倒三角区域内。

亲密凝视区域：这是亲人之间、恋人之间、家庭成员之间使用的注视方式。凝视的位置在对方双眼到胸部区域之间。

（2）注视方式

无论是使用公务凝视、社交凝视或是亲密凝视，都要注意不可将视线长时间固定在所要注视的位置上。这是因为，人本能地认为，过分地被人

社交礼仪

050

凝视是在窥视自己内心深处的隐私。所以，双方交谈时，应适当地将视线从固定的位置上移动片刻。这样能使对方心理放松，感觉平等，易于交往。

当与人说话时，目光要集中注视对方；听人说话时，要看着对方眼睛，这是一种既讲礼貌又不易疲劳的方法。如果表示对谈话感兴趣，就要用柔和友善的目光正视对方的眼区；如果想要中断与对方的谈话，可以有意识地将目光稍稍转向他处。

眼睛转动的幅度与快慢都必须遵循一个"度"，不要太快或太慢，眼睛转动稍快表示聪明、有活力，但如果太快则表示不诚实、不成熟，给人轻浮、不庄重的印象，如"挤眉弄眼"、"贼眉鼠眼"指的就是这种情况。但是，眼睛也不能转得太慢，显得木讷迟钝。眼睛转动的范围也要适度，范围过大给人以白眼多的感觉；过小则显得拘谨、木讷。

2.4.2 微笑

微笑是最美妙的一种语言，是世界通用的体态语，它超越了民族和国界，超越了种族和文化，它消除隔阂，表达善意，沟通心灵。

古今中外，人们都重视微笑的力量。微笑是人际交往的润滑剂，是解脱痛苦的良方，是获利最多的投资。著名画家达·芬奇的杰作《蒙娜丽莎》是欧洲文艺复兴时期最出色的肖像作品之一，画中的微笑给人以美的享受，使人们充满对真善美的渴望，几百年来让人回味无穷，如图 2-14 所示。2008 年北京奥运会开幕式上，展示了来自世界各地 2008 个孩子的笑脸，在美丽的夜空下，一个个笑脸竞相绽放，给人以心灵的感动和震撼，如图 2-15 所示。

图 2-14　蒙娜丽莎的微笑

图 2-15　2008 北京奥运会开幕式孩子的笑脸

1. 微笑的内涵

（1）微笑是自信的象征

现实生活是丰富多彩的，既有风和日丽、鲜花盛开的坦途，也同样可能有风雪交加、百花凋谢的坎坷。但是，只要脸上充满微笑，就能够使我们从容面对。一个对自己和对未来均充满了自信的人，充分认识到自身存在的价值，重视强化自我形象，微笑常在。

（2）微笑是修养的展现

一个有知识、重礼仪、懂礼貌的人，必然十分尊重别人。即使是陌路相逢，也能做到毫不吝啬地把微笑当作礼物，慷慨地奉献给别人。

（3）微笑是心理健康的标志

一个心理健康的人，一定能够将美好的情操、愉快的心境、温暖的情谊、善良的心地化作由心底涌出的甜美微笑。

阅读材料

今天你微笑了吗？

全球旅馆大王希尔顿有一句名言："今天你微笑了吗？"

希尔顿于1887年生于美国新墨西哥州，其父去世时，只给年轻的希尔顿留下了2000美元遗产。希尔顿加上自己的3000美元，只身去德克萨斯州买下了他的第一家旅馆。凭借着精准的眼光与良好的管理，很快，希尔顿的资产就由5000美元奇迹般地扩增到5100万美元。他欣喜而又自豪地把这个好消息告诉了自己的母亲，可是，他的母亲却意味深长地对希尔顿说："照我看，你跟从前根本就没有什么两样，不同的只是你已把领带弄脏了一些而已。事实上，你必须把握比5100万美元更值钱的东西，除了对顾客诚实之外，还要想办法使每一个住进希尔顿旅馆的人住过了还想再来住。你要想这样一种简单、容易、不花本钱而行之持久的办法去吸引顾客，这样你的旅馆才有前途！"

母亲的话让希尔顿猛然醒悟，自己的旅店确实面临着这样的问题，那么如何更好地吸引顾客呢？到底什么东西才比5100万美元更值钱呢？

希尔顿想了又想，始终没有想到一个好的答案。于是，他每天都到商店和旅店里参观，以顾客的身份来感受一切，他终于找到了具备母亲说的"简单、容易、不花本钱而行之久远"这4个条件的东西，那就是：微笑服务。只有微笑才能发挥如此大的影响力。

于是，希尔顿订出他经营旅馆的 4 大信条：微笑、信心、辛勤、眼光。他要求员工照此信条实践，他要求员工即使非常辛劳也必须对旅客保持微笑，就连他自己都随时保持微笑的姿态。

每天他至少要到一家希尔顿饭店与饭店的服务人员接触，向各级人员（从总经理到服务员）问得最多的一句话必定是："你今天对客人微笑了没有？"1930 年，是美国经济萧条最严重的一年，全美国的旅馆倒闭了 80%，希尔顿的旅馆也是一家接着一家地亏损不堪，一度负债高达 50 万美元。但希尔顿并不灰心，他召集每一家旅馆的员工向他们特别表示："我请各位记住，希尔顿的礼仪万万不能忘。无论旅馆本身遭遇的困难如何之大，希尔顿旅馆服务员脸上的微笑永远是属于顾客的。"

经济萧条刚过，希尔顿旅馆系统就领先进入了新的繁荣期，从 1919 年到 1976 年，希尔顿旅馆从 1 家扩展到 70 家，遍布世界五大洲的各大城市，成为全球最大规模的旅馆之一。

2. 微笑的训练

（1）对镜微笑训练法

这是一种常见、有效和最具形象趣味的训练方法。端坐镜前，衣装整洁，以轻松愉快的心情，调整呼吸自然顺畅。静心 3 秒钟，开始微笑，使嘴角微微翘起，面部肌肉舒展开来，同时注意眼神的配合，使之达到眉目舒展的微笑面容，如图 2-16 所示。自我对镜微笑训练时间长度随意。为了使效果明显，可在训练时播放背景音乐。

（2）手势微笑练习法

手势微笑，顾名思义，需要手和脸部的配合。首先将两手拇指和食指伸出，其余手指并拢弯曲，食指指尖对接，放在嘴前 15cm ～ 20cm 处，如图 2-17 所示。然后让两食指尖以缓慢匀速分别向左右移动，使之拉开 5cm ～ 10cm 的距离。同时嘴唇随两食指移动速度而同步加大唇角的展开度，并在意念中形成美丽的微笑，如图 2-18 所示。让微笑停留数秒钟，两食指再缓慢匀速向中间靠拢，直至两食指相接；同时，微笑的唇角开始以两指移动的速度，同步缓缓收回。需要提示的是，训练微笑缓缓收住很重要，切忌不能让微笑突然停止。可如此反复开合训练 20 ～ 30 次。

图 2-16 微笑

图 2-17 手势微笑 1

（3）部分练习法

取一张厚纸遮住眼睛以下的部位，对着镜子，心里想着高兴的事情，使整个面部露出自然的微笑，让眼睛周围的肌肉也处于微笑的状态，这就是眼形笑，如图 2-19A 所示。

图 2-18 手势微笑 2

图 2-19A 眼形笑

用厚纸遮住眼睛，面部肌肉、嘴角两端向上略微提起，这就是脸形笑，如图 2-19B 所示。

（4）含箸法

这是日式训练法。道具是选用一根洁净、光滑的圆柱形筷子（不宜用一次性的简易木筷，以防划破嘴唇），横放在嘴中，用牙轻轻咬住，露出8 颗牙齿，如图 2-20 所示。

无论哪种训练方法，都要牢记微笑要由心而生，表里如一，才能具有丰富而有力度的内涵，才能感染人、打动人。

图 2-19B　脸形笑

图 2-20　含箸微笑

2.5　手　势

手势，是运用手指、手掌、拳头和手臂的动作变化，表达思想感情的一种体态语言。手是人体活动幅度最大、运用操作最自如的部分，手势形式和内涵都极为丰富。美国心理学家詹姆斯认为，在身体的各个部位中，手的表达能力仅次于脸。在社会交往中，手势有着不可低估的作用，生动形象的有声语言再配合准确、精彩的手势动作，会使交往更富有感染力、说服力和影响力。

2.5.1　手势的活动范围

手势的活动范围，分为上、中、下3个区域。肩部以上称为上区，一般用来表达激烈的情绪，比如胜利的喜悦、高度的赞扬、热切的盼望、深情的呼唤、愤怒的谴责等。肩部以下腰部以上称为中区，一般用来表达平和、平静的心绪，比如指示、介绍、鼓掌等，一般不带有浓厚的感情色彩。腰部以下称为下区，一般用来表达负面的情感，比如厌恶、否定等。

2.5.2 手势的分类与常用手势

1. 情意性手势

情意性手势主要用于表达带有强烈感情色彩的内容，表现方式极为丰富，感染力极强。例如，双手合起高于胸前表示隆重的谢意、承让等；右手放于左胸前表示忠诚、信念等；鼓掌表示欢迎、喝彩、友好等含义；握拳振臂表示强烈的信念、必胜的力量、喜悦的欢呼等。

2. 指示性手势

指示性手势主要用于指示具体的事物、数量、位置等，特点是动作简单，表达专一，一般不带感情色彩。

（1）引领指示

各种交往场合都离不开引领指示手势，这是一种手与臂的协调动作，更是一种礼仪，主要有以下形式。

① 横摆式五指伸直并拢，手臂向外侧横向摆动，手与地面呈 45°，手心向斜上方，指尖指向被引导或指示的方向，如图 2-21 所示。

② 直臂式五指伸直并拢，掌心朝上，手臂伸直在一条直线上与肩平齐，指尖指向物品或方向，如图 2-22 所示。用直臂式为他人指引方向后，手臂不可马上放下，要保持手势顺势送出几步，表示对他人的尊敬和关怀。

图 2-21　横摆式　　　　　　　　　图 2-22　直臂式

③ 曲臂式五指伸直并拢，手臂从身体的侧前方抬起，以肘关节为轴，由体侧向体前摆动，手与身体相距 20cm 处停止，手臂高度保持在胸部以下，如图 2-23 所示。

④ 斜臂式五指伸直并拢，手臂抬起，以肘关节为轴，手臂由上向下

摆动，适用于请人入座，如图 2-24 所示。

（2）挥手道别

大臂抬至与肩同高或高于肩部，小臂与大臂呈约 90°，指尖朝上，掌心向着对方，手指自然伸直并拢，手腕晃动，如图 2-25 所示。

图 2-23　曲臂式

图 2-24　斜臂式

图 2-25　挥手道别

（3）递接物品

递接物品时要用双手，不方便双手时应用右手，单用左手通常被视为无礼的表现。如果双方距离较远，应起身走近对方；递送物品应直接递接到对方手中，并要方便对方接取；如有文字、图案、正反面物品时，要正面朝上并朝向对方，如图 2-26 所示；接取物品时要稳而缓；递送带尖、带刃或其他易伤人物品时，要将危险一侧朝向自己或他处，切不可朝向对方，如图 2-27、图 2-28、图 2-29 所示。

图 2-26　递接物品

图 2-27　递送危险物品 1

图 2-28　递送危险物品 2

图 2-29　递送危险物品 3

3．象征性手势

用来表达一些比较复杂的情感或抽象的概念，从而引起对方的思考和联想。

（1）翘拇指手势

拇指向上，在中国表示棒，一流、赞同的意思，如图 2-30 所示；在英联邦国家多表示打车；在日本表示男人，父亲。拇指向下，在中国，表示轻蔑等含义；在英联邦国家，多表示坏、下等人之意。

（2）"OK"的手势

拇指和食指合成圈状，其余 3 根手指自然伸开，如图 2-31 所示。在美国表示赞扬、顺利、好；在法国表示零、一钱不值；在日本、缅甸、韩国表示金钱；在印度表示正确；在中国则表示"0"或"3"两个数字。

图 2-30　翘拇指手势

图 2-31　"OK"的手势

（3）V 形手势

伸出食指和中指，掌心朝外，其余手指弯曲合拢，如图 2-32 所示，表示胜利，有时也表示数字"2"。"V"是英语单词 Victory（胜利）的第一个字母。传说，"V"形手势是第二次世界大战期间由一位名叫维克多·德拉维利的比利时人发明的。他在 1940 年底的一次广播讲话中，号召同胞们奋起抵抗德国侵略军，并动员人们到处写"V"字，以表示胜利的信心。从此"V"形手势广泛传播开来。尤其是当时英国首相丘吉尔在一次游行检阅中使用了这一"V"形手势，使这个手势迅速地广泛地流传开来。

社交礼仪

做这一手势切记掌心要向外，因为如果掌心向内在西欧表示侮辱之意。

（4）捻指作响手势

用拇指和食指弹出响声，表示高兴、赞同、兴奋，也表示无聊。应尽量少用这一手势，尤其对异性不能使用，以免令他人反感，让人觉得没有教养或是轻浮、挑衅。

4. 模拟性手势

主要用来模拟事物的形状、大小、高矮、长短等特征，给人以明确的印象。例如，两手模拟心的形状，如图 2-33 所示。

图 2-32　V 形手势

图 2-33　手势模拟心的形状

阅读材料

手势的地域性

手势有着很强的地域性，同样的手势在不同国家和地区有着截然不同的含义。在我国和一些国家，伸出大拇指是称赞、夸奖的意思；但在澳大利亚则认为竖起拇指尤其是横向伸出大拇指是一种侮辱；英国翘起大拇指是拦车要求搭车的意思。由此不难看出，每种文化都有自己的手势语言。世界各国和各地习俗迥异，手势不可乱用，要遵守"入乡随俗"的原则。

2.5.3　手势的原则

手势是无声的语言，如果表达不当会适得其反。手势的运用要注意几个原则，首先应简约明快，不宜过多，以免让人感觉眼花缭乱或者是喧宾夺主。其次要文雅自然，避免指指点点、摆弄手指等不良手势，不要让不良的手势降低身份、影响形象。另外手势的运用应是发自内心的流露，应协调、和谐，要与全身协调，与情感协调，与语言协调。最后手势应因人而异，富有个性的手势也能成为个人的标志和象征，而不能要求每个人都千篇一律地做相同的手势。

2.6 姿 态

姿态存在于每个人举手投足之间，优雅的姿态是人有教养，充满自信的完美表达。美好的姿态，会使你看起来年轻得多，也会使你身上的衣服显得更漂亮。善于用良好的形体语言与别人交流，一定会受益匪浅。

2.6.1 站姿

站姿是人们站立时的姿势与体态，它是仪态美的基础。俗话说"站如松"，良好的站姿能衬托美好的气质和风度，能体现一个人积极乐观的健康精神，也是自信心的表现。

1. 站姿标准
标准的站姿，从正面观看，全身笔直，精神饱满，两眼正视，两肩平齐，两臂自然下垂，两脚跟并拢，两脚尖张开 45°～60°，身体重心落于两腿正中；从侧面看，两眼平视，下颌微收，挺胸收腹，腰背挺直，手中指贴裤缝，整个身体庄重挺拔。

要避免身躯歪斜、弯腰驼背、全身乱动、趴伏倚靠等不良站姿。

2. 站姿种类
按照脚位为依据，站姿可分为以下几类。

（1）扇形站姿

扇形站姿又称为标准站姿，这是男士、女士皆适用的站姿。要领是两脚跟并拢，脚尖张开 45°～60°，身体重心落于两腿正中，如图 2-34 所示。

（2）正步站姿

正步站姿是男士、女士皆适用的站姿。要领是在标准站姿的基础上，两脚并拢，两膝贴紧，如图 2-35 所示。正步站姿通常适用于庄严肃穆的场合，比如升国旗、奏国歌、接受接见等。

（3）丁字步站姿

丁字步站姿一般是女士采用的站姿。要领是在标准站姿的基础上，一只脚前移将脚跟靠于另一只脚的内侧中间位置，两脚尖打开，膝盖靠紧，重心可在两脚上，也可在一只脚上。双手可自然下垂，也可交叉放于腹前，如图 2-36 所示。

图 2-34　扇形站姿

图 2-35　正步站姿

（4）分腿站姿

分腿站姿是男士采用的站姿。要领是在标准站姿的基础上，将两脚打开与肩同宽或小于肩宽，双手交叉可置于腹前也可放于后背，如图 2-37 所示。

图 2-36　丁字步站姿

图 2-37　分腿站姿

2.6.2　坐姿

坐姿是人在就座后身体所保持的一种姿势和体态，是人际交往中采用最多的姿态，俗话说"坐如钟"，良好的坐姿给人一种端庄、稳重的美感。

1．坐姿标准

落座时要坚持尊者为先的原则，不要争抢，通常侧身走进座椅，从椅子的左侧就座。如果背对座椅，要保持站姿的标准姿态，右腿后退一点，用小腿准确确定椅子的位置，然后上身保持正直，目视前方，轻轻坐下，动作要缓，声音要轻。女士穿裙装落座时要从后向前双手顺裙摆，不可落座后再整理衣裙。

坐立时，通常只坐椅子的 1/2～2/3 处，上身正直而稍向前倾，头、肩平正，下颌微收，腹部内收。女士膝盖靠紧，两腿要并拢，双手交叉放于两腿之上；男士膝盖可自然分开，但不能超过肩宽，双手掌心朝下放于膝盖上。

一般情况下离座同样遵从尊者为先原则，其他场合离座时要先以语言或动作向周围人示意，方可站起，突然跃起会让周围的人受到惊扰。起身时右脚后撤一小步，慢慢站起，站好后从左侧离座。坐姿要求端正、大方、舒展，切不可将双腿分开过大、脚尖翘起或是双腿不停抖动。

2．坐姿种类

以脚位为依据，坐姿可分为以下几类。

（1）垂直式坐姿

垂直式坐姿男士、女士均适用，就是通常所说"正襟危坐"，在最正规的场合使用。要领是上身与大腿、大腿与小腿、小腿与脚都呈直角，小腿垂直于地面，双膝、双腿完全并拢，男士双手掌心朝下，自然放于膝盖，女士双手交叉放于双腿上，如图 2-38、图 2-39 所示。

（2）标准式坐姿

标准式坐姿适用于多种场合。要领是在垂直坐姿的基础上，男士两脚自然分开 45°，女士两脚保持小丁字步，如图 2-40 所示。

（3）曲直式坐姿

曲直式坐姿是女士一种优雅的坐姿，通常在稍微矮一些的椅子上更为

图 2-38　垂直式坐姿 1　　　　　　图 2-39　垂直式坐姿 2

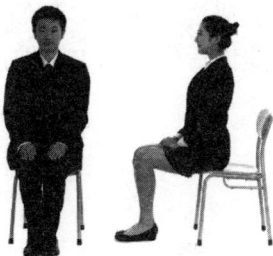

图 2-40　标准式坐姿

适用。要领是大腿与膝盖靠紧，一脚伸向前，另一脚向后，两脚前脚掌居中并保持在一条直线上，如图 2-41、图 2-42 所示。

图 2-41　曲直式坐姿 1　　　　　　　　图 2-42　曲直式坐姿 2

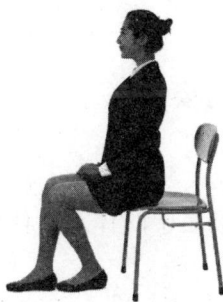

（4）伸式坐姿

伸式坐姿是女士采用的坐姿。要领是在垂直式坐姿的基础上，双脚伸出约一脚的距离，按方向可分为正前、左侧和右侧，双脚可以并拢也可在脚踝处交叉，但脚尖不能翘起，如图 2-43 所示。

（5）后曲式坐姿

后曲式坐姿适用于多种场合，以女士为主。要领是在垂直式坐姿的基础上两小腿向后收，脚尖着地，如图 2-44 所示。

图 2-43　伸式坐姿

图 2-44　后曲式坐姿

图 2-45　分膝式坐姿

（6）分膝式坐姿

分膝式坐姿是一种男士坐姿。要领是在垂直式坐姿的基础上，两膝打开，但不能超过肩宽，脚尖朝向正前方，两手自然放于大腿上，如图 2-45 所示。

2.6.3　行姿

行姿，是指一个人在行走之时所采取的具体姿势。它是以站姿为基础，处于动态之中的体态，体现了人类的运动之美和精神风貌。

1. 行姿标准

标准的行姿，上身要保持站立的标准姿态，两眼平视，挺胸收腹，腰背笔直，下颌微收。两臂以身体为中心，前后自然摆动，前摆约 35°，后摆约 15°，掌心朝向体内，脚尖向正前方迈出，跨步均匀，两脚之间相距约一只脚到一只半脚，沿直线前进。起步时身体稍向前倾，身体重心落于前脚掌，行走中身体的重心要随着移动的脚步不断向前过渡，而不要让重心停留在后脚，并注意在前脚着地和后脚离地时伸直膝部。

行走时，上体的稳定与下肢的运动形成和谐对比，动作干净利落，

鲜明均匀。男士两步之间的距离要大于自己的脚长，适宜步速为每分钟
108 ～ 110 步，要刚健有力、豪迈稳重、有阳刚之气；女士穿裙装时两步
之间距离要小于自己的脚长，适宜步速为每分钟 118 ～ 120 步，力求轻盈
自如、含蓄飘逸、有窈窕之美，如图 2-46、图 2-47 所示。

图 2-46　行姿 1　　　　　　　　　图 2-47　行姿 2

在日常生活中行姿应步伐稳健，步履自然，应当避免身体前俯后仰、
左冲右突、抢道先行、步子太大或太小、双手反背于身后，外八字步或内
八字步、制造噪声等，这些都会给人一种不雅观的感觉。

2．行姿种类

（1）前行式行姿

前行式行姿是常用的行姿，如果行进中与人打招呼，可同时伴随头部
和上身的转动，只转动头部或用眼睛斜视都是不礼貌的。

（2）后退式行姿

当与他人告别时，特别是与长者告别时，扭头就走是不礼貌的。应该
采用后退式行姿，先后退两三步，再转身离去。后退时步幅要小，两腿之
间距离不能太大，不能用脚掌去摩擦地面，并应先转身再转头。

（3）侧行式行姿

当引导他人前行或在狭窄的走廊、楼道与他人相遇时，要采用侧行式
行姿。引导时，要走在来宾的左侧，身体稍向右转，左肩稍前，身体朝向
来宾，保持两步左右的距离。

2.6.4 蹲姿

蹲姿是人的身体在低处拾取物品、整理物品时所呈现的身体的姿势与体态。俗话说"蹲要雅"，蹲姿是静态美和动态美的结合。

1. 蹲姿标准

在站立的基础上右脚后撤一小步，慢慢下蹲，左脚全脚掌着地，大腿靠紧，腰腹收紧。下蹲时要直腰，起立时也要先直起腰部，使头、上身和腰在同一条直线上，再稳稳站起。蹲姿讲究方位：如要捡拾物品，可走到物品的左侧；如面前有他人，要侧身相向；当整理鞋袜时可面朝前方。

2. 蹲姿种类

（1）高低式蹲姿

高低式蹲姿是常用的蹲姿。要领是在标准站立姿态的基础上，右脚后撤一小步，大腿靠紧向下蹲，左小腿垂直于地面，全脚掌着地，右脚前脚掌着地，脚跟提起。右膝要低于左膝，右腿可靠于左腿内侧，臀部向下。男士两腿之间可有适当距离，如图2-48、图2-49所示。

图 2-48　高低式蹲姿 1　　　　　图 2-49　高低式蹲姿 2

（2）单膝点地式蹲姿

单膝点地式蹲姿是男士采用的一种蹲姿，其特征是两腿一蹲一跪。要领是在高低式蹲姿的基础上，右膝点地，臀部坐在右脚跟上，如图2-50所示。

（3）交叉式蹲姿

交叉式蹲姿优美典雅，适用于女士，特征是两腿交叉在一起。要领是下蹲后，左脚在上、在前，右脚在下、在后；左小腿垂直于地面，全脚掌着地，右脚跟抬起，前脚掌着地；两腿靠紧，合力支撑身体；上身略向前倾，臀部向下，如图 2-51 所示。

图 2-50　单膝点地式蹲姿　　　　　图 2-51　交叉式蹲姿

2.7　举　止

日常举止是优美仪态的重要组成部分，它体现在日常生活的方方面面和点点滴滴，行为文明、动作规范是良好素养的表现，给人以信赖和尊重。反之，不良举止和不受欢迎的坏习惯应该努力戒除。

2.7.1　不当使用手机

手机是现代人们生活中不可缺少的通信工具，如何通过使用这些现代化的通信工具来展示现代文明，是生活中不可忽视的问题。如果事务繁忙，不得不将手机带到社交场合，那么你至少要做到以下几点：将铃声降低，以免惊动他人；铃响时，找安静、人少的地方接听，并控制自己说话的音量。如果在车里、餐桌上、会议室、电梯中等地方通话，尽量使你的谈话简短，以免干扰别人。手机在响起的时候，如果有同行者在旁，你必须道歉说："对不起，请原谅。"然后走到一个不会影响他人的地方，把话讲完再入座。如果有些场合不方便通话，就告诉来电者说你会打回电话的，不要勉强接听而影响别人。

2.7.2　随地吐痰

吐痰是最容易直接传播细菌的途径，随地吐痰是非常没有礼貌而且危害环境和我们身体健康的。如果你要吐痰，应把痰吐在纸巾里，丢进垃圾箱，或去洗手间吐痰，但不要忘了清理痰迹和洗手。

2.7.3　随手扔垃圾

随手扔垃圾是应当受到谴责的不文明的举止之一。随手扔垃圾不仅是环境问题，更是人们道德素质的反映。在扔下垃圾的同时，也丢下了一连串不文明的音符。要知道，顺手捡起的是一片纸，纯洁的是自己的精神；有意擦去的是一块污渍，净化的是自己的灵魂。

2.7.4　当众嚼口香糖

有些人必须通过嚼口香糖以保持口腔卫生，那么，这时应当注意在别人面前的形象。咀嚼的时候闭上嘴，不能发出声音。嚼过的口香糖应用纸包起来，扔进垃圾箱。

2.7.5　当众挖鼻孔或掏耳朵

有些人习惯用小指、钥匙、牙签、发夹等当众挖鼻孔或者掏耳朵，这是一种很不好的习惯。尤其是在餐厅或茶楼，别人正在进餐或饮茶，这种不雅的小动作往往令旁观者感到非常恶心。

2.7.6　当众挠头皮

有些头皮屑多的人，往往在公众场合忍不住头皮发痒而挠起头皮来，顿时皮屑飞扬四散，令旁人大感不快。特别是在一些庄重的场合，这种行为是很难得到别人的谅解的。

2.7.7　在公共场合抖腿

　　有些人坐着时会有意无意地双腿抖动不停，或者让跷起的腿像钟摆似地来回晃动，本人自我感觉良好或者以为无伤大雅。其实这种行为会令人心神不宁，感觉很不舒服。这是不文明的表现，也是不优雅的行为。

2.7.8　当众打哈欠

　　在交际场合，打哈欠给对方的感觉是——你对他不感兴趣，表现出很不耐烦了。因此，如果你控制不住要打哈欠，一定要马上用手盖住你的嘴，跟着说"对不起"。

2.7.9　频频看表

　　与人交谈时如果频频看表，会让对方认为你不想使谈话继续下去，这是失礼的行为。如果确有要事，不妨委婉地告诉对方改日再谈，并表示由衷的歉意。

2.7.10　指指点点

　　在交谈中指指点点是不礼貌的行为，尤其是指点他人，将会给对方传达不良的信息，引起他人的反感，要特别注意避免。

案例一　"女士优先"应体现

在一个秋高气爽的日子里，迎宾员小贺身着一身剪裁得体的新制服，第一次独立地走上了迎宾员的岗位，她目视客人，站姿标准，动作规范，礼貌亲切地迎接着客人。这时，一辆白色高级轿车向饭店驶来，司机熟练而准确地将车停靠在饭店豪华大转门的雨棚下。小贺看到后排坐着两位男士、前排副驾驶座上坐着一位身材较高的外国女宾。小贺一步上前，以优雅姿态和职业性动作，先为后排客人打开车门，做好护顶关好车门后，小贺迅速走向前门，准备以同样的礼仪迎接那位女宾下车，但那位女宾满脸不悦，使小贺茫然不知所措。通常后排座为上座，一般凡有身份者皆在此就座。优先为重要客人提供服务是饭店服务程序的常规。

（资料来源：陈刚平、周晓梅《旅游社交礼仪》，旅游教育出版社，2000年版）

讨论：这位女宾为什么不悦？小贺错在哪里？

案例二　穿着不当，合作泡汤

郑书伟是一家大型国有企业的总经理。有一次，他获悉一家著名的德国企业的董事长正在进行访问，并有寻求合作伙伴的意向。于是他想尽办法，想请有关部门为双方牵线搭桥。让郑总经理欣喜若狂的是，对方也有兴趣同他的企业进行合作，而且希望尽快与他见面。到了双方会面的那一天，郑总经理对自己的形象刻意地进行一番修饰，他根据自己对时尚的理解，上穿夹克衫，下穿牛仔裤，头戴棒球帽，足蹬旅游鞋。无疑，他希望自己能给对方留下精明强干、时尚新潮的形象。然而事与愿违，郑总经理自我感觉良好的这一身时髦的"行头"，却偏偏坏了他的大事。

（资料来源：金正昆：《涉外礼仪教程》，中国人民大学出版社，1999年版）

讨论：郑总经理的错误在哪里？他的德国同行对此有何评价？

社交礼仪

案例分析

搭 车

  国外心理学家曾做过这样一个实验：让一位戴眼镜、手持文件夹的青年，一位打扮入时的漂亮女郎，一位拎着菜满脸疲惫的中年妇女，一位身着笔挺漂亮军服的军官，一位留着怪异头发、穿着邋遢的男青年分别站在马路边搭车。结果是：漂亮女郎、军官、青年学者的搭车成功率高，中年妇女次之，搭车最困难的就是那位男青年。

  分析：一个人的外表和形象在社会交往中起着怎样的作用？

仪容仪表礼仪

小 结

本章共分为仪容、着装、饰物、表情、手势、姿态和举止 7 个部分，开始便给出整洁、自然、端庄 3 个礼仪仪容的基本要求，之后分为皮肤、化妆、发型以及着装 4 个方面展开讲述，每个方面都介绍了其分类、常用保护步骤和方法，可以使学生对每个方面都有系统、详细、深入的认识。着装方面详细介绍了西装的分类、穿着与搭配，体现了西装在日常生活中的重要地位。然后针对大学生群体介绍大学生着装和饰物搭配。表情部分除讲述眼神礼仪之外，重点介绍了微笑礼仪，包含微笑的内涵和微笑的训练方法；手势部分重点讲述了情意性、指示性、象征性 3 类手势的表达方法和表示意义；姿态部分分为站姿、坐姿、行资、蹲姿，列举了每种姿势的标准以及分类；举止部分则是列举了 10 个不良举止和坏习惯。最后重视仪态美的塑造部分则是再一次强调了仪态美的重要性，以及它的意义和内涵。

通过对本章内容的学习，读者可以提高自身的仪态礼仪水平，培养良好举止，从小处做起，练习和践行美的仪态。

思考与练习

1. 微笑的力量表现在哪些方面？
2. 手势的原则有哪些？
3. 怎样理解仪容的基本要求？
4. 饰物佩戴的原则有哪些？

活动与探索

1. 与朋友们一起练习微笑，练习站、坐、行、蹲的标准姿势。
2. 可以从哪些方面提升自己的举止与风度？
3. 和同学一起讨论大学生着装现状。
4. 动手试一试领带的打法。

社交礼仪

第 3 章
语言沟通礼仪

　　本章介绍倾听、说话及演讲的技巧，使读者掌握语言礼仪规范，做到谈吐文明、礼貌，沟通顺畅、和谐。

　　在人与人的交际之中，时时处处存在着语言沟通。语言沟通是交流和表达思想情感的重要途径，掌握良好的语言沟通礼仪与技巧会对我们的社会交往大有裨益。

名言警句

"在造就一个有修养的人的教育中，有一种训练必不可少，那就是优美、高雅的谈吐。"

——【美】前任哈佛大学校长　伊力特

3.1　语言类别

从现代交际学角度看，语言可以分为有声语言、无声语言、类语言、时空语言和书面语言（文字）五种类型，在实际商务工作中这几种语言起着不同的作用。下面介绍前四种类型的语言。

3.1.1　有声语言

有声语言，也被称为自然语言，是发出声音的口语。它以交流双方口头表达和即时倾听为沟通方式。有声语言一般分为会话和独白两种。

1. 会话

会话是指两个或两个以上的人之间进行交谈的一种沟通方式，如商讨、谈判等。它是商务与公关工作中进行信息沟通的最为常用的一种方式。会话过程中，双方是围绕中心话题表述自己的见解。

2. 独白

独白是指一个人讲众人听的一种单项语言信息传递形式。如推销员向顾客介绍产品，新产品发布会等。通过这种方式，说话者的目的可以得到充分表达，具有目的明确、说明充分、层次性强的特点。

3.1.2 无声语言

无声语言是从广义传达信息方式的角度来看语言，是指利用有声语言以外的其他方式来表达信息。它是参与信息交流过程中一种不出声的伴随语言，说话者利用无声语言来加强有声语言的信息传递，或补充有声语言的不足。无声语言分为默语和体语两大类。

1. 默语

默语，是指说话过程中的短暂停顿，经常出现在高信息量的谈话内容中，也是一种语言形式。在特定语言环境中，默语的含义是非常明确的，它的使用便于信息的展开与加强。它主要有含义丰富、效率强的特点。

2. 体语

体语，是指由说话者的肢体动作、面部表情、空间距离来传送信息的一种无声语言，体语和有声语言相辅相成，大部分信息传递要借助体语和有声语言的密切配合。体语可分为动态体语和静态体语两种。

（1）动态体语。

动态体语就是通过头部、四肢之间的动作、面部表情以及目光来表达某种含义，在特定的交流环境下，动态体语可以帮助有声语言传递信息，提高信息传递效率。

（2）静态体语

静态体语是指在特定交流语境中，以身体的静态姿势所传递的信息。它主要分为两种形式：姿势语和空间距离。说话者的姿势语有三种：躺卧、屈膝和直立。在商务往来和公关关系交往中，屈膝的坐姿是最常用的，男士一般在就座时两腿分开，以示"自信"、"开朗"；女性常用膝盖并拢的坐姿代替架腿，以示"庄重"。坐姿主要分为严肃式和随意式。严肃式仅在非常重大正式的场合使用，使用时间比较短暂，多数情况下人们采用的是随意式，随意并不等同于任意，架起二郎腿或不停地抖动腿脚，在任何交易场合都是一种有失水准的行为。空间距离也是一种静态体语。信息交流之间的距离也可以传递信息，在交流过程中每个人都有一定的私人空间，他不仅包括个人占有的物品（办公用品），还包括身体四周的空间，这是真实存在的感觉，一旦私人空间被挤占，就会感到不踏实、不安全、不自在，甚至中断信息交流。空间距离这种静态体语分为位置体语和空间长度体语。位置体语是指交往双方坐在不同的位置来传递信息；空间长度体语是指信息交流双方以身体之间的不同长度距离来传递信息。

3.1.3　类语言

类语言，又叫副语言，是指在交际过程中有声音但没有固定含义的语言。在工作或日常交际中，经常使用的形式有说话的重音、语调、停顿、语速和笑声，这些都没有特定含义，但却能传递特定的信息。在信息交流过程中，它们的作用有时候会大于有声语言。

1. 重音

谈话人根据思想表达的需要，特意把某句话、某个词组说得重一些，这就是重音。在与对方交流过程中，又是为了加强或强调特定的部分，对其提高音量，表示它非常重要，提醒对方注意。如"明天我不来"，将重音放在"明天"，言下之意，其他时间会来；将重音放在"我"，就是告诉对方，我肯定不会来，而别人会来。可见不同重音落点，会传递不同信息，重音的使用完全依赖交际的需要。

2. 语调

所谓语调，指的是一句话里能够表达谈话人的态度或者感情的一种声音频率，俗称语气。语调主要是由声音的高低变化形成的，并通常表现在句尾上，所以语调又称句调。语调可以影响有声语言的含义，语调相当于书面文字中的标点符号。如果说话很单调，对方就很难获得重要线索，而且不被对方注意，这会降低信息传递效率。音调、语速及语气可以传递很多细节性东西，运用得好，可以达到良好的沟通效果。

3. 停顿

停顿，或称顿挫，是说话时有句子前后或在中间做或大或小的语言间歇。美国著名作家马克·吐温说过："恰如其分的停顿经常产生非凡的效果，这是语言本身难以达到的。"停顿是谈话节奏的特殊处理。它并非谈话的中断或空白，而是谈话的延续和深化。

停顿一般可分为语法停顿和强调停顿两种。前者是表示句子与句子、段落与段落、意群与意群之间的逻辑关系的停顿，又叫"逻辑停顿"，目的在于使语言表达层次分明。后者是为了强调某个词语或突出某种情感所运用的停顿，主要是由谈话人的意图和情绪所决定的，故又称"心里停顿"和"情感停顿"。其停顿时间一般较语法停顿稍长，为的是给听者留下想象、思考、回味的余地。在交流过程中，称呼对方时，要加重语气，称呼完了停顿一会，然后再谈要说的事，这样能引起对方的注意。

4. 语速

语速，就是语流的速度，即说话音节的长期和整个口语进展的快慢。语速快慢与人的年龄、个人用语习惯、谈话人的感情、语气、语态的节奏等有关。人们在欢快、着急、激动时语速快，而失望、哀痛、悲伤时语速慢。语速与语言结构特点有很大关系。语速一般分为快速、中速和慢速，使用现代汉语凡每分钟超过 200 个音节为快速，150 个左右为中速，100 个以下则为慢速。

语速的快慢是由谈话内容和谈话人的思想感情的变化而决定的，直接影响到语言交际的效果。一般来说，应根据谈话的场合、内容、对象而采用相应的语速，该快则快，该慢则慢，有快有慢、变化适当，如实地表达出谈话人的心情。在正常情况下，处于平静的语境中时，应用中速谈话；当处理紧急公务和突发事件时，则用快速表达；表示慰问、哀悼时，说话宜用慢速。

5. 笑声

笑声也是一种类语言，它含义丰富，形式多变，而且不固定，理解时必须结合当时具体的语境。只有在特定语言环境中，笑声的含义才是单一的、确定的。笑声在交际过程中，是必不可少的，它可以改善交际气氛，是其他方式很难达到的。

3.1.4 时空语言

时空语言，即不同民族和文化有不同的时间概念和空间概念以及相应的行为方式。在时间上，美国人对准时赴约的要求近于苛刻；非洲一些国家的人却漫不经心；伊朗人甚至失约。美国人喜欢对未来做周密的时间安排，而伊朗人却无计划性。在空间上，英国人常常人在心不在，进行精神上的自我封闭；美国人办公实行"开门政策"；而德国人却实行"关门政策"。美国人处理人与人之间距离时有礼有节，而阿拉伯人却很"鲁莽"。以上不同的行为习惯碰到一起必然发生冲突和碰撞。

3.2 言谈类型

作为商务人员，从事很多活动都离不开言谈。开展调查研究，与人促膝谈心，进行公务谈判，接待宾客来访，都需要运用言谈。言谈的常见类型有以下几种。

3.2.1 单向与双向言谈

发表讲话，布置工作，进行演讲，都是单向言谈，按照事先准备的演讲稿，或依照讲话的目的要求，在一定的范围发表讲话，要求说的有条理，有层次，一般是单向灌输，一气呵成，不停顿，不讨论，不交流，把要说的内容说完就结束。询问情况，回答问题，交流看法，进行谈判，会客寒暄，则是双向言谈，需要根据对象、场合和交谈进程，不断调整言谈内容，使交谈不断推进和深入。

3.2.2 正式与非正式言谈

在正式场合涉及公务内容的言谈都可以看作是正式言谈，他要求言谈庄重、严肃，有些甚至代表国家、政党的立场和机关单位的态度。非正式言谈，则是一些非正式场合的言谈，在一些私下场合，会见客人的寒暄，相遇熟人的言谈，同事之间的闲谈，这类言谈则可以是自由、轻松和随意的。

3.2.3　有声与无声言谈

通过口头语言表达意思的，是有声言谈，包括语气措辞、语速语调等。通过交流时的动作、表情及距离来传达信息、表达感情，就是无声言谈。动作包括头部、手部的动作，点头摇头，挥手握拳，都传达特定的信息。说话时的表情是常见的伴随体语，通过表情表达喜怒哀乐。微笑被认为是人类最美好的语言，是言谈时应具有的基本表情。眼神也是一种重要体语，目光可以反映心里和情感的变化，传达重要的信息。言谈时还可以通过空间距离反映密切程度，要根据交流双方的关系来确定，与亲友熟人和一般工作关系的人员的交流距离就有所区别。

3.2.4　直接与间接言谈

与听者在同一场所进行面对面的交谈，是直接交谈。这种言谈要注意谈吐的仪表、听者的反应。电话交谈是间接言谈，要注意遵守通话礼仪规范。

3.3　言谈礼仪规范

言谈礼仪是指靠语言、体态和聆听艺术构成的沟通方式，是两个或两个以上的人进行对话时的礼仪，是双方知识、阅历、教养、聪明才智和应变能力的综合表现。俗话说"言为心声"，谈吐是人们运用语言表达思想、沟通信息、交流感情的重要方式，包括说话的内容、语气神态及伴随说话时的表情、动作等。它反映一个人的思想水平、知识修养、道德品质，也是礼仪形象的重要体现。谈吐要符合一定的礼仪规范，要熟知语言表达的基本方式，掌握谈吐的基本礼节。

我国自古重视言语的修养。在人际交往过程中，言语起到很重要的作用，甚至大到有"一言以兴邦、一言以丧邦"之功效。言语更是一个人内在德行的外化表现。从优雅气质中自然流露的以礼待人的言语，能为商务交往的顺利进行奠定良好的基础。言谈体现一个人的礼仪修养，要遵守一定的礼仪规范，主要有以下几方面。

3.3.1 态度端正

商务活动中的言谈，正确的态度就是热情、诚恳、稳重、平易。热情是言谈的基本要求，冷漠无情、无精打采、有气无力的言谈是最没有感染力的，无法收到效果。表里如一、真挚诚恳是言谈的基本态度，以诚为本诚信待人，才能取得听者的信任。虚伪做作、华而不实，都是不可取的。言谈还必须稳重，稳重是成熟的表现。只有稳重，才能给人安全感，增加可信度，任何轻佻的语言、表情、动作都是应当避免的。平易是与听话人拉近距离，不能傲慢无礼、狂妄自大、盛气凌人。要一视同仁、先人后己，让别人先说、多说，不要打断别人说话。

态度决定一切。商务活动中的言谈态度主要要求有：笑容多一点，嘴巴甜一点，想得细一点，说得清一点，站得直一点，走得快一点，穿得雅一点，态度诚一点，应变活一点。神情专注是态度端正的基本要求，专注是对人的一种尊重。谈话时要精力集中，不能左顾右盼，东张西望，也不能边说边做其他事情，如翻书、看报纸、看电视、批阅文件，都是不礼貌的。如果表现出漫不经心、心不在焉，也会影响对方的谈话兴趣，打消言谈的热情。言谈时要反馈及时，对别人传递过来的信息予以及时的回应；对别人给予的好意、为你所做的事，应用恰当的语言及时表达谢意。谈话的姿势往往反映出一个人的性格、修养和文明素质。所以，交谈时，首先双方要互相正视、互相倾听，不能东张西望，看书看报，面带倦容、哈欠连天；否则，会给人心不在焉、傲慢无礼等不礼貌的印象。与人交谈时，身体要与对方平视的角度保持一致，以便转动身体，不得已转动头部，上身仍需保持正直。

3.3.2 定位准确

人们进入交谈交际必然构成一定的角色关系。亲友、同事、宾主、上下级之间，关系不同，角色定位也不同。言谈时角色定位应恰如其分。

定位准确才能选择合适的话题。话题就是身份、知识含量、素质的定位，谈话时要注意双向定位的问题。

要善于选择话题。一起谈论的话题决定了彼此的档次。交谈话题参考：

（1）与地位有落差的人在一起，谈论或提问对方擅长的话题。可以向他请教他擅长的问题，交谈的话题为对方所擅长的话题，但要注意自己是否在行，定位应准确。

（2）格调高雅的话题，如哲学、地理、历史、文学、艺术、建筑、风土人情等公共话题。

（3）轻松愉快的话题，如电影、电视、体育比赛、流行时尚、烹饪小吃、天气状况等话题是大家息息相关的问题。

3.3.3　内容恰当

内容是说什么话。言为心声，语言传递思想，表达情感，所以内容很重要。

跟客人说话得知道什么该说什么不该说，该说就说，不该说的就不能说。谈话内容要根据交谈的实际情形而定。有明确话题时，谈话内容就要相对集中，不能东拉西扯，不着边际；没有明确话题时，则可以选择一些适当的话题，话题必须是健康有益的，对方感兴趣的，令人愉悦的。而不能是一些低级庸俗的，耸人听闻的、荒诞离奇的、令人反感的。公务人员尤其不能说一些议论领导同事、搬弄是非的闲话。有句至理名言：说闲话的人对你谈论他人，惹人烦的人对你诉说他自己，而杰出的谈话者则和你谈论你自己。

言论内容要投机、恰当和适中。投机，即见什么人说什么话，见什么人不说什么话；恰当，即说真话不如说对话；适中，即话多话少重在效果。衡量话多话少的标准有：物理效应标准——交谈中传递信息的准确、精确和清晰；社会效应标准——交谈中所传递的信息引起的最佳社会效果。

关于"羡余信息"。羡余信息，指信息传递中多说的话，也称多余信息或赘余词语。言语交谈中恰当的羡余信息可以起到优化信息传递的作用，是不能斥之为"饶舌"的。

3.3.4　表达得体

用最恰当的言语和口吻表达意思，这就是表达得体。不同场合、不同对象、不同内容应当有不同的语气措辞和语调声（神）态。是慷慨激昂，还是语调低沉；是慢条斯理，还是加快语速；是措辞严厉，还是用语平和；

是直话直说，还是委婉含蓄，都要看具体情形。不管对象场合，不论谈论什么，都是一个腔调，也是不合适的。

表达得体就要做到文质彬彬，用词妥帖。即用语有分寸，恰如其分地反映实际情况，既不夸大，也不缩小。在谈话中尽量避免使用以下说法或字眼："你总是……""又是你……""你从来……"言语交际中用语要文雅而又礼貌。文明礼貌用语有："您好"，"请"，"谢谢"，"对不起"，"再见"等，要经常地、恰当地运用它们。

说话，说什么的问题和如何说的问题，都需要注意。商务交往中，谈话的问题，如何说也比较重要。在如何说的问题上，有三点要注意：第一，要细语柔声。这是指不仅吐字清晰，在日常生活和工作中使用标准的普通话，更重要的要避免粗声大嚎。有理不在声高。第二，善于跟交谈对象互动。什么叫互动？互动就是形成良性的反馈。你说的话人家爱听，人家说的话你会意、会心，觉得有意思。酒逢知己千杯少，话不投机半句多。说话要懂得看对象讲规矩，要互动。说了半天，别人不爱听，有意思吗？第三，要注意尊重对方。礼者敬人也，那么你和别人交谈时一定要眼里有事，心里有人，懂得尊重对方，表达得体。要努力养成使用敬语的习惯。敬语，是表示尊敬和礼貌的词语。初次见面为"久仰"、"幸会"；很久不见为"久违"；请人批评为："指教"；麻烦别人称"打扰"；求给方便为"借光"；托人办事为"拜托"；看望别人为"拜访"；等候别人为"恭候"；请人勿送为"留步"；对方来信称"惠书"；请人帮忙说"烦请"；他人指点称"赐教"；请人解答用"请问"；赞人见解用"高见"；归还原物说"奉还"；欢迎顾客叫"光顾"；请人原谅说"包涵"；老人年龄叫："高寿"；客人来到说"光临"；中途先走说"失陪"；与人分别说"告辞"；赠送作品用"雅正"等。

3.3.5　音量适宜

声音大小要适当，语调应平和沉稳。一般问题的阐述应使用正常的语调，保持能让对方清晰听见而不引起反感的高低适中的音量。无论是普通话、外语、方言，咬字要清晰，音量要适度，以对方听清楚为准，切忌大声说话；语调要平稳，尽量不用或少用语气词，使听者感到亲切自然。

音量是否恰如其分，是否适宜的决定因素：一是通达，以对方刚好能够清晰准确的听到为前提。二是环境，言谈音量应随环境不同而有所调整，幽静的环境音量宜小，嘈杂的环境音量宜高。三是内容，言谈的音量要视所谈事情或问题的重要性和私密性而定，重要而需保密的，言谈的音量要小，重要而无需保密的，言谈的音量要适度放大，以便引起对方重视并听清楚。私密性强的，言谈音量宜小，甚至是悄悄话；私密性不强的，言谈音量宜大一些，以便交谈顺利进行。

言谈的基本要求：应尽量使用低声，不要大嗓门。尤其是在大庭广众之下，粗声大嗓是缺乏教养的表现。语音要亲密。不要粗俗尖硬。语速要适中，不要太快，也不要太慢。语调要抑扬顿挫，不要平板单调，毫无变化。吐字要清晰，不要含糊不清。

3.3.6　方式灵活

言谈要讲求效果，因此方式应灵活多样。

1. 委婉

人们的认识和情感有时并不完全一致，在交往中，有些话虽然完全正确，但对方却碍于情面而难以接受，直言不讳的效果往往不好。这时，委婉就派上用场了。委婉就是从侧面触及或以柔克刚，使对方在听你说话的同时仍感到自己是被人尊重的，这样也许对方就能既从理智上、又在情感上接受你的意见。

所谓委婉，就是曲折委婉。这种言谈方式要求尽量采用商量的口吻，尽量采用自谦的口气，必要时适当地称颂对方。委婉的具体做法大致有以下几种方式：

（1）用某些语气词。如用"吗、吧、啊、嘛"等软语气，使人感到讲话口气不那么生硬。如第一句"别唱了"，第二句"别唱了，好吗？"无疑，第二句比第一句显得客气、婉转，使人易于接受。

（2）灵活用词。如把"我觉得这样不好"改为"我并不觉得这样好"，就能把同样的意思表达得不那么咄咄逼人了。若想表达缓和、推托之意，如他人有求于你，你不想直截了当地拒绝，就可以说"这件事目前恐怕很难办到。"

（3）转移。如女朋友问："星期天我们去公园划船好吗？"你可以这样回绝："我们一起去图书馆温习功课吧！"

2. 含蓄

人们在交往中有时因种种原因不便把某一信息表达得太清晰直白，而要靠对方从自己的话中揣摩、体会出里面所蕴含的真正意思。这种"只可意会，不可言传"的手段就是含蓄。

比如：一位小伙子向心爱的姑娘求婚："你愿意和我结婚吗？"姑娘愿意，又不好直接说："好吧"，就说："我愿意同你保持一切你所愿意保持的关系。"小伙子得到暗示，心花怒放了。

3. 模糊

交往中，有时因故不便或不愿把自己的真实意思暴露给别人，这时可以把信息模糊化，既不伤人，又不使自己难堪。比如答非所问。如有个小姐问："我漂亮不？"可以回答："你很有特点。"又如有人问："我是否变老了？"可以回答："一下子看不出来。"

4. 自言

商务交往场合，若大家都互不认识时，一句"今天天气真热"的自言自语，往往能成为交谈开场的引子，使你和原不认识的人攀谈起来。自言自语一般有主人的自我表现。一位著名的话剧演员，年轻时投考剧院，报名时间已过怎么办呢？他灵机一动，考试时自己在外引吭高诵，引起了主考老师的注意，最后居然考上了。不要轻看自言自语和自我表现，他在交往中常具有其他手段所没有的特点。

5. 沉默

沉默是金，有时候沉默比说什么话都好，这就是"此时无声胜有声"。如青年男女之间倾心相爱，含情脉脉，无言相对，比言语更能心灵相通。沉默可以表示赞许，也可以表示无声的抗议。可以欣然默认，也可以保留意见。可以是威严的震慑，也可以是心虚的表现。如别人请你去参加一个你不喜欢的聚会，你可以摇摇头，然后沉默，别人就不好再说了。

6. 反语

中国有句古语云："将欲取之，必先予之。"交谈中有时为达到某种目的，说话者口头说的意思和自己的真实意图恰恰相反，却反而成功，这就是反语的妙用。

7. 提问

商务交往中，提问是交谈的一大技巧，是引导话题、展开话题或转移话题的一个好办法。提问有三种功能：一是通过发问了解自己不熟悉的情况；二是把对方的思路引导到某个要点上；三是打破僵局，避免冷场。提问要注意内容，不要问对方难以应对的问题，如高深的学术问题。不能问大家都忌讳的问题。提问要把握时机，一般是一个话题快谈完时，问一下，又可使交谈继续下去；或者你不愿意就某个话题进行交谈，可以用提问转移话题。

3.4　倾　听

国际倾听协会将"倾听"定义为：倾听是接受口头及非语言信息、确定其含义和对此做出反应的过程。听的繁体写法为"聽"，表达了听的几层含义："耳"，表示要用耳朵；"一"和"心"表示一心一意，要专心地听；"罒"代表眼睛，意思是听的时候，要用眼睛看着对方；"王"表示尊重和恭敬，即给说话的人以王者礼遇。

3.4.1　倾听的作用

莎士比亚说"最完美的交谈艺术不仅是一味地说，还要善于倾听他人的内在声音"。与人交谈不但要善于表达自己的意思，而且还要善于聆听对方的讲话，这是人际沟通中非常重要的环节。认真倾听对方的谈话，是尊重对方的表现；善于倾听对方的谈话，能有效提高谈话的效果。

1. 倾听是尊重和重视对方的表现

认真地倾听，能够传达对对方的尊重和重视，使谈话者形成愉悦的心态，舒缓压力，产生信赖，给心灵的忧伤提供释放的空间，实现有效沟通，达到预期效果。反之，会让谈话者产生被忽视、被冷淡、被孤立甚至被抛弃的感觉。

案例分析

不该发生的悲剧

在一个圣诞节，一个美国男人为了和家人团聚，兴冲冲地从异地乘飞机往家赶，一路幻想着团聚的喜悦情景。恰恰老天变脸，这架飞机在空中遭遇猛烈的暴风雨，飞机脱离航线，上下左右颠簸，随时有坠毁的可能。空姐也脸色煞白，惊恐万状地吩咐乘客写好遗嘱放进一个特制的口袋。这时，机上所有的人都在祈祷。就在这万分危急的时刻，飞机在驾驶员冷静驾驶下终于平安着陆了。

这个美国男人回到家后异常兴奋，不停地向妻子描述在飞机上遇到的险情，并且满屋子转着、叫着、喊着。然而，他的妻子正和孩子兴致勃勃分享着节日的愉悦，对他经历的惊险没有丝毫兴趣。男人叫喊了一阵子，却发现没有人听他倾诉，他死里逃生的巨大喜悦与被冷落的心情形成强烈的反差。在妻子去准备蛋糕的时候，这个美国男人却爬到楼阁，用上吊这种古老方式结束了从险情中捡回的宝贵生命。

分析：案例中的男子大难不死，为何选择了自杀？倾听有着怎样的作用？

2. 倾听是了解对方、分辨事实的最佳途径

在交谈双方的沟通中，掌握信息是十分重要的。谈话是传递信息，倾听是接受信息。从倾听中可以捕捉信息、处理信息、反馈信息。一个好的倾听者应当善于从倾听中了解对方的意图、打算、目的、心态，了解事情的来龙去脉，掌握事实。

在人际交往中，很多人口中所道并非肺腑之言，他们的真实想法往往被隐藏起来，所以作为倾听者要有清醒的头脑，根据自己所掌握的情况，不断进行分析、过滤，确定哪些是正确的信息，哪些是错误的信息。要注意琢磨对方话中的微妙感情，细细咀嚼品味，以便弄清其真正意图。

3. 倾听是提高工作效率、建立良好人际关系的基础

善于倾听对方的话语会避免因交流失误而导致的行为偏差，提高工作效率。倾听还可增进人与人之间的相互关系，避免不必要的纠纷，保持与他人的顺畅沟通，建立良好的人际关系。

3.4.2 倾听的方式

倾听可以用耳朵听，用眼睛看，用心灵听。每一种聆听的方式都会带来不同的效果。沟通学研究者认为倾听有以下 4 种方式。

1. 被动倾听

被动倾听是最普遍的一种听取他人观点的方式。这种情况下，无论是非语言的表达方式还是语言表达方式，倾听者都不会呈现出来。被动倾听者经常表现出的行为有目光接触、面无表情、偶尔点头、偶尔回应如"嗯"、"哦"等，在电话中更为明显。

被动倾听者虽然在跟着讲话者的思路，但却很少给出促进谈话继续的信息。有人形容与一个被动的倾听者交谈是在"唱独角戏"，所以经常会有挫败感。在这种情况下，谈话者会经常怀疑对方是否愿意倾听或者是否理解了自己表达的信息。

2. 选择倾听

选择倾听与被动倾听同样普遍。选择倾听通常定义为想听的时候才听。对于想要听到的信息，倾听者就会非常投入、理解力很强。对于不想听到的信息，倾听者就会不理睬谈话者或者起反作用。换句话说，选择倾听者在听的整个过程中表现不一致，行为有反差。

当一个选择倾听者听他不想听的信息时，通常表现的行为是：环顾四周，流露出不感兴趣的表情，对某个问题的反抗情绪高涨，随便插话，即便是以询问的方式，也打断了讲话者目前的信息。

从不理睬到情绪反抗，选择倾听者一直在沟通中有意或无意地制造障碍。他们阻碍了听众听取完整的信息，并且增加了谈话的紧张气氛。

3. 专注倾听

专注倾听是指倾听者专注于谈话者，时刻跟随谈话者思路。专注倾听

的效率比起被动倾听或者选择倾听高得多。专注倾听者通过语言或非语言的方式更多地参与，更少地判断。专注倾听者通常表现出的行为有：稳定的目光接触，诚恳的面部表情，点头表示理解，提供简单的鼓励信息，如"明白了"、"好的"、"是的"等，提出问题来维持谈话，询问更多的细节。

事实（或者说是内容）和情感（或情绪）这两个方面加在一起构成了讲话者所传达信息的真正意思。

一个专注的听众会获取讲话者想要展示给他的信息。当信息都是事实的时候，他倾听的效果会很好。但当信息中卷入更多的个人情感时，他也会盲目相信。这就是专注倾听的短处。专注倾听者并不能很好地获取完整意义上的全部信息。

4. 积极倾听

积极倾听是人们倾听的最有力的方式，指有响应或回应地听。积极的倾听者不但能细致接受并尊重讲话者的意愿，捕捉到事实以及讲话者的情感，而且可以尽力验证自己对谈话者信息的理解，这正是谈话者所希望的方式。

积极倾听者表现出来的行为包括了"专注倾听"中列出的积极方面以及其他几个方面：表现出耐心；反馈自己对信息的总结；用讲话者的情绪理解信息；探求讲话者严重情绪偏向的原因；提出对某个不清楚或混乱信息的质疑等。

3.4.3　倾听的艺术

倾听是一种艺术，也是一种技巧。中国有句俗语："人长着一张嘴巴，两只耳朵，就是为了少说多听"。外国也有句谚语："用10秒钟的时间讲，用10分钟的时间听。"据美国俄亥俄州立大学一些学者的研究，成年人在一天时间里，有7%用于交流思想。在这7%的时间里，有30%用于讲，高达45%的时间用于听。

1. 倾听的态度

耐心、专注、有礼的态度可以帮助倾听者掌握更多信息，提高倾听的效率和效果。

（1）耐心

日常生活的交谈，并非每句话都包含着重要的信息，也并非第一句话都是谈话者的主题和真实含义，一般第一句话可能会比较零散或混乱，观点不突出或逻辑性不强。要鼓励对方把话说完，否则就容易自以为是地去理解，可能会断章取义，甚至曲解对方的意图，导致交流失败。

另外，他人对事物的观点和看法有可能是自己不认同、甚至是无法接受的，遇到这种情况应试着去理解对方的心情和情绪，耐心听完，才能达到倾听的目的。

案 例 分 析

耐心倾听

有一次，美国知名主持人林克莱特访问一名小朋友，问他说："你长大后想要当什么呀？"小朋友天真地回答："嗯，我要当飞机驾驶员！"林克莱特接着问："如果有一天，你的飞机飞到太平洋上空，所有引擎都熄火了，你会怎么办？"小朋友想了想："我会先告诉坐在飞机上的人绑好安全带，然后我挂上我的降落伞先跳出去。"

当现场的观众笑得东倒西歪时，林克莱特继续注视着这孩子，想看他是不是自作聪明的家伙。没想到，接着孩子的两行热泪夺眶而出，这才使得林克莱特发觉这孩子的悲悯之情远非笔墨所能形容。于是林克莱特问他："为什么要这么做？"小孩的回答透露出一个孩子真挚的想法："我要去拿燃料，我还要回来！我还要回来！"

分析：通过故事，真正明白倾听的艺术。反思我们自己，有没有常常中途打断对方的讲话，是不是又自以为是地进行反驳呢？

（2）专注

走神是影响倾听效果的大敌。心不在焉、注意力不集中、频频做小动作都不是专注倾听的表现，将极大地影响倾听效果，这种表现的流露还可能会让谈话者产生被轻视的感受。

阅读材料

美国著名企业家玛丽·凯·阿什说过一件令其刻骨铭心的事："有一次，我同一位销售经理共进午餐并就某些事情进行商谈。然而，每当一位漂亮的女服务员经过我们的桌子旁边，那位经理总是目送她走远。我对此感到很气愤。我觉得自己受到了侮辱。心里暗想，在他看来，女服务员的两条腿比我讲的话重要得多。他并不在听我的讲话，他简直没把我放在眼里！"

（3）有礼

倾听时，应抱着虚心的态度，谦和亲切。如果对他人抱有成见，如"这个人老是爱贪小便宜"等，会直接影响对谈话者谈话内容的理解，甚至导致错误判断。有些人认为自己在某一问题上比别人懂得多，常常中途打断别人的讲话，急于阐述自己的观点，喜欢教育别人。这种"强势推销"、"好为人师"的人不会成为好的倾听者。

2. 倾听的礼仪

倾听的过程中，倾听者应保持一定的礼仪，这是有涵养有素质的表现，同时也表达了对谈话者的尊重和重视。

（1）身体前倾，表情自然

身体前倾表达了倾听者尊重和重视的态度。自然的表情可以让沟通更顺畅。反之，眉头紧锁、假笑、扬起眉头都会造成倾听障碍。

（2）保持与谈话者的视线接触，不东张西望

与谈话者保持视线的接触，是认真倾听的礼仪之一。眼睛要专注于谈话者，不东张西望，这也有助于提高倾听的效果。

（3）注意力集中，情感投入

面无表情，无精打采，传递出的信号是不感兴趣或不愿参与谈话，这种行为会让谈话者感觉非常疲惫，像是在对着一堵墙说话。

（4）不做小动作，不随意看表

双手不停抖动，时常看表，摆弄文件夹、钢笔或是手头的东西，会让对方感觉你的注意力在别处，没有全部投入，也没有接收谈话的全部信息。

（5）不随意打断对方的谈话，不批评对方观点

随意打断别人的谈话，或借机把谈话主题引到自己的事情上，任意加入自己的观点做出评论和表态等，都是很不尊重对方的表现，比不听别人

谈话产生的效果更加恶劣，一定要避免。

（6）适时进行鼓励和表示理解，提供建设性的反馈

强调倾听要专心静听，并不是完全被动地、静止地听，而是要不时地通过表情、手势、点头等，向对方表示你在认真地倾听。谈话者往往都希望自己的经历受到理解和支持，因此在倾听中加入一些简短的语言，如"对的"、"是这样"、"你说得对"等或点头微笑表示理解，都能鼓励谈话者继续说下去，并引起共鸣。

3．倾听的技巧

掌握倾听的技巧，可以帮助我们提高倾听效率，更好地达到倾听的目的。

（1）保持中立心态

在别人向自己倾诉时，调整好自己的心态很重要。我们在日常生活中，多数倾诉者是自己的亲人或者朋友，对于对方的事情往往特别关心。我们往往容易感染倾诉者的不良情绪，把倾诉者的坏心情变成自己的坏心情。这样不但帮不了倾诉者，反而让自己的心理陷入困境。

因此，在倾听时最好保持中立的心态，这样既可以客观地帮对方分析和解决问题，又不至于表现出对对方的漠不关心。一个人独处的时候，要及时转移自己的情绪，从事件中跳出来。当心里郁积了太多不快时，也应尝试着向别人倾诉。

（2）观察并使用肢体语言

与人交谈时，我们内心的感觉会在我们开口之前透过肢体语言清清楚楚地表现出来，如果倾听者表现出封闭或冷淡，谈话人会感觉对方不重视自己或对自己的谈话内容不感兴趣，因而就不会敞开心胸。相反，如果倾听者态度开放，愿意接纳对方，谈话人会认为他很想了解自己的想法，从而受到鼓舞。常用的肢体语言包括点头、微笑、身体稍微前倾、眼神交流等，倾听的过程中要适时使用这些肢体语言。另外，还要注意避免出现交叉双臂、手放在脸上等动作。

（3）运用反应式倾听

重述刚刚所听到的话便是反应式倾听，这是一种很重要的沟通技巧，运用该倾听方式时，对方会知道我们一直在听，而且听懂了他所说的话，但反应式倾听是用自己的话总结对方的重点，而不是像鹦鹉一样，完全重复他说的话。反应式倾听会让对方觉得自己很重要，有利于对话的持续。

（4）注意提问的方式

① 开放式提问

所谓开放性提问，是指在倾听时，为了让对方对有关问题、事件做出较为详尽的反应而提出的问题，通常使用"什么"、"怎样"、"为什么"等词语，这时候要注意文句的方式、语调、不能太生硬或随意。

② 封闭性提问

所谓封闭性提问，是指在试图澄清事实真相，验证结论与推测，缩小讨论范围等情况时，用"是不是"、"对不对"、"行不行"等词语发问。让对方对有关问题做出"是"或"否"的简短回答。回答这些问题简洁、明确，只需要一两个字、词或一个简单的点头或摇头等即可。但采用封闭性提问要适度，过多使用会使对方处于被动地位，压抑其自我表达的愿望与积极性，产生沉默和压抑感及被审讯的感觉。

（5）有效的情感反应

对对方情绪、情感的反馈称为情感反应，通常指把对方的情感反应进行综合整理后，再反馈给对方。相对于过去的情感而言，针对对方现时的情感反应会更为有效。另外，在运用这一技术时，为了使对方深切体验到被人理解的感觉，要时刻注意到对方的瞬间情感并及时做出反应。

阅读材料

倾听的小猫

小猫长大了。

有一天，猫妈妈把小猫叫来，说："你已经长大了，三天之后就不能再喝妈妈的奶了，要自己去找东西吃。"

"那我该吃什么东西呢？"小猫疑惑地问妈妈。

猫妈妈说："用我们祖先留下的方法吧！这几天夜里，你躲在人们的屋顶上、梁柱间、陶罐边，仔细倾听人们的谈话，你会在其中找到答案。"

第一天晚上，小猫躲在陶罐边，听见一个妇人对孩子说："把香肠和腊肉挂在梁上，把小鸡关好，别让小猫偷吃了。"

第二天晚上，小猫躲在屋顶上，从窗户看到一个女子叨念自己的丈夫："奶酪、肉松、鱼干吃剩了，也不会收好，小猫的鼻子很灵，明天你就没得吃了。"

第三天晚上，小猫躲在梁柱间，听到一个大人对小孩子说："小宝，小猫最爱吃鱼和牛奶了，把鱼和牛奶放在冰箱里吧。"

就这样，小猫每天都很开心，回家跟妈妈说："妈妈，果然像您说的一样，只要我仔细倾听，人们每天都会教我该吃些什么。"

3.5 交　谈

20世纪伟大的心灵导师，美国人戴尔·卡耐基曾说过，与人进行有效的交谈，并且赢得他们的合作，这是那些奋发向上的人应该培养的一种能力。交谈是交流思想和表达情感最直接、最快捷的途径，作为一种最基本的媒体形式，在很大程度上关系到社会交往的成败。不管是"一言兴邦，一言丧邦"，还是"好言一语三冬暖，恶语伤人六月寒"都说明了交谈以及语言的意义和作用。交谈场景如图3-1所示。

图 3-1　交谈

阅读材料

笑话一则

某人请五个人吃饭，还差一位左等右等也没到。见此情景，主人说道："该来的怎么还不来？"

客人甲听了，心想：这不是说我们不该来的倒来了吗？真气人！于是说："对不起，我有点事，得先走了！"

主人见他走了，很着急，就说道："不该走的怎么走了呢？"

客人乙心想：这分明是暗示我该走却赖着不走。于是说："我有点儿事，失陪了。"

主人更着急了，脱口而出："唉，他俩真多心，我说的又不是他们！"

客人丙、客人丁大怒，想：那你说的肯定是我们俩了！于是他们铁青着脸一言不发，拂袖而去。

一场宴席就这样还没有开始就不欢而散了。

3.5.1 交谈的语言要求

语言作为人类的主要交际工具，是沟通不同个体的桥梁。准确、有效、恰当的语言，可以使谈话达到事半功倍的效果。

1. 语言的有效性

不被接受的话显然等于白说。谈话者首先考虑的问题就应该是语言的有效性。

（1）好嗓音

好嗓音既能使交谈双方感到愉悦，又可以使对方印象深刻。"好嗓音"主要包括清晰的吐字、动听的声音；与此相反，"坏嗓音"则指吐字模糊、鼻音浑浊或尖锐刺耳，使对方听不清而产生反感。

（2）时代感

语言的时代感是非常重要的，现如今"父母在，不远游"；"新三年，旧三年，修修补补又三年"之类的警言已成为隔世之语。现代人已经很难接受这些"陈腐的语言"。

（3）好时机

讲话时要考虑时机是否适合，比如对方能否听得懂，是否感兴趣，接受程度怎样等。在生日、节日、纪念日、成功之日、获奖之日等特定的时刻、特殊的日子，一句由衷的祝贺、一段真诚的赞美会锦上添花；在他人心情沮丧或陷入困境之时，一番恳切的鼓励、一句贴心的问候更会达到雪中送炭的效果。

2．语言的正确性

在你开口之前你就应该意识到，说话的正确性是对人最起码的尊重。

（1）实事求是

空话、大话、假话必须避免。"狼来了"的故事告诉大家，捉弄人一次、两次可能成功，但第三次就必然受到惩罚了。栽赃、陷害、伤人、诽谤，会对别人造成极大伤害。挨打的皮肉之伤易愈合，哀怨的心灵创伤难平复。

所谓"日久见人心"，说空话、大话者只能一时迷惑别人，时间长了别人就会认识到他是一个不可信赖之人。

（2）用词准确

有求于人时，要考虑对方能否办到以及能否领会。

太直接的问话显然令人不好回答。例如，"能否借一样东西给我？"、"可以借一笔钱给我吗？"

不能准确表达意思的话也是失礼的。例如，你手指着书架说"请帮我把书递过来，好吗？"，尽管用了客气委婉的语气，但由于没有表达准确是什么书，会令人无所适从。

（3）区分场合

正式场合与一般场合、书面语与口头表达所使用的语言有所区分，例如，称呼尊者、领导时，在正式场合和书面文件上要规范，一般用全称。如张三教授、李四副教授、王五副校长等。但在一般场合和口头语上往往用简称，一般会省略"副"字，如张教授、李教授、王校长，同时这也算作是一种敬称。

对令人敏感的谐音姓氏，要特别避免误会和尴尬。即便在一般场合，也应该说出其"姓名＋职位"的全称。

（4）把握语意

在日常社交生活中，出于特定的需要和惯例，还有一类"言不由衷"的现象，例如客套语、反语以及善意的"谎言"，不能将其视为虚伪和失礼。

在初次见面时，往往要说一些恭维式、自谦式的客套话，如"久仰大名"、"幸会幸会"、"光临寒舍蓬荜生辉"，这已经是约定俗成的社交客套话，虽然有点言过其实，但令对方感到舒服，觉得受到尊重，因此不能算作是失礼的表现。在亲友、尤其是情侣之间，有时会说些带有戏谑成分的反语，诸如，"冤家"、"好恨你"等，可把这些话理解为"可亲可爱的人"、"好爱你"。这种戏谑与相敬如宾相辅相成，也是一种生活的情趣。

3．语言的情感性

人是高级动物中最富有情感的，获得礼遇可以满足自尊。语言的情感性就显得非常重要。

（1）诚恳的态度

与人交谈时，应神情专注，态度诚恳亲切。表示祝贺时，应表情热情，而不仅是嘴巴动听，表情冷冰冰的敷衍，甚至讽刺。与人交谈时，应神态专一，而非失礼地东张西望、漫不经心、答非所问。

（2）礼貌的倾听

本杰明·富兰克林曾说过，"与人交谈取得成功的秘诀就是多听，永远也不要不懂装懂"。学会倾听就是指不要只顾自己讲话，也要给对方说的机会。认真倾听对方讲话，并经常有一些点头之类的体态语来交流，这样可使对方觉得自己受到重视。千万不要表现出不感兴趣，更不能去打断对方的话语。

（3）细微的差别

在丰富多彩的人类话语中，有时一字之差就会改变所表达的感情。如：坐、请坐、请上座；喝茶、请喝茶、请用茶，就令人明显感受到所获礼遇等级的差别。

3.5.2 交谈的礼仪

交谈中遵从一定的礼仪规范，体现对对方的尊重，才能达到双方交流信息、沟通思想的目的。

1．多用礼貌用语

用语文雅可以体现出一个人的学识教养，在文明社会，尤其是当今社会，社会活动中的礼貌用语尤为重要。

（1）尽量用敬语

礼仪的核心内涵是尊敬，而其在语言上的体现就是要常用敬语。如您—你；先生—喂；小朋友—小孩。这样给予相同对象的感受完全不同。同样是一种意思，但效果会由于语言载体的形式不同而大相径庭。《西游记》中猪八戒向两个抬水的女妖问路，张口便叫"妖精"，路没问成，还挨了一顿打。对此事他不明白，求教孙悟空。孙悟空说不能叫"妖精"，应该到她前面行个礼，看她多大年纪，若与我们差不多，叫她"姑姑"，若比我们老些，叫她"奶奶"。八戒照做，果然十分奏效。

（2）少命令，多商量

"请帮我跑一趟邮局可好吗"与"你替我跑一趟邮局啊"；"麻烦让一下"与"让开"所表达的都是同一种意思，但两者的口吻却相差甚远。

人们认为"请"与"叫"所表达的意思似乎一样，所以往往不大注意这两者之间的区别。让学生去叫老师"去叫老师"，甚至"去叫院长"之类的话在大学校园中也屡闻不鲜。实际上，一个人礼仪教养的水平就可以从"请"与"叫"中分别出来。

（3）了解传统敬语、谦辞

我国是历史悠久的礼仪之邦，据记载，古人非常重视使用礼貌用语，而在现代语言中礼貌用语却被淡化了很多。对祖国优秀的文化传统，现代人还是要继承、借鉴、更新，以期发扬光大、古为今用。

例如，古人常用"令、尊、贤"来尊称对方及其亲属，其中"令"可通用，"尊"只用于称呼长辈，"贤"则用于称呼平辈和晚辈，但当称呼对方配偶时则"尊、贤"皆可通用，如"令尊、令堂、令郎、令爱"，贤弟、贤妹、贤侄"，"尊夫人、贤夫人"等。

敬语可以分为以下几类。

① 问候语。如"您好！""早上好！"等。
② 欢迎语。如"欢迎您！""见到您很高兴！"等。
③ 回敬语。如"非常感谢！""让您费心了！"等。
④ 致歉语。如"请原谅！""很抱歉！"等。
⑤ 祝贺语。如"工作顺利！""祝您好运！"等。
⑥ 道别话。如"再见！""走好！"等。
⑦ 请托语。如"拜托！""劳驾！"等。

阅读材料

礼貌用语

初次见面应说：幸会　　请人解答应用：请问
看望别人应说：拜访　　赞人见解应用：高见

等候别人应说：恭候　归还原物应说：奉还

请人勿送应用：留步　求人原谅应说：包涵

对方来信应称：惠书　欢迎顾客应叫：光顾

麻烦别人应说：打扰　老人年龄应叫：高寿

请人帮忙应说：烦请　好久不见应说：久违

求给方便应说：借光　客人来到应用：光临

托人办事应说：拜托　中途先走应说：失陪

请人指教应说：请教　与人分别应说：告辞

他人指点应称：赐教　赠送作品应用：雅正

2. 慎重选择话题

人们在交谈中所涉及的题目范围和谈资内容统称为话题。换言之，话题是一些由相对集中的同类知识和信息构成的谈话资料及其相应的语体方式、表述语和语气词的总和。在人际交往中，选择一个好的话题，就能使谈话有个良好的开端。

（1）适宜的主题

① 对方或自己擅长的话题。

② 安全话题（即公共话题），如哲学、历史、地理、艺术、建筑、风土人情等。

③ 轻松愉快的话题，如电影、电视、体育比赛、美容美发、休闲娱乐、旅游观光、名胜古迹、流行时尚、烹饪小吃、天气状况等。

（2）忌谈的主题

① 涉及国家秘密和行业秘密的话题。

② 涉及交往对象的隐私话题，如收入、年纪、婚姻家庭、健康状况、个人经历等。

③ 格调不高的话题。

由于人们的学历、职业、精力、兴趣状况不同，每个人所掌握的话题状况也会有所差距，因此必须尽量扩大话题储备。在现实生活中，肯花工夫学习、多看书报，有意识地积累自己的知识将会给自己选择话题带来很大的帮助。

3. 讲究提问技巧

提问和回答是交谈的基本形式，善于提问可以更顺利地接近相识对方，同时可以获得信息、解除疑点、加深了解，能打破交谈的僵局，控制交谈言路的方向，保证交谈的顺利进行，因此提问往往是交际的起点，也在交谈中占主导地位。在交谈中要讲究问得其所，问得所需。

（1）看清对象

"上什么山唱什么歌，见什么人发什么问。"提问要根据对方的年龄、身份、职业性格的不同，选择不同的提问方式。

（2）把握时机

在交谈中，发问的时机也非常重要，所以要善于掌握对方的心理脉搏，选择恰当的时机发问。时机掌握得好，发问效果才佳。例如，当对方伤心或失意时，不宜提太复杂、太生硬，使对方不愉快的问题；当对方遇到困难或麻烦，需要单独冷静思考时，最好不要提任何问题。

（3）抓住关键

提问问题时抓住关键和重点可以引导对方的思路，并使问题显得清晰，从而避免让对方产生回答起来无从下手的感觉。

（4）精选类型

在提问时往往要准备多种提问方式，因为不是任何人一开始就愿意如实回答你所提出的问题，他往往会用各种借口来推托你的问题。当一种提问方式不行时，要试着换另一种方式提问。提问大体可以分以下几种类型。

① 正面直问。开门见山，直接提出你想了解的问题。

② 两面提问。既问好的，又问坏的。既问主要的，又问次要的。这种提问可以较好地了解人的全貌和事物发展的全过程，可以帮助我们克服主观片面性。

③ 迂回侧问。若正面或反面都不好问，就从侧面或另一角度入手，迂回之后，再回到正面问题上来。

④ 假设提问。站在对方的立场上，提出一些假设，启发对方思考，引导对方回答。

⑤ 步步深问。打破砂锅问到底，随着对方的谈话，步步深入。

当然，想使对方愿意回答自己提出的问题，也要注意自身形象的塑造，比如着装要得体、大方自然，称呼要得当，给人真诚可信的感觉。这样，在"问者谦谦，言者谆谆"的合理氛围中交谈才会进展得很顺利。

3.5.3 交谈的艺术

1. 有备而谈

日常生活中，成年人不能像小孩子一样，童言无忌是天真可爱的，如果成年人说话冒失，是令人反感的。社交活动中的谈话要有所准备，讲究技巧，而不是随心所欲，信口开河。

（1）仪表仪态、端庄得体

仪表端庄，举止得体，神态饱满，气质上佳，风度翩翩，良好的第一印象显然有助于谈话的成功。

（2）思路清晰，主旨明确

明确的宗旨、细致的步骤以及备用方案，这些问题都要在会谈前准备好，谈话时要思路清晰，同时，要通过对方的反应寻找共同的话题，使谈话得以继续。

2. 掌握分寸

谈话要有放亦有收，不过头，不嘲弄，把握好"度"；谈话时不要唱独角戏，夸夸其谈，忘乎所以，不给别人说话的机会；说话时要察言观色，注意对方情绪，对方不爱听的话少讲，一时接受不了的话不急于讲。开玩笑的时候要看对象、性格、心理、场合。一般来讲，不要随便开女性、长辈、领导的玩笑，也不要与性格内向、多疑、敏感的人开玩笑。当对方情绪低落、心情不快时不开玩笑，在严肃的场合、用餐时也不宜开玩笑。

（1）身份意识

主从不分、没大没小是不礼貌的，所以说话时应注意自己和对方的身份。例如，"吃东西前要洗手，懂吗"对小孩说是很平常的，若对成年人说则不妥。

（2）顾及他人

说者无意，听者有心，说话者要顾及他人，避免无意刺伤他人，令人尴尬。要确保对方能听懂自己的话，如商业交往不宜用方言，且应避免与人耳语。另外要将心比心，与人为善。揭人伤疤，说刻薄的话，伤人自尊都是极为失礼的言行。还要注意不要在公共场合冷落某方面不如自己的人。

（3）考虑措辞

直率固然是优良品格，但在有些场合不宜太"直率"，否则容易使人误会，认为是没有教养。在商务活动中不宜居高临下、咄咄逼人，而应谦

社交礼仪

恭礼让、委婉客气。

3. 幽默风趣

在交谈中常常会因为意见不同而产生争论或分歧,但交谈本身就是一个寻求一致的过程。这就需要在交谈中,用应变和机智抛开或消除障碍;幽默还可以化解尴尬局面并且增强语言的感染力。它建立在高尚情趣、较深的涵养、丰富的想象、乐观的心境和对自我智慧、能力的自信基础上。

案例分析

臣子妙答

曹操很喜爱曹植的才华,因此想废了曹丕转立曹植为太子。当曹操将这件事征求贾翊的意见时,贾翊却一声不吭。曹操很奇怪地问:"你为什么不说话?"贾翊说:"我正在想一件事呢!"曹操问:"你在想什么事呢?"贾翊答:"我正在想袁绍、刘表废长立幼招致灾祸的事。"曹操听后哈哈大笑,立刻明白了贾翊的言外之意,于是不再提废曹丕的事了。

在南朝时,齐高帝曾与当时的书法家王僧虔一起研习书法。有一次,高帝突然问王僧虔说:"你和我谁的字更好?"这问题比较难回答,说高帝的字比自己的好,是违心之言;说高帝的字不如自己,又会使高帝的面子搁不住,弄不好还会将君臣之间的关系弄得很糟糕。王僧虔的回答很巧妙:"我的字臣中最好,您的字君中最好。"皇帝就那么几个,而臣子却不计其数,王僧虔的言外之意是很清楚的。高帝领悟了其中的言外之意,哈哈一笑,也就作罢,不再提这事了。

分析:在许多场合,有一些话不好直说、不能直说也无法明说,于是,旁敲侧击绕道迂回,就成为人们所采用的方法。

重要提示

有幽默感的人在谈话中总是受人欢迎的,幽默不但能很好地表达自己的意思,同时还可以活跃谈话气氛,使谈话更容易继续下去。

3.6 演 讲

演讲（见图 3-2）是一门运用语言的艺术。它是指演讲者在公共场合，运用口语，借助于表情手势，郑重、系统地阐述自己的见解和主张，以教育或感召听众的一种口语表达方式。演讲可以分很多类，如政治演讲、学术演讲、法庭演讲、社会生活演讲等。

图 3-2　演讲

3.6.1　演讲的要素

从演讲定义的阐述中我们可以清楚地看到演讲是一种最直接、最灵活、最经济和极有效的口语表达形式和宣传教育艺术，它有着与一般口头语言和书面文章不同的特点和作用。

1. 特定的时境

演讲的时境指的是演讲者和听众同处一起的时间与环境。特定的时境是演讲的重要基础之一，是演讲活动不可缺少的物质要素。同时，特定的时境又对演讲这一口语表达活动起着突出的制约作用，随着特定时境的转移与变化，演讲的内容、语言和表情动作等，也都要做相应的调整与变化，只有这样，才能适应特定时境这一物质要素转移与变化的需要，才能取得演讲的最佳效果。

2. 有声语言

有声语言是演讲活动的最主要的物质表达手段，它以流动的方式，承载着演讲者经过组织的思想与感情，传入听众的听觉器官，从而产生很强的说服力、吸引力与感召力。好的有声语言，具有准确清晰、清亮圆润、富于变化、有耐久力的特征。它能在流动的过程中产生一种美感，勃发一种情趣，形成一种"余音绕梁，三日不绝"的佳境。

3. 态势语言

态势语言是演讲中重要的信息交流手段，又称为形体语言或无声语言，

社交礼仪

它是指能在一定程度上表达思想感情的眼神、面部表情、手势动作、体态、举止和礼仪等。如同话剧演员、戏剧演员的形体动作那样，这种态势语言也属流动着的形体动作，这种动作如果运用得自然、真实、鲜活，也能一定程度上弥补有声语言的不足，增强有声语言的表现力和感染力。

3.6.2 演讲的心理技能

演讲是一种强烈的精神劳动产物，因此，一次演讲它不仅是对演讲者思想、文化、知识、表达能力的考验，也是对演讲者心理和心理素质的严峻考验。良好的心理素质可以帮助演讲者获得演讲的成功，而心理素质差的演讲者也许还没有登场就败下阵来了，因此培养演讲者良好的心理素质，是取得演讲成功的先决条件。演讲者要具有的心理素质主要有以下几个方面。

1. 求真的心理素质

追求真理应该是我们每一个演讲者演讲中所追求的目的，而只有追求真理、弘扬真理的演讲才是最具有生命力的演讲，才会是名垂青史的演讲。恩格斯的《在马克思墓前的讲话》如此，林肯的《葛底斯堡演讲》如此，闻一多的《最后一次演讲》也是如此。这一切都是演讲者追求真理的结果，如果没有他们对真理追求的内在思想品质、良好的心理素质，那么要想产生这些名垂青史的演讲传世之作是不可能的。

2. 创作上的心理素质

在演讲创作中需要哪些心理素质呢？大体说来有两个方面：一是形象思维和逻辑思维；二是联想与想象。

在演讲创作中逻辑思维占主导地位，演讲创作者要通过自己的创作说明问题、解决问题，最后昭示给人们的也不是某一具体的形象而是一个抽象的道理。所以，形象思维在演讲创作中只是暂时的、阶段性的，占主导地位的还是逻辑思维。但是形象思维在演讲创作中并不是可有可无的，它在演讲创作中也起着逻辑思维不可替代的作用，如事例的陈述、形象的描绘等，离开了形象思维同样完不成演讲任务。

德国哲学家黑格尔说过 "想象是创造性的"。想象可以为我们的思想插上一双展翅高飞的翅膀。没有了想象，我们的思想就飞不高、飞不远，我们的心灵就不会丰富，我们的生活也不会多彩；而联想又帮我们在错综复杂的事件之间找到联系，让我们在千头万绪中找出头绪，在千变万化中找到根本。想象和联想可以让我们的演讲创作得到升华，让我们的演讲主题更深刻，让我们的思维材料更丰富，让我们的演讲构思更灵活。

3. 表达的心理素质

"演讲是需要勇气"的，这种勇气到了演讲的表达阶段显现得更为突出。这时演讲者一般要做好以下几种心理准备。

（1）克服怯场

怯场是人人都有过的经历，许多著名的演讲家在初登讲台时也是心里发慌、两腿发抖。古罗马的雄辩家西塞罗曾在一次讲演后说："演讲一开始，我就感到自己面色苍白，四肢和整个心灵都在颤抖。"可后来他成为著名的演讲家。我们同样也会从不能到能。要知道演讲是人人都可以做到的，只要鼓起勇气，勇敢登台，你就已向成功迈出了第一步，胜利已离你不远了。

（2）情绪饱满

演讲者一定要想方设法在登台演讲前把自己的情绪调整到最佳状态，以饱满的情绪登台演讲。古希腊著名的哲学家亚里士多德曾经说过："一个充满了感情的演说者，常常使听众和他一起感动，哪怕他所说的什么内容都没有。"而且饱满的情绪也能吸引听众、感染听众、打动听众。因此，在登台以前，一定要调整好自己的状态，给听众留下美好的第一印象，让听众对你的演讲充满信心。

（3）善于沟通

演讲是一种双向交流。因此，演讲者在登上讲台之后，就要学会与听众交流，随时注意听众的反馈信息，并根据这些反馈信息及时调整自己的演讲内容。只有如此，你的演讲才会是适时的、得体的，也才会是成功的。

演讲者千万不能自视过高，不论你知识多么丰富、阅历如何广博、准备怎样周详，但是千万不要忘了"群众才是真正的英雄"。听众中并不乏真知灼见者，在演讲中，演讲者与听众往往也是可以"说听相长"的。

3.6.3　演讲的语言技巧

演讲是一门艺术，也是一门科学。良好的语言组织、适当的语言技巧是成功演讲的关键。它能以起伏自如、轻重有致、自然和谐、音义兼美的艺术魅力，使广大听众受到思想上的感染，得到精神上的熏陶和艺术上的享受。

1.　语言适度夸张

演讲不同于教学，演讲需要语言的适度夸张来强化自己的观点，使听众形成深刻的印象。如"我说过一万遍了，现在我要第一万零一遍地再次强调……"

2.　采用各式问句

适度采用设问、反问、连续追问等手法，可直击听众心灵，达到激起兴趣、引发思考、引起共鸣的效果，如"难道这就是网络文化的含义吗？"

3.　悬念设计

在演讲的开头或过程中有意设计一些悬念，可激发听众的好奇心，引导听众耐心听下去。好的开头，比如一个动作、一句有力的称谓、一个幽默的自嘲、一个引人入胜的故事、一个有趣的问题等，可以马上将听众的注意力集中到演讲中来，激发出听众的兴趣，或直接切换到演讲者期望的情绪中来。

4.　适当的连续排比

排比句是非常煽情的，在演讲的高潮部分适度加入排比能起到锦上添花的效果。例如：

"我希望，我的家族经历过无数次磨难，我的祖先有辉煌的故事流传；

我希望，我拥有先辈的过去，正在为生命的激荡营构诗篇；

我希望，跃马扬刀驰过广阔的大草原，用鲜血和烈火祭奠原始的勇武，用残破的战旗掩盖倾斜的地平线；

我希望，乘风破浪聆听海的歌唱，用毅力和智慧泊遍每一个港湾；用樯倾楫摧的悲壮点缀旅途的平凡；

我希望，单枪匹马去珠峰探险，为一睹极目的风采，我甘愿粉身碎骨在任何一条深涧。"

5. 运用情景描述、比喻、类比等手法

用自己描述性的语言将听众带入一种场景，使大家在一个共同的场景和氛围中感受演讲内容，而比喻、类比能将复杂的观点简单化、形象化，帮助听众更直观地理解演讲内容，使听众更容易引起共鸣。

6. 语言的渲染力

演讲要达到煽情的效果。语言的渲染力主要靠日常语言习惯养成，但也可以进行设计。同样的语意，可以用不同的语句表达，设计时是可以选择的。

例如，"那天是 1997 年 7 月 1 日"与"记住这个日子吧！1997 年 7 月 1 日"效果相差很多，明显后一个句式能够给听众留下更深的印象。

另外富于变化的语速、适当的音量和语调、恰当的停顿等都会为演讲增色。

阅读材料

<h2 style="text-align:center">我有一个梦想（节选）</h2>

【美】马丁·路德·金（见图 3-3）

朋友们，今天我要对你们说，尽管眼下困难重重，但我依然怀有一个梦。这个梦深深植根于美国梦之中。

我梦想有一天，这个国家将会奋起，实现其立国信条的真谛："我们认为这些真理不言而喻：人人生而平等。"

我梦想有一天，在佐治亚州的红色山冈上，

图 3-3　马丁·路德·金

昔日奴隶的儿子能够同昔日奴隶主的儿子同席而坐，亲如手足。我梦想有一天，甚至连密西西比州——一个非正义和压迫的热浪逼人的荒漠之州，也会改造成为自由和公正的青青绿洲。

我梦想有一天，我的四个小女儿将生活在一个不是以皮肤的颜色，而是以品格的优劣作为评判标准的国家里。

我今天怀有一个梦。

我梦想有一天，亚拉巴马州会有所改变——尽管该州州长现在仍滔滔不绝地说什么要对联邦法令提出异议和拒绝执行——在那里，黑人儿童能够和白人儿童兄弟姐妹般地携手并行。

我今天怀有一个梦。

我梦想有一天，深谷弥合，高山夷平，歧路化坦途，曲径成通衢，上帝的光华再现，普天下生灵共谒。这是我们的希望。这是我将带回南方去的信念。有了这个信念，我们就能从绝望之山开采出希望之石。有了这个信念，我们就能把这个国家的嘈杂刺耳的争吵声，变为充满手足之情的悦耳交响曲。有了这个信念，我们就能一同工作，一同祈祷，一同斗争，一同入狱，一同维护自由，因为我们知道，我们终有一天会获得自由。

到了这一天，上帝的所有孩子都能以新的含义高唱这首歌:

我的祖国，可爱的自由之邦，我为您歌唱。这是我祖先终老的地方，这是早期移民自豪的地方，让自由之声，响彻每一座山冈。如果美国要成为伟大的国家，这一点必须实现。因此，让自由之声响彻新罕布什尔州的巍峨高峰!

让自由之声响彻纽约州的崇山峻岭!

让自由之声响彻宾夕法尼亚州的阿勒格尼高峰!

让自由之声响彻科罗拉多州冰雪皑皑的洛基山!

让自由之声响彻加利福尼亚州的婀娜群峰!

不，不仅如此;让自由之声响彻佐治亚州的石山!

让自由之声响彻田纳西州的望山!

让自由之声响彻密西西比州的一座座山峰，一个个土丘!

让自由之声响彻每一个山冈!

当我们让自由之声轰响，当我们让自由之声响彻每一个大村小庄，每一个州府城镇，我们就能加速这一天的到来。那时，上帝的所有孩子，黑人和白人，犹太教徒和非犹太教徒，耶稣教徒和天主教徒，将能携手同唱那首古老的黑人灵歌:"终于自由了! 终于自由了! 感谢全能的上帝，我们终于自由了!"

3.6.4 演讲的非语言技巧

1. 站姿

演讲时应挺直、舒展、自然，不要左右摇摆。在向听众表达一种传递信息欲望时，应适度前倾；在表达一种神圣感或渲染某种深远的情绪，希望将听众共同带往一种情绪境地时，可采用微仰头、仰望苍穹等姿态。

2. 手势

手势以自然为佳，最好就是日常的习惯性手势，在此基础上，可进行适当的修饰和设计，改掉一些不良的手势习惯。手势宁少勿多，不要让人感到生硬。指向听众或自己时不要用手指，而要用手掌。

常用手势：双手或单手有力地指向对方或自己；用力握拳；曲起手指敲击桌面以加强语气；用力挥一下手；自然连续地转动手腕；双手平摊、耸肩；用手指表达数字；伸大拇指表示极度肯定和赞赏；摆V字造型表达胜利的信心或快乐；轻摆手指表示否定或轻蔑；用手指轻敲太阳穴表示思考等。

3. 目光

目光要有力，凝视听众，但不可在一处停留过久，否则该处听众会不自在，也不可跳跃太频繁，一句话未说完时尽量不要转移目光，否则给人以游离、不自信的感觉。除非是表达悲痛的情绪，眼角不要向下垂。

4. 表情

演讲时首先要自信和从容，然后应有一些变化，能配合演讲的内容，善用眉头、眼角、嘴唇等易控制的部分，有效地传达自己的情绪。一般情况下面带微笑，尽量避免表情呆滞，或显得过于呆板。

【经典案例】

案例一　一言不慎泄露天机

吴霏是大学毕业不久、刚进入A公司工作的新人。她年轻、率真，对工作充满了热情和幻想。作为女秘书，她对上司——F 经理，充满了敬意，对工作兢兢业业。不久前，F 经理在体检中被发现得了癌症。公司和家属都尽可能瞒住 F 经理，不让他知道实情。

一天下班后，吴霏买了鲜花、水果去医院探望 F 经理。推开病房门，吴霏一脸惊讶地对上司说"F 经理，您得了这么重的病，怎么不躺下好好休息？" F 经理一脸疑惑："是吗？你能告诉我，我得了什么病吗？" 这时，吴霏才意识到自己说漏了嘴。她只能支支吾吾地说："其实没什么大病，你很快就会出院的……"

吴霏走后，本来情绪好好地 F 经理马上像变了个人似的。一个人躺在床上，两眼直瞪瞪地看着天花板。家属问他究竟发生了什么，他也不理不睬。

讨论：

（1）吴霏在探望病人时有什么不妥的地方吗？

（2）探望病人该怎么做才是正确的？

小 结

本章共分为倾听、交谈、演讲 3 个部分，倾听部分又分为作用、方式、艺术 3 个方面，作为倾听礼仪的重点内容，倾听的艺术主要讲述了倾听的态度、礼仪和技巧，全面系统的讲解不但能让读者知道"为什么这么做"，还能知道"怎么才能做成这样"；交谈部分则是从交谈的语言入手，延伸到交谈的礼仪以及交谈的艺术，其中穿插了很多阅读资料，帮助读者更好地理解；演讲部分主要从心理、语言、非语言 3 方面讲解了演讲所需要注意的重要事项。

本章的重点是倾听的艺术、说话的技巧以及演讲的技巧，旨在通过积极主动的训练，掌握语言沟通礼仪。

思考与练习

1. 倾听的技巧有哪些？
2. 交谈的礼仪有哪些？

活动与探索

1. 与朋友们一起练习常用的礼貌用语及使用方法。
2. 以"我为祖国的生日喝彩"为题，写一篇演讲稿。

第 4 章
迎送礼仪

本章将介绍基本见面礼仪：介绍、握手、名片、称谓等有关知识，熟练运用这些知识和技巧，有助于顺利参与社会交往。

名言警句

生活里最重要的是礼貌，它比最高的智慧，比一切学识都重要。

——【俄】赫尔岑

4.1 介　绍

人要生存、发展，就需要与他人进行必要的沟通，以寻求理解、帮助和支持。介绍是人际交往中与他人进行沟通、增进了解、建立联系的一种最基本、最常规的方式，是人与人进行相互沟通的出发点。

4.1.1　自我介绍

自我介绍，就是在必要的社交场合，把自己介绍给其他人，以使对方认识自己的过程。恰当的自我介绍，不但能增进他人对自己的了解，扩大自己的交际范围，广交朋友，而且有助于自我宣传、自我展示，在交往中减少麻烦、消除误会，有时还可创造出意料之外的机会。

1. 自我介绍的形式

（1）应酬式

这种自我介绍最为简洁，往往只包括姓名一项即可。适用于某些公共场合和一般性的社交场合，如聚会、宴会、通电话等，对象主要是一般接触的交往人。

"你好，我叫张涛。"

"你好，我是王波。"

（2）工作式

适用于工作场合，包括本人姓名、供职单位及其部门、职务或从事的具体工作等。有职务最好报出职务，职务较低或者无职务，则可报出目前所从事的具体工作。

"你好，我叫张涛，是东方广告公司的企划经理。"

"我叫王波，我在希望外语学校教英语。"

（3）交流式

交流式自我介绍也叫社交式自我介绍或沟通式自我介绍，适用于社交活动中，是一种刻意寻求与交流对象进一步交流与沟通，希望对方认识自己、了解自己、与自己建立联系的自我介绍。大体包括介绍者的姓名、工作、籍贯、学历、兴趣及与交往对象的某些熟人的关系。

"你好，我叫张涛，我在东方广告公司工作。我是王波的高中同学。"

"我叫李立，是王波的同事，也在希望外语学校教英语。"

（4）礼仪式

礼仪式的自我介绍适用于讲座、报告、演出、庆典、仪式等一些正规而隆重的场合，如图 4-1 所示。这是一种表示对交往对象友好、敬意的自我介绍。内容包括姓名、单位、职务等，同时还应多加入一些适当的谦辞、敬语，以示对交往对象的尊敬与尊重。

图 4-1　礼仪式自我介绍

"女士们、先生们，大家好！我叫张涛，是东方广告公司的企划经理。我代表本公司热烈欢迎各位来宾莅临指导，谢谢大家的支持！"

（5）问答式

问答式自我介绍是针对对方提出的问题，做出自己的回答。适用于应试、应聘和公务交往，应做到有问必答，问什么就答什么。

"先生，你好！请问您怎么称呼？（请问您贵姓？）"

"先生您好！我叫张涛。"

主考官问："请介绍一下你的基本情况。"

应聘者："各位好！我叫王波，现年 26 岁，山东青岛人，汉族……"

阅读材料

自我介绍的场景

1. 求职应聘。

2. 求学考试。

3. 在社交场合，与不相识者共处一室时。

4. 在社交场合，同兴趣者寻求交往时。

5. 在社交场合，与陌生人初次见面时。

6. 在公共聚会上，朋友介绍其交际圈时。

7. 在公共聚会上，打算加入陌生交际圈时。

8. 交往对象忘记自己身份，或担心这种情况可能出现时。

9. 有求于人，但对方不太了解自己或一无所知时。

10. 拜访熟人遇到不相识者挡驾，或是对方不在，而需要请不相识者代为转告时。

11. 工作需要，前往陌生单位联系业务时。

12. 在出差、旅行途中，与他人不期而遇，并且有必要与之建立临时接触时。

13. 因业务需要，在公共场合进行业务推广时。

14. 初次利用大众传媒，比如杂志、报纸、广播、标语传单等，向社会公众进行自我推荐、自我宣传时。

2. 自我介绍的技巧

（1）把握时机

要抓住时机，在适当的场合进行自我介绍，最好选择在对方有兴趣、有空闲、情绪好、干扰少、有要求之时，这样就不会打扰对方。如果对方兴趣不高、工作很忙、干扰较大、心情不好、没有要求、休息用餐或正忙于其他交际之时，则不太适合进行自我介绍。

（2）掌握时间

进行自我介绍一定要力求简洁，言简意赅，尽可能地节省时间。通常以半分钟左右为佳，如无特殊情况最好不要长于 1 分钟。话说得多，不仅显得啰唆，而且交往对象未必记得住。

为了提高效率，在作自我介绍时，可利用名片、介绍信等资料加以辅助。

社交礼仪

（3）讲究态度

自我介绍时应镇定自信、真挚诚恳、落落大方、彬彬有礼。镇定自若、大方流畅的自我介绍，给人以好感；相反，如果你流露出畏怯和紧张，结结巴巴，目光不定，面红耳赤，手忙脚乱，彼此间的沟通便有了阻隔。进行自我介绍时所表达的各项内容，一定要实事求是，真实可信。过分谦虚，一味贬低自己去讨好别人，或者自吹自擂，夸大其词，都是不足取的。另外语气要自然，语速要正常，语音要清晰，生硬冷漠的语气、过快过慢的语速，或者含糊不清的语音，都会严重影响自我介绍的形象。

重 要 提 示

自我介绍时应先向对方点头致意，得到回应后再向对方介绍自己。

4.1.2 为他人介绍

为他人介绍是第三者为彼此不相识的双方引见的介绍方式。在一般情况下，为他人介绍都是双向的，即第三者对被介绍的双方都作一番介绍。有些情况下，也可只将被介绍者中的一方向另一方介绍，例如，将甲介绍给乙，但前提是甲已知道、了解乙的身份，而乙不了解甲。

1. 介绍者

为他人作介绍的介绍者，通常是社交活动中的东道主，家庭聚会中的主人，公务交往中的礼仪专职人员，或正式活动中地位、身份较高者。如熟悉被介绍的双方，又应一方或双方的要求，也可充当介绍人。

2. 尊重双方意愿

为他人作介绍，要先了解双方是否有结识的愿望，做法要慎重自然，不要贸然行事。最好先征求双方的意见，以免为原来就相识者或关系不好者作介绍。

3. 内容

介绍时，根据实际需要的不同，介绍内容也有所不同，一般只介绍双方的姓名、单位、职务，有时为了推荐一方给另一方，介绍时可以说明被推荐方与自己的关系，或强调其才能、成果，便于新结识的人相互了解与信任。

4. 语言

介绍具体的人时，要用敬辞。如"张先生，请允许我向您介绍一下，这位是王先生"。同时，应该礼貌地用手示意，而不要用手指进行指点。

5. 被介绍者

作为被介绍者，应当表现出结识对方的热情，目视对方，除女士和年长者外，被介绍时一般应起立。但在宴会桌上和会谈桌上只需微笑点头有所表示即可。

6. 介绍的顺序

介绍的顺序其实就是把谁介绍给谁的问题。介绍的顺序是为了体现对长者、女士、身份高的人的敬重，所以一般的顺序是向长者、女士、身份高的人介绍对方，因为总是应该由年轻者、男士和身份低者主动去认识对方。但在不同的场合，介绍的顺序又略有不同。

（1）长者优先（见图4-2）

一般社交场合中遵循长者优先的原则。

"宋教授，请允许我向您介绍一下，这位是希望外语学校的王老师。"

（2）女士优先

女士优先是一般社交场合遵循的

图4-2　将年轻人介绍给长者

另外一个原则。在西方先将男士介绍给女士通常不会错。

"刘小姐，请允许我介绍一下，这位是东方广告公司的张经理。"

（3）职位高者优先

在工作场合则以职位高者优先，也就是应将职位低的介绍给职位高的。在工作场合，长者与女士一般不具有优先权。

"张经理，请允许我介绍一下，这位是飞驰电脑公司的小刘。"

（4）先到者优先

如果被介绍的两人有先到后到之分，那么遵循先者为大的原则，先到者具有优先权，也就是应把晚到者介绍给早到者。

（5）他人优先

如果被介绍的一方是你的家人，那么通常应把你的家人介绍给别人，也就是说亲人在介绍中通常不具有优先权，以此向他人表示尊重。这一原则也可以进一步推广到朋友和熟人之间，通常把关系较近的介绍给关系较疏远的人。

4.2 握　手

握手，是人们交往过程中最为常见、使用范围十分广泛的见面礼，是一个使用最频繁的传达情意的形式，可以表示欢迎、友好、祝贺、感谢、敬重、道歉、慰问、惜别等各种感情。运用好握手礼仪，对于我们的社交活动和商务交往有着重要的意义。

阅读材料

握手礼的由来

说法一：战乱期间，骑士们除两只眼睛外，全身都包裹在盔甲中，随时准备发起攻击。如果表示友好，就会互相走近并脱去右手的甲胄，伸出右手，表示没有武器，互相握手言好。后来，这种友好的表示方式逐渐流传到民间，演变成了今天的握手礼。现代社会握手礼的礼仪也要求不戴手套，以示对对方尊重。

说法二：远古时代，以狩猎为生的人们，遇到素不相识的人时，会扔掉手中的狩猎工具、摊开手掌示意对方表示友好。随后渐渐演变，武士们为了表示友谊，会互相摸一下对方的手掌，表示手中没有武器，不再互相争斗。随着时间的推移，逐渐形成了现在的握手礼。

说法三：原始人居住在山洞，打仗时使用棍棒做武器。后来他们为了消除敌意，结为朋友，见面时先扔掉手中棍棒，然后再挥挥手，经过演变，变成现在的握手礼。

4.2.1 握手的场合

当今社会交往，握手的场合非常多，握手所表达的含义也非常丰富。

1. 介绍认识
当双方被介绍认识时，通常用握手礼来互相致意，如图 4-3 所示。

2. 重逢
熟人朋友在好久不见重逢时，通常会一边握手一边问候。

3. 迎接、告别
在比较正式的场合与认识的人道别，或作为主人，迎接或送别来访者时。

4. 祝贺、感谢、慰问
当需要向对方表示祝贺、感谢和慰问时，也可以用握手来致意。有些特殊场合，如双方交谈中出现了令人满意的共同点；别人给予你一定的支持、鼓励或帮助时；对别人表示理解、支持、肯定时；向别人赠送礼品或颁发奖品时；得知别人患病、失恋、失业或遭受其他挫折时也可使用握手礼。

5. 道歉、和解
表达对对方的歉意，当双方的谈判和争论达成统一或和解时；双方原先的矛盾出现了某种良好的转机或彻底和解时，习惯上也以握手为礼。如图 4-4 所示。

图 4-3　介绍认识时握手　　　　　图 4-4　谈判中的握手

4.2.2 握手的顺序

在握手时，双方握手的先后顺序很有讲究。一般情况下，讲究的是"尊者居前"，即通常应由握手双方之中的身份较高者首先伸出手来，反之则是失礼的。

1．女士与男士

女士同男士握手时，应由女士首先伸手；如女方无握手之意，男方可点头或鞠躬致意；如果男方为长者，应以长者为先。

2．长辈与晚辈

长辈与晚辈之间，长辈伸手后，晚辈才能伸手相握。

3．上级与下级

上级与下级之间应是前者先伸手，后者先问候，待前者伸手后，后者才能伸手相握。

4．主人与客人

宾主之间的握手则较为特殊。正确的做法是客人抵达时，应由主人首先伸手，以示欢迎之意；客人告辞时，则应由客人首先伸手，以示主人可就此留步。如果这一次序颠倒，则很容易让人发生误解。

应当强调的是，在社交和商务场合，当别人不按先后顺序的惯例已经伸出手时，你应毫不迟疑地立即回握，因为拒绝他人的握手是不礼貌的。有时当你主动伸出手与对方相握时，对方却没有注意到，此时最好的办法是自然微笑地收回自己的手，不必在意，任何人都会碰到这种情况。

重要提示

在正规场合，当一个人有必要与多人一一握手时，既可以由"尊"而"卑"地依次进行，也可以由近而远地逐渐进行。

4.2.3 握手的礼仪

作为一种常规礼节，握手的礼仪颇有讲究。恰当地握手，既可以向对方表现自己的真诚与自信，同时也是接受别人和赢得信任的契机。

1. 神态

与他人握手时，应当神态专注、认真、友好。在正常情况下，握手时应目视对方双眼，面带微笑，上身稍向前倾，头微低，并且同时问候对方。

2. 姿势

与人握手时，一般均应起身站立，迎向对方，在距其约 1 步左右，略向前下方伸出右手，四指自然并拢并微微向内弯曲，拇指与之分开，握住对方的右手手掌，稍许上下晃动一两下，并且令其垂直于地面。

3. 力度

握手的时候，以手指稍用力握对方手掌，用力既不可过轻，也不可过重。若用力过轻，有怠慢对方之嫌；不看对象而用力过重，则会使对方难以接受而生反感。男性与女性握手时，只需轻轻地握一下女性的四指即可。异性握手一般不用双手。

4. 时间

握手时相握时间的长短可因人因地因情而异，握得太长会使人感到局促不安，太短则表达不出应有的情感，有敷衍之嫌。初次见面时握手以 3 秒钟左右为宜。多人相聚，不宜只与某一人长时间握手，以免冷落其他人并引起误会。

重要提示

久别重逢的朋友、熟人握手力度可大一些，时间长一些，还可以同时伸出左手去握住对方右手的手背，两手做紧握状。

社交礼仪

阅读材料

握手所传达的态度

握手不仅是传情达意、联络沟通的手段，而且从握手的姿势中可以反映双方的性格特点和心态。美国著名盲人女作家海伦·凯勒说："我接触过的手，虽然无言，却极有表现性。有的人握手能拒人千里，我握着他们冷冰冰的指尖，就像和凛冽的北风握手一样。而有些人的手却充满阳光，他们握住你的手，使你感到温暖。"虽然握手的姿势千差万别，但可归纳为支配型、顺从型、平等型 3 种基本态度。其中，平等型表达的是："我喜欢你，我们可以相处得很好。"而支配型的人握手时，支配欲和垄断欲很强，认为自己高人一等，会将手掌心向下行握手礼。顺从型的人恰好与此相反，他们握手时手心朝上，此类人处事比较民主、谦和，平易近人，敬仰对方，也容易被他人支配改变自己的观点。

4.2.4 握手的禁忌

在正式场合与他人握手时，如果疏忽一些禁忌，会造成不必要的误会和麻烦，应当避免。

1. 用左手
握手宜用右手，以左手握手被普遍认为是失礼之举。

2. 戴手套
握手前务必要脱下手套。只有女士在社交场合戴着薄纱手套与人握手才是允许的。在握手时另外一只手不要插在衣袋里或者手里拿着东西。

3. 戴墨镜
在握手时一定要提前摘下墨镜，不然就有防人之嫌。

4. 用双手
用双手与人相握，只有在熟人之间才适用。与初识之人握手，尤其当对方是一位异性时，两手紧握对方的一只手是不妥当的。

5. 手脏

在一般情况下，用以与人相握的手理应干干净净。以脏手、病手与人相握，都是不应当的。在任何情况下拒绝对方主动要求握手的举动都是无礼的。但手上有水或不干净时，应谢绝握手，同时必须解释并致歉。

6. 交叉握手

多人相见时，不要交叉握手，也就是当两人握手时，第三者不要把胳膊从上面伸过去，急着和另外的人握手。

7. 疏远

不要在握手时仅仅握住对方的手指尖，面无表情，目光游离，好像有意与对方保持距离。

8. 过分热情

不要在握手时把对方的手拉过来、推过去，或者上下左右抖个没完。不要长篇大论、点头哈腰，过分客套。

案例分析

握手的细节

小李大学毕业应聘到一家物流公司工作。一段时间下来，小李虽然很努力，但是工作效果不理想，一位客户也没谈成。一天，经理将小李叫到了办公室，说客户对小李提出了投诉，原因是态度不好。

小李吓了一跳，一边矢口否认一边觉得很委屈。原来打从工作开始，每次小李与客户握手时，只是象征性地轻轻握一下，并且在握手时眼睛还看着其他地方——就是这个细节让客户很不开心，因为在客户看来，这样握手说明对方对自己很不重视，或者很有意见。生意也自然谈不拢了。

分析：小李在握手中有哪些错误的做法？

社交礼仪

4.3 名 片

名片是在日常生活中人们用来表明自己身份的卡片，一般写有姓名、工作单位、职位、联系方式等，多用于工作场合，是现代人使用最频繁、最广泛、也是最方便的社会交往工具。

4.3.1 名片的分类

现代社会，名片的使用相当普遍，分类也比较多，没有统一的标准。最常见的分类主要有按名片用途、按名片质料和印刷方式、按排版方式等。这里主要介绍按用途分类。

按用途分类也就是按名片的使用目的来分。人们的交往方式有两种，一种是朋友间交往，另一种是工作间交往。工作间交往又可分为两种，一种是商业性的，另一种是非商业性的，由此成为名片分类的依据。

1. 商业名片

为公司或企业进行业务活动中使用的名片，其使用大多以盈利为目的。商业名片的主要特点为：名片常使用标志、注册商标、印有企业业务范围，大公司有统一的名片印刷格式，使用较高档纸张，名片没有私人家庭信息，主要用于商业活动。

2. 公用名片

为政府或社会团体在对外交往中所使用的名片，名片的使用不是以盈利为目的。公用名片的主要特点为：名片常使用标志、部分印有对外服务范围，没有统一的名片印刷格式，名片印刷力求简单适用，注重个人头衔和职称，名片内没有私人家庭信息，主要用于对外交往与服务。

3. 个人名片

朋友间交流感情，结识新朋友所使用的名片。个人名片的主要特点为：名片不使用标志、名片设计个性化、可自由发挥，常印有个人照片、爱好、头衔和职业，使用名片纸张根据个人喜好，名片中含有私人家庭信息，主要用于朋友交往。

各式各样的名片如图 4-5 所示。

图 4-5　各式各样的名片

4.3.2　名片的用途

对现代人而言，名片是一种物有所值的实用型交际工具，是公务、交友的小助手。在人际交往中，名片的用途主要有以下几类。

1. 自我介绍（见图 4-6）

初次会见他人，以名片作辅助性自我介绍，效果最好。它不但可以说明自己的身份，强化效果，使对方难以忘怀，而且还可以节省时间，避免啰唆，含糊不清。

2. 结交朋友

没有必要每逢遇见陌生人，便上前递上自己的名片。换言之，主动把名片递给别人，便意味着对对方的友好、信任和希望深交之意。也就是说，巧用名片，可以为结交朋友"铺路架桥"。

图 4-6　自我介绍

3. 维持联系

名片犹如"袖珍通讯录"，利用它所提供的资料，即可与名片的提供者保持联系。正因为有了名片上所提供的各种联络方式，人们的"常来常往"才变得更加现实和方便。

4. 业务介绍

公务式名片上列有归属单位等项内容，因此利用名片亦可为本人及所在单位进行业务宣传、扩大交际面，争取潜在的合作伙伴。

5. 通知变更

利用名片，可以及时地向老朋友通报本人的最新情况。如晋升职务、乔迁新居、变换单位、电话改号之后，可以用印有变更的新名片向老朋友打招呼，以使彼此联系畅通无阻，对方对自己的有关情况了解得更加充分。

6. 拜会他人

初次前往他人居所或工作单位进行拜访时，可将本人名片交由对方的门卫、秘书或家人，转交给被拜访者，以便对方确认"来者何人"，并决定见与不见。这种做法比较正规，可避免冒昧造访。

7. 简短留言

拜访他人不遇，或者需要请人转达某件事情时，可在名片上写下几行字，或一字不写，然后将它留下，或托人转交。这样做，会使对方"如闻其声，如见其人"，不至于误事。

8. 用作短信

在名片的左下角，以铅笔写下几行字或短语，寄交或转交他人，如同一封长信一样正式。若内容较多，也可写在名片背面。在国外，流行以法文缩略语写在名片左下角，以慰问、鼓励、感谢、祝贺他人的做法。

   n.b. 意即"提请注意"。

   p.f. 意即"祝贺"。

   p.r. 意即"感谢"。

   p.c. 意即"谨唁"。

   p.p. 意即"介绍"。

   p.p.c. 意即"辞行"。

   p.f.n.a. 意即"贺年"。

9. 用作礼单

向他人赠送礼品时，可将本人名片放入其中，或先装入一个不封口的信封中，再将该信封固定于礼品外包装的上方。后者是说明"此乃何人所赠"的标准做法。

10. 替人介绍

介绍某人去见另外一人时，可用回形针将本人名片（居上）与被介绍人名片（居下）固定在一起，必要时还可在本人名片左下角写上意即"介绍"的法文缩写"p. p."，然后将其装入信封，再交予被介绍人。这是一封非常正规的介绍信，是会受到高度重视的。

4.3.3 名片的交换

恰当地携带、递交、接收名片，有助于更好地宣传自我，结交朋友，积累人脉。一个小小的动作，也能发挥社交的大作用。

1. 携带名片

（1）足量适用

携带的名片要数量充足，确保够用。交换名片时如果恰好名片用完，可用干净的纸代替，在上面写下个人资料。

（2）完好无损

名片要保持干净整洁，切不可出现折皱、破烂、肮脏、污损、涂改的情况。

（3）放置妥当

名片应统一置于名片夹、公文包或上衣口袋内，在办公室时还可放于名片架或办公桌内，如图 4-7 所示。放置名片的位置要固定，以免需要名片时东找西寻，显得毫无准备。切不可随便放在钱包、裤袋之内；也不要把自己的名片和他人的名片或其他杂物混在一起，以免用时手忙脚乱或拿错名片。

放置名片的位置要固定，以免需要名片时东找西寻，显得毫无准备

图 4-7　名片放置

2. 递送名片

（1）意愿

名片要在交往双方均有结识对方并欲建立联系意愿的前提下发送。这种愿望往往会通过"幸会"、"很高兴认识你"等谦虚用语以及表情、体姿等非语言符号体现出来。如果双方或一方并没有这种愿望，则无须发送名片，否则会有故意炫耀、强加于人之嫌。

重要提示

除非对方要求，否则不要在年长者面前主动出示名片。

（2）时机

递送名片要掌握适宜时机，只有在确有必要时，才会令名片发挥功效。一般应选择初识之际或者分别之时，不宜过早或过迟。如果自己即将发表意见，则在说话之前发名片给周围的人，可帮助他人更好地认识你。

不要在会议、用餐之时递送名片，也不要在大庭广众之下向多位陌生人递送名片。对于陌生人或巧遇的人，不要在谈话中过早递送名片。因为这种热情一方面会打扰别人，另一方面有推销自己之嫌。

（3）动作

递送名片要用双手或右手，上体前倾15°左右，用双手拇指和食指执名片两角，让文字正面朝向对方，递交时要目光注视对方，微笑致意，可顺带一句"请多多关照"、"欢迎前来拜访"等礼节性用语，如图4-8所示。递送名片的整个过程应当谦逊有礼，郑重大方。

（4）顺序

双方交换名片时，应当首先由位低者向位高者发送名片，再由后者回复前者。但在多人之间递交名片时，不宜以职务高低决定发送顺序，切勿跳跃式进行发送，甚至遗漏其中某些人。最佳方法是由近而远、按顺时针或逆时针方向依次发送。

3．接收名片

（1）动作

接名片时要立刻起身或欠身，面带微笑，用双手的拇指和食指接住名片的下方两角，口称"谢谢"或"十分荣幸"。名片接到手中后，应从头至尾认真看一遍，遇有显示对方荣耀的职务、头衔不妨轻读出声，以示尊重和敬佩。若对方名片上的内容有所不明，可当场请教对方，如图4-9所示。

（2）放置

接到对方的名片后，如果接下来与对方谈话，不要将名片收起来，应该放在桌子上，并保证不被其他东西压起来，使对方感觉到你对他的重视。

接到他人名片后，切勿将其随意乱丢乱放、乱揉乱折，而应将其谨慎地置于名片夹、公文包、办公桌或上衣口袋之内，且应与本人名片区别放置。

图4-8　递送名片　　　　　　图4-9　接收名片

重要提示

接收了他人的名片后，一般应当即回送对方自己的名片。没有名片，名片用完或者忘带名片时，应向对方做出合理解释并致以歉意，切莫毫无反应。

4. 索要名片
（1）互换法

互换法即以名片换名片。在主动递上自己的名片后，对方按常理会回送给自己一张他的名片。如果担心对方不回送，可在递上名片时明言此意："能否有幸与您交换一下名片？"

（2）暗示法

暗示法即用含蓄的语言暗示对方。例如，向尊长索要名片时可说："请问今后如何向您请教？"向平辈或晚辈表达此意时可说："请问今后怎样与你联络？"

重要提示

他人索要名片，不宜拒绝。如确有必要这么做，则需注意分寸，在措辞上一定注意不要伤害对方，可以说"对不起，名片刚用完"，或者"不好意思，我忘记带名片"。

4.3.4 名片的管理

要认真对待收到的名片，对名片进行有效管理，充分发挥其使用价值。

1. 记录

当与他人在不同场合交换名片时，注意记忆与对方会面的日期、场所、天气、见面地点、谈话主题，以及对方生日、所在单位等信息。交际活动结束后，应回忆刚刚认识的重要人物，记住他的姓名、企业、职务、行业等，并可在名片的背面写下备注。第二天或两三天后，主动打个电话或发个电邮，向对方表示结识的高兴，或者适当地赞美对方的某个方面，或者回忆你们愉快的聚会细节，让对方加深对你的印象和了解。

2．分类

名片可按自己的习惯分类，方便翻阅和查找。如按地域分类，如省份、城市等；按人脉资源的性质分类，如同学、客户、专家等；还可以按业务内容、交往范围、姓氏笔画或是行业等分类。

3．整理

将名片放置在名片夹里。养成经常翻看名片的习惯，在节日、对方生日等特殊时刻，给对方打一个问候的电话，发一个祝福的短信等，让对方感觉到你的存在和对他的关心与尊重。

定期对名片进行清理，依照重要性、使用频率、互动性等因素，将它们分成3组：第一组是要长期保留的；第二组是不太确定，可以暂时保留的；第三组是确定不要的，可做销毁处理。

4.4 称　谓

人际交往，礼貌为先。与人交谈，称呼在前。称呼虽只是一个人的符号，却代表着一个人的地位和尊严。在人际交往中，选择正确、恰当的称呼，反映着自身的教养和对对方尊敬的程度，甚至还体现着双方关系发展所达到的程度和社会风尚。正确、恰当地运用称呼，还可以使双方的交往更融洽，沟通更顺利，情感更亲近。

4.4.1 称谓的分类

选择称谓要合乎常规，要照顾被称呼者的个人习惯，入乡随俗。在不同场合，人们彼此之间的称谓有其特殊性，例如，生活中的称谓亲切、自然、准确、合理；工作中的称谓庄重、正式、规范。

1. 亲属称谓

自古以来，我国在使用亲属称谓时十分重视和讲究。生活中的亲属称谓，如图 4-10 所示。

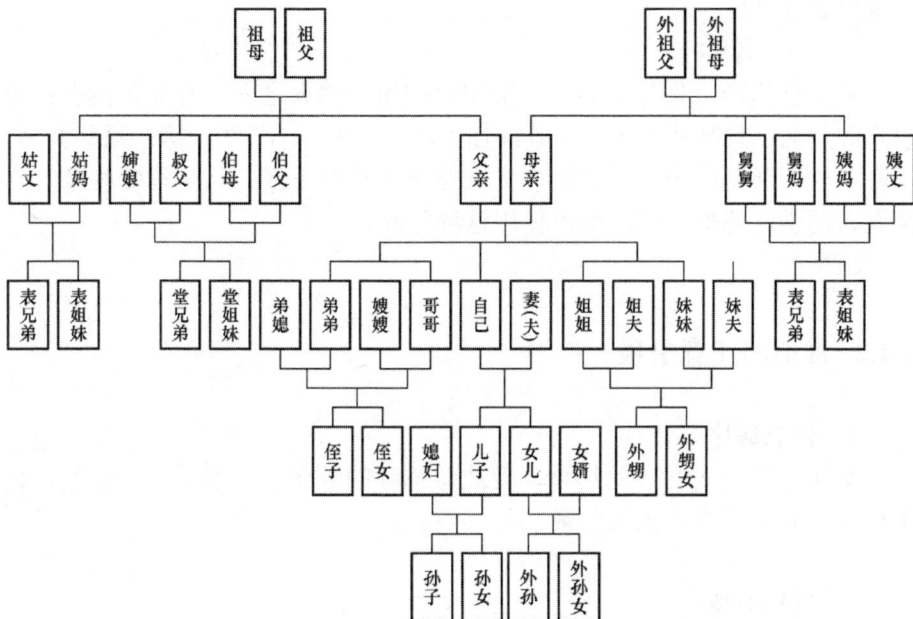

图 4-10 常用亲属称谓

2. 社会称谓

（1）职务称呼

以交往对象的职务相称，以示身份有别、敬意有加，这是一种最常见的称呼。有 3 种情况：称职务、在职务前加上姓氏、在职务前加上姓名，如李院长、郭经理。

（2）职称称呼

对于具有职称者，尤其是具有高级、中级职称者，在工作中直接以其职称相称。称职称时可以只称职称、在职称前加上姓氏、在职称前加上姓名，如唐教授、孙研究员。

（3）行业称呼

在工作中，有时可按行业进行称呼。对于从事某些特定行业的人，可直接称呼对方的职业，如（老师、医生、会计、律师等），也可以在职业前加上姓氏、姓名，如张大夫、韩老师。

（4）性别称呼

对于从事商界、服务性行业的人，一般约定俗成地按性别的不同分别称呼"小姐"、"女士"或"先生"，"小姐"是称未婚女性，"女士"是称已婚女性。

（5）姓名称呼

在工作岗位上称呼姓名，一般限于同事、熟人之间。有 3 种情况：可以直呼其名；只呼其姓，要在姓前加上"老、大、小"等前缀；只称其名，不呼其姓，通常限于同性之间，尤其是上司称呼下级、长辈称呼晚辈，在亲友、同学、邻里之间，也可使用这种称呼。

4.4.2 称谓的注意事项

1. 注意顺序

如果是在众人交谈的场合，要注意称呼的顺序。一般是先长后幼，先上后下，先女后男，先疏后亲。

2. 区别对象

"师傅"、"同志"是我国常用的礼貌称呼，但如果不注意使用对象就会适得其反。如在学校里称老师为"师傅"，称呼外国友人为"同志"，都会让人啼笑皆非。

3. 文化差异

有些称呼，因其地域、文化而产生差异，如山东人喜欢称呼"伙计"，但南方人听来"伙计"肯定是"打工仔"。我国称年长者为"老"，是对长者的尊重，但是西方国家却忌讳别人称自己"老"。中国人把配偶经常称为"爱人"，但在英文里，"爱人"是"情人"、"第三者"的意思，容易被人误解。

4. 错误称谓

误读或是误会，都会导致称谓错误。直呼其名、使用低级庸俗的称号、外号，都是错误、不礼貌、不可取的。

社交礼仪

4.5 拜 访

在生活中，对一些单位或是家庭进行拜访是经常发生的。掌握拜访的礼仪，有助于提高人际交往的成功率，保证工作任务的顺利完成。

4.5.1 预约时间

预约时间是成功拜访的第一步。这样既可避免吃闭门羹，又可以让对方有所安排和思想准备。"不速之客"在绝大多数普通关系的社交场合都是不受欢迎的。

阅读材料

国外的预约习惯

在国外，尤其是西方国家，拜访别人事先预约是最基本的礼貌准则。外国人通常有计划时间的习惯，如果不事先预约贸然造访，打乱了他人的计划安排，会使对方非常生气，同时对不速之客留下缺乏教养的印象。与美国人预约，最好提前一周，美国人性情开朗，个人计划较多，拜访前最好再用电话联系确定。德国人作风严谨，未经邀请的不速之客，有时会被他们拒之门外。日本人约会的规矩较多，事先联系、先约优先和严守时间是日本人约会的3条基本原则。

1. 预约的方式（见图 4-11）

预约的方式有 3 种：口头直接预约、通过电话预约和写信（或电子邮件）预约。在预约的同时把访问的重要目的告诉对方。一般性的活动可以只用口头或电话预约，比较正式的活动应事前写信预约，估计对方收到信后，再打电话落实，并询问对方的答复。

2. 预约的态度

预约的语言、口气应该是友好、请求、商量式的，而不能是强求命令式的。如果对

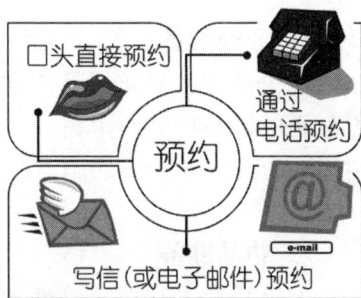

图 4-11 预约的方式

方答复说，在你选择的时间内他已另有安排或应酬，应先主动表示歉意，然后再与对方商讨下次的预约时间。这样既有礼貌，又有风度，对方在感动之余会尽早考虑安排接待你的访问。如果发现对方并无其他安排，只是托词拒绝，那对方一定有什么难言之隐，也应当理解，而不应直接迁怒对方。

3. 未有预约

如果因事情紧急或无法预约而做了"不速之客"，则应在相见时及时详细地道出事情的原委，表示自己的歉意，求得对方的谅解。否则，很可能造成对方反感，因为你有可能打乱了对方原定的工作或生活的安排。

4. 失约

按约定进行的访问必须守时，如因故不能及时到达，应尽早通知对方，并讲明原因，无故迟到或失约都是不礼貌的。

重要提示

选择拜访时间应先考虑对方是否有空，以不让对方感到为难为原则。在夏季不宜安排太多的拜访活动；如果到工作单位拜访，最好不要选择星期一；如果到他人家中拜访，应避开午休和用餐时间。

4.5.2 充分准备

拜访是一种正式的社交场合。拜访前，做好充分的准备（包括内部和外部的各种细节）可使拜访顺利而和谐。

1. 心理准备

无论是初次拜访还是再次拜访，都要明确拜访的目的。如果是公务拜访则要做好心理准备，树立自信心，以积极向上的心态、冷静豁达的态度迎接拜访过程中的一切困难和障碍。

2. 物品准备

如果是私人拜访，要准备好名片、礼品等物品。如果是探望好友，可赠送艺术品、工艺品等，也可带茶叶、酒、水果等食品；探视病人可携带鲜花以及有利于病人健康的食品。

如果是公务拜访，则要准备公司的资料、相关产品资料、销售资料与方案、客户资料等。还要制订拜访方案，针对可能出现的情况事先拟定可行的应对措施。

阅读材料

探访病人宜选择的礼物

探望发高烧的病人：可以送能生津止渴的西瓜、生梨、鲜藕、橘子或橘子汁等。因为高烧病人出汗多，排钾量增加，西瓜、生梨、橘子中含较多的钾，可以补其不足。

探望患呼吸道感染的病人（特别是伴有咽痛、呛咳的病人）：可以送有润肺止咳功用的生梨。对患慢性气管炎，肺气肿的病人，可以送有补肺益肾作用的核桃。对咳血的病人，可以送有利于养阴补肺的白木耳和有止血功能的黑木耳。

探望腹泻的病人：可以送苹果、杨梅、石榴等水果，因为这些水果有止泻的功效。对于久泻不止的病人，可以送有健脾止泻功用的莲心、百合、藕粉等食品。

探望患便秘、痔疮的病人：可以送蜂蜜、香蕉、核桃等食品，因为这些食品有润肠通便的效果，可以治便秘，减少大便出血。

探望高血压，动脉硬化症的病人：可以送山楂、橘子、蜂蜜等食品，这些食品可以降低血压，减缓血管硬化的发展。

探望患肝炎的病人：可以送些新鲜的水果，营养丰富的鸡蛋、鱼、麦乳精、蜂蜜等。对于慢性肝炎病人，可以送甲鱼，因为甲鱼含丰富的蛋白质，有养阴清热的功能，对慢性肝炎的恢复有益。

探望外科手术后和骨折的病人：可以送些肉骨头、鸡蛋、奶粉、鱼等营养丰富，易消化，含钙质较多的食物。

探望癌症肿瘤的病人：可以送人参、杏仁、奶粉、水果等。

探望产妇：可以送鸡蛋、鸡、鱼、虾等食物。对于产后出血较多的产妇，可以送些猪肝、桂圆、红枣等。

3. 细节准备

良好的仪表仪容，是维护自己的良好形象和对被访者表示尊重的必要。

拜访者应选择与自己个性、年龄、肤色、身材、场合相适应的妆容和服装。如果是公务拜访，应着正装，代表单位组织的形象，必须注意仪表仪容，从服饰、装束到发型妆容，都要符合社交礼仪要求。

如果是重要的拜访对象，则要在拜访前关掉手机，确保不受打扰，体现对拜访对象的尊敬和对拜访的重视。

4.5.3　上门有礼

在拜访的过程中，遵循有关礼仪和习惯，可以使拜访取得更好的效果。

1.　确保准时

拜访者应准时到达约定地点。一般来说，对中国人的约请，通常比约定提前2分钟至3分钟到达为好；对外国人尤其欧美人的约请比约定时间晚到2～3分钟显得更有礼貌。

如果是私人拜访，走到主人门前，要擦净脚上的泥土，雨天更要特别注意。敲门时要用食指敲门，力度适中，间隔有序敲三下，等待回音。如无应声，可再稍加力度，再敲三下，如有应声，再侧身站立于右门框一侧，待门开时再向前迈半步，与主人相对。按门铃的时间不要太长；如果主人家的门开着，仍然要敲门、按门铃或在门口呼叫主人。跟主人不是特别熟的朋友，开门之后，应等主人说"请进"之后再进去，并主动询问主人是否要换鞋或戴鞋套。

问候致意进屋后，除了向主人问候寒暄外，对主人的家人或其他客人，不管认识与否，都应笑脸相对，简单地向他们说声"你好"或点头致意，待主人安排座位后再道谢坐下。

2.　注意细节

主人不让座不能随便坐下。如果主人是年长者或上级，主人不坐，自己也不能先坐下。主人让座之后，要口称"谢谢"，然后采用规矩的礼仪坐姿坐下。

如果是第一次见面，应主动递上名片（见图4-12）或做自我介绍；对熟人可握手问候。如果有其他人同来，应介绍给主人。

主人递上烟茶时要双手接过并表示谢意（见图4-13）。如果主人没有吸烟的习惯，要克制住自己的烟瘾，尽量不吸，以示对主人习惯的尊重。

图 4-12 第一次见面

图 4-13 双手接茶

　　主人献上果品，要等年长者或其他客人取用后，自己再取用。即使在最熟悉的朋友家里，也不要过于随便。

　　在主人家里随意翻动物品，到处乱闯，是对主人的不尊重。家庭拜访不能擅自进入卧室、餐厅、贮藏室、阳台等"私人空间"。一般不要带幼小的孩子去做客，这会给主人增加麻烦，更不宜在别人家责骂自己的小孩。

3. 把握言谈

　　交谈的时候谈吐要文雅，对主人家的家庭情况只作一般了解。若关心过度、反复盘问，就显得粗鲁无理了。交谈时要先把要事说完，不可独自滔滔不绝，让主人插不上嘴。主人说话时要留心倾听，观察其心理，若主人有不耐烦的神色出现，适时告辞较为明智。

　　如果是探视病人，则在谈话的内容上，针对患者的焦虑心态要多说一些轻松、宽慰的话，释疑开导，以利于病人恢复平静稳定的心情。

　　有些公务拜访要进行工作磋商，不要轻易表态，随便允诺。

4.5.4 礼貌告辞

　　拜访时应善始善终，告退有方。

　　拜访时间根据拜访目的和主人的意愿而定，通常宜短不宜长。通常情况下，一般拜访的时间以半小时为佳。告辞时应对主人的款待致谢，并对自己的打扰表示歉意。主人家有长辈的话，也应向长辈告辞。女士跟男主人告别，应主动和对方握手，如向年长的妇女告辞，则应等对方伸出手来再握手。出门后，应主动请主人留步，不用远送。待主人留步后，走出几步，再回首挥手致意，以示再见。

公务拜访可视约定的结束时间而定。

阅读材料

酒会的告辞

出席鸡尾酒会的客人应按请帖上写明的时间起身告辞。如果接到的是口头邀请，没有说明结束时间，则默认酒会将进行两个小时。

正餐之后的酒会的告辞时间按常规而定，如果酒会不是在周末举行，那就意味着告辞时间应在晚间十一时至午夜之间。若是周末，则可更晚一些。除非客人是主人的亲密朋友，一般都不应在酒会的最后阶段还留在那里。

在各种（除了最大型的）酒会上，离开之前都应向女主人当面致谢，这是礼貌。如图 4-16 所示。倘若你因故而不得不早一些告辞，则致谢不能太引人注目，以免使其他客人认为他们也该走了。

参加了一次鸡尾酒会之后，并不一定要向女主人写信致谢，如果女主人是一位好朋友，那么可以在第二天上午和她通一个电话，向她祝贺酒会的成功。

4.6 接　待

接待是表现主人情谊、体现个人礼仪修养的重要环节。在整个接待过程中，应遵循有关的礼仪规范，创造出和谐、温馨的氛围。这里重点介绍公务接待礼仪。

如图 4-14 所示，本小节将分别从细心准备、热情迎宾、耐心陪同、周到送别等几方面详细介绍接待礼仪。

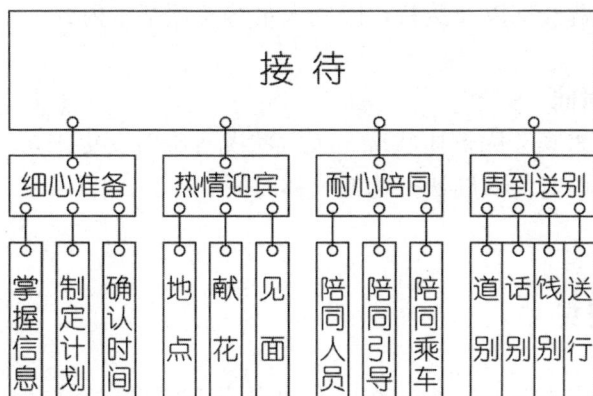

图 4-14 接待礼仪

4.6.1 细心准备

在接待工作中，把迎宾工作做好，尤其是将准备工作做细致，是对来宾表示尊敬、友好和重视的行为。

1. 掌握信息

一定要充分掌握来宾尤其是主宾个人的基本状况。例如姓名、性别、年龄、籍贯、民族、单位、职务、职称、学历、专长、偏好等。必要时，还需要了解其婚姻、健康状况，以及政治倾向与宗教信仰。在了解来宾的具体人数时，不仅要务求准确无误，而且应着重了解对方由何人负责、来宾之中有几对夫妇等情况。来宾此前有无正式来访的记录。如果来宾尤其是主宾此前曾来访问过，则在接待规格上要注意前后协调一致。无特殊原因时，一般不宜随意在迎宾时升格或降格。来宾如能报出自己一方的计划，例如来访的目的、来访的行程、来访的要求等，主人在力所能及的前提之下，应当在迎宾活动之中兼顾来宾一方的特殊要求，尽可能地对对方多加照顾。

2. 制定计划

详尽制定迎接来宾的具体计划，有助于使接待工作避免疏漏，减少波折，更好地、按部就班地顺利进行。根据常规，接待计划至少要包括迎送方式、交通工具、膳宿安排、工作日程、文娱活动、游览、会谈、会见、礼品准备、经费开支以及接待、陪同人员等各项基本内容。

3．确认时间
有时候，来宾会因健康状况、天气状况等临时变更来访时间，所以有必要在来宾启程前再次确认抵达的具体时间。

4.6.2 热情迎宾

迎宾是指在人际交往中，在已有约定的情况下，由主人一方派专人前往来访者知晓的某一处所，恭候对方的到来的一种礼节。在一般情况下，迎宾仪式包括如下内容。

1．地点
来宾的身份地位不同，迎宾的地点有所不同。通常情况下，迎宾可安排在火车站、机场等交通工具停靠站，来宾的临时住所以及主人的办公地点门外等。

2．献花
有些重要客人还要向其献花，如图 4-18 所示。向来宾鲜花，献花者通常应为女青年或少先队员。如果来宾不止一人，可向每位来宾逐一献花，也可以只向主宾或主宾夫妇献花。向主宾夫妇献花时，可先献花给女主宾，也可以同时向男女主宾献花。

献花要根据民族、地域、风俗的不同而有所区别，也要从鲜花的品种、颜色、数量等方面加以考虑。尤其是要注意了解献花的花语，避免不必要的误会和尴尬。

阅读材料

花　语

红玫瑰——我爱你

康乃馨——母爱

米红康乃馨——伤感

郁金香——魅惑、爱之寓言

黄郁金香——绝望之爱

波斯菊——纯情、永远快活

水仙花——尊敬

红郁金香——爱的誓言

白山茶——真爱、真情

红山茶——天生丽质

剑兰——性格坚强、用心

勿忘我——永恒的爱

鸡冠花——多色的爱

雏菊——清白、纯真、纤细

蝴蝶兰——初恋、幸福渐进、纯洁美丽

桃花——疑惑、好运将至、爱慕

牡丹——宝贵

马蹄莲——幸福、纯洁

千日草——不朽

万年青——健康长寿、青春永驻

月季——兴旺发达

白菊花——哀悼

火百合——喜气洋洋

红棉花——英雄之花

月桂——光荣

月桂树环——有功之臣

爆竹红——热烈祝贺

山茶花——英勇

文心兰——青春活泼

刺槐——友谊

百日草——惜别

黄杨——坚定、冷静

桂枝——学识渊博

款冬——正义

木樨草——品德高尚

松柏——延年益寿

翠竹——高风亮节

木莲——高尚

腊梅——慈爱

薰衣草——清雅、女人味

橙花——爱慕

梨花——纯情

杏花——拜访我

蒲公英——勇气

菊花——高洁、欢愉、真爱

白百合——百年好合

3. 见面

依照惯例，应当首先由主人同主宾来到东道主方面的主要迎宾人员面前，按其职位的高低，由高而低，一一介绍给主宾。随后，再由主宾陪同主人行至主要来访人员的队列前，按其职位的高低，由高而低，一一介绍给主人。

4.6.3 耐心陪同

陪同要讲究规格，且要自始至终。

1. 陪同人员

陪同人员要了解客人综合情况，明确接待方案，熟悉全过程，注意各个环节的衔接。参观访问中，指定的陪同人员不宜过多，中途不得换人或不辞而别。要对客人有问必答，但不能随意越权许诺。陪同要适时向客人宣传介绍、注意时间节奏，对陪同活动中客人的要求要予以重视。

2. 陪同引导

在公务活动中，接待人员陪同客人，步行时一般应在客人的左侧，以示尊重。如果是主陪陪同客人，那要与客人并排同行，其他随行人员应走在客人和主陪人员的后面。负责引导时，应走在客人左前方一两步远的地方和客人的步速一致，遇到路口或转弯处，应用手示意方向并加以提示。乘电梯时，如有专人服务，应请客人先进，如无专人服务，接待人员应先进去操作，到达时请客人先行。进房间时，如门朝外开，应请客人先进，如门往里开，陪同人员应先进去，扶住门，然后再请客人进入。

3．陪同乘车

乘车时，陪同人员要先打开车门，请客人上车，并以手背贴近车门上框，提醒客人避免磕碰，待客人坐稳后，再关门开车。按照习惯，乘车时客人和主陪应坐在司机后第一排位置上，客人在右，主陪在左，陪同人员坐在司机身旁。车停后陪同人员要先下车打开车门，再请客人下车。如果接待两位贵宾，主人或接待人员应先拉开后排右边的车门，让尊者先上，再迅速地从车的尾部绕到车的另一侧打开左边的车门，让另一位客人从左边上车；只开一侧车门让一人先钻进去的做法是失礼的。当然，如为了让宾客顺路看清本地的一些名胜风景，也可以在说明原因后，请客人坐在左侧，但同时应向客人表示歉意。需要强调的是，即使是为了让客人欣赏风景，也不要让客人坐司机旁的位置，尤其是接待中国港、澳、台地区和外国客人时更应注意这一点，否则，会弄巧成拙、事与愿违。

4.6.4　周到送别

送别是指在来宾离去之际，出于礼貌而陪着对方一同行走一段路程，或者特意前往来宾启程返还之处与之告别，并目送对方离去。最为常见的送别形式有道别、话别、饯别、送行等。

1．道别

按照常规，道别应当由来宾率先提出来，假如主人首先与来宾道别，难免会给人以厌客、逐客的感觉，这是不应该的。在道别时，来宾往往会说"就此告辞"、"后会有期"等，而此刻主人则一般会讲"一路顺风"、"旅途平安"等。有时，宾主双方还会向对方互道"再见"，叮嘱对方"多多保重"，或者委托对方代问其同事、家人安好。

重要提示

在道别时，主人应特别注意4个环节：一应当加以挽留；二应当起身在后；三应当伸手在后；四应当相送一程。

2. 话别

话别亦称临行话别。最佳的话别地点是来宾的临时下榻之处。在接待方的会客室、贵宾室里，或是在为来宾饯行而专门举行的宴会上，都可与来宾话别。参加话别的主要人员，应为宾主双方身份、职位大致相当者，对口部门的工作人员、接待人员等。话别的主要内容如下：一是表达惜别之意；二是听取来宾的意见或建议；三是了解来宾有无需要帮忙代劳之事；四是向来宾赠送纪念性礼品。

重要提示

与来宾话别的时间，一要讲究主随客便，二要注意预先相告。

3. 饯别

饯别，又称饯行。它是指在来宾离别之前，东道主专门为对方举行一次宴会，以便郑重其事地为对方送别。为饯别而举行的专门宴会，通常称作饯别宴会。专门为来宾举行一次饯别宴会，不仅在形式上显得热烈而隆重，而且往往还会使对方产生备受重视之感，进而加深宾主之间的相互了解。

4. 送行

为来宾正式送行的常规地点，通常应当是来宾返还时的启程之处，例如机场、码头、火车站、长途汽车站等。倘若来宾返程时将直接乘坐专门的交通工具，从自己的临时下榻之处启程，则亦可以将来宾的临时下榻之处作为送行的地点，例如宾馆、饭店、旅馆、招待所等。

送行特指东道主在异地来访的重要客人离开本地之时，特地委派专人前往来宾的临时住所，与客人亲切告别，并目送对方渐渐离去。

重要提示

为来宾送行时，要同时兼顾两点：一是切勿耽误来宾的行程；二是切勿干扰来宾的计划。

【经典案例】

案例一　录取？不录取？

赵阳辞职后，投了几十份简历，才得到面试机会。这家公司是人力资源咨询公司，面试方法也与众不同，除了回答问题外还要求在电脑上做约三个小时的测评题。面试结束后，让应聘者在两天之内等通知。赵阳因做过一年多的人力资源工作，HR 将他的名字列在了录取名单中，等待与老板研究最后确定。第二天下午，心情急切的赵阳打电话给公司说："公司录不录取我们没关系，能不能把测评结果给我们？"接电话的 HR 冷了一下，和蔼地回答他："测评结果只是公司用来选拔人才用的，不给个人。"赵阳又补充一句："录不录取我们没关系，我只想要测评结果，因为我测评了三个多小时呢！"放下电话，HR 将录取名单取出，划掉了赵阳的名字。

讨论：赵阳为什么求职失败？读了本则案例，你得到了什么启示？

小　结

本章介绍了拜访与接待礼仪，其中拜访部分按照邀请、准备、上门礼仪和告辞的顺序介绍了每个环节应该注意的问题；接待部分则分为细心准备、热情迎宾、耐心陪同、周到送别4部分进行阐述。

通过对本章内容的学习，大家应该学会怎样做受人欢迎的客人和称职的主人。

本章重点介绍了握手礼仪、自我介绍与为他人介绍、名片的交换及国内常用称谓等礼仪知识。旨在通过知识的学习，能够灵活运用大方得体的握手，亲切、准确的称谓等见面礼仪。这不但体现了对对方的尊敬，同时也是沟通思想、交流情感、增进友谊的重要方式。

思考与练习

1. 公务拜访前要做哪些准备？
2. 在陪同客人时应注意哪些细节？
3. 为他人介绍的顺序是怎样的？
4. 社会称谓有哪些？

活动与探索

1. 假如在你拜访过程中又来了一位客人，该怎么办？
2. 接待来访客人时，居室中的上座有哪些？
3. 假设你是某高校的教授，要主持某学术会议论坛，请设计一份自我介绍。
4. 以3～5人为一个小组，一起练习握手与交换名片的礼仪。

社交礼仪

第5章
宴请礼仪

宴请，是一种常见的社交活动。一般情况下，举办宴请和参加宴请活动都是以交际为目的，是增进友谊、融洽气氛、沟通交流的重要手段。宴请的形式多样，内容丰富，掌握其礼仪是十分必要和重要的。

本章将概述宴会的形式及礼仪，分别介绍中餐与西餐文化、习惯。

名言警句

你在品味食物，别人在品味你。

——【加拿大】商务形象设计师、人格心理咨询师 英格丽·张

5.1 宴请的形式

宴请是交往中最常见的交际活动之一。各国和各地宴请都有自己国家或民族的特点与习惯。国际上通用的宴请形式有宴会、招待会、茶会、工作进餐等，每种宴请都有特定的规格和要求。举办宴请活动采用何种形式，通常根据活动目的、邀请对象以及经费开支等各种因素而定。

5.1.1 宴会

宴会为正餐，坐下进食，由招待员顺次上菜。宴会有国宴、正式宴会、便宴之分。按举行的时间，又有早宴、午宴、晚宴之分。其隆重程度，出席规格以及菜肴的品种与质量等均有区别。一般来说，晚上举行的宴会较之白天举行的更为隆重。

1. 国宴

国宴是国家元首或政府首脑为国家，或为外国元首、政府首脑来访而举行的正式宴会，因而规格最高。宴会厅内悬挂国旗，安排乐队演奏国歌及其他音乐。席间还有致辞或祝酒等活动。

2. 正式宴会

正式宴会除不挂国旗、不奏国歌以及出席规格不同外，其余安排大体与国宴相同。有时也会安排乐队演奏其他音乐。宾主均按身份排位就座。许多国家正式宴会十分讲究排场，会在请柬上注明对客人服饰的要求，往往从服饰规定上便可体现宴会的隆重程度。正式宴会对餐具、酒水、菜肴

道数、陈设以及服务员的装束、仪态都要求很严格，通常菜肴包括汤和几道热菜（中餐一般4道，西餐2～3道），另有冷盘、甜食、水果等。

阅读材料

正式宴会用酒

　　国外正式宴会餐前上开胃酒。常用的开胃酒有：雪梨酒、白葡萄酒、马丁尼酒、金酒加汽水（冰块）、苏格兰威士忌加冰水（苏打水），另上啤酒、水果汁、番茄汁、矿泉水等。席间佐餐用酒，一般多用红、白葡萄酒，很少用烈性酒，尤其是白酒。餐后在休息室上一小杯烈性酒，通常为白兰地。

　　我国的正式宴会做法较简单，餐前如有条件，在休息室稍事叙谈，通常上茶和汽水、啤酒等饮料。如无休息室也可直接入席。席间一般用两种酒，一种甜酒，一种烈性酒。餐后不再回休息室座谈，亦不再上饭后酒。

3. 便宴

　　便宴即非正式宴会，常见的有午宴、晚宴，有时亦有早上举行的早宴，如图5-1所示。这类宴会形式简便，可以不排席位，不作正式讲话，菜肴道数亦可酌减。西方人的午宴有时不上汤和烈性酒。便宴最大的特点是自由、轻松、较随便、亲切，适合用于日常友好交往。

图5-1　便宴

4. 家宴

家宴即在家中设便宴招待客人，如图 5-2 所示。西方人喜欢采用这种形式，以示亲切友好。家宴往往由主妇亲自下厨烹调，家人共同招待，也可采用自助餐形式，气氛亲切、轻松、自由。

图 5-2　家宴

5.1.2　招待会

招待会是指各种不备正餐、较为灵活的宴请形式。备有食品、酒水饮料，通常都不排席位，可以自由活动。常见的有冷餐会和酒会两种形式。

1. 冷餐会

冷餐会（自助餐）的特点是不排席位，菜肴以冷食为主，也可用热菜，连同餐具陈设在菜桌上，供客人自取，如图 5-3 所示。客人可以自由活动，

图 5-3　冷餐会

150

也可以多次取食。酒水可陈放在桌上，也可由招待员端送。冷餐会在室内或在院子里、花园里举行，可设小桌、椅子，自由入座，也可以不设座椅，站立进餐。根据主、客双方身份，招待会规格隆重程度可高可低，举办时间一般在中午十二时至下午二时、下午五时至七时。这种形式常用于官方正式活动，以宴请人数众多的宾客。

我国举行的大型冷餐招待会，往往用大圆桌，设座椅，主宾席排座位，其余各席不固定座位，食品与饮料均事先放置桌上，招待会开始后，自助进餐。

2. 酒会

酒会又称鸡尾酒会，如图 5-4 所示。这种招待会形式较活泼，便于广泛接触交谈。被邀请参加鸡尾酒会的客人一般都要认真修饰，例如，男士要穿西服或小夜礼服，女士要化妆，要穿正装等。招待品以酒水为主，略备小吃。不设座椅，仅置桌台，以便客人随意走动。酒会举行的时间亦较灵活，中午、下午、晚上均可，请柬上往往注明整个活动延续的时间，客人可在其间任何时候到达和退席，来去自由，不受约束。

图 5-4　酒会

鸡尾酒是用多种酒配成的混合饮料。酒会上不一定都用鸡尾酒。但通常用的酒类品种较多，并配以各种果汁，不用或少用烈性酒。食品多为三明治、面包、小香肠、炸春卷等各种小吃，以牙签取食。饮料和食品由招待员用托盘端送，或部分放置小桌上。

近年国际上举办大型活动采用酒会形式日渐普遍。庆祝各种节日、欢迎代表团访问，以及各种开幕、闭幕典礼，文艺、体育招待演出前后往往举行酒会。

鸡尾酒

鸡尾酒（cocktail 或 pick-me-up），是指两种或两种以上的酒和果汁、香料等混合而成的饮料，多在饮用时临时调制。

鸡尾酒是一种量少而冰镇的酒。它是以朗姆酒（RUM）、金酒（GIN）、龙舌兰（TEQUILA）、伏特加（VODKA）、威士忌（WHISKY）等烈酒或是葡萄酒作为基酒，再配以果汁、蛋清、苦精（bitters）、牛奶、咖啡、可可、糖等其他辅助材料，加以搅拌或摇晃而成，最后还可用柠檬片，水果或薄荷叶作为装饰物。

鸡尾酒由两种或两种以上的非水饮料调制而成，其中至少有一种为酒精性饮料。像柠檬水、中国调香白酒等，便不属于鸡尾酒。用于调酒的原料有很多类型，各种酒所用的配料种数也不相同，如两种、三种甚至五种以上。就算以流行的配料种类确定的鸡尾酒，配料在分量上也会因地域不同、人的口味各异而有较大变化，从而冠用新的名称。鸡尾酒必须有卓越的口味，而且这种口味应该优于单体。品尝鸡尾酒时，舌头的味蕾应该充分扩张，才能尝到刺激的味道。如果过甜、过苦或过香，就会影响品尝风味的能力，降低酒的品质，是调酒时不能允许的。

经过200多年的发展，现代鸡尾酒已不再是若干种酒及乙醇饮料的简单混合物。虽然种类繁多，配方各异，但都是由调酒师精心设计的佳作，其色、香、味兼备，盛载考究，装饰华丽，除圆润、协调的味觉外，观色、嗅香，更有享受、快慰之感。甚至其独特的载杯造型，简洁的装饰点缀，无一不充满诗情画意，如图5-5、图5-6、图5-7所示。

图 5-5　鸡尾酒 1

图 5-6　鸡尾酒 2

图 5-7　鸡尾酒 3

5.1.3 茶会

茶会是一种简便的招待形式，如图 5-8 所示。举行的时间一般在下午四时左右（也有上午十时举行）。茶会通常设在客厅（不用餐厅），厅内设茶几、座椅。不排席位，但如是为某贵宾举行的活动，入座时，要有意识地将主宾同主人安排坐到一起，其他人则随意就座。茶会顾名思义是请客人品茶。

图 5-8　茶会

因此，茶叶、茶具的选择要有所讲究，或具有地方特色。一般用陶瓷器皿，不用玻璃杯，也不用热水瓶代替茶壶。外国人一般用红茶，略备点心和地方风味小吃。

5.1.4 工作餐

工作餐是现代国际交往中经常采用的一种非正式宴请形式（有的时候由参加者各自付费），利用进餐时间，边吃边谈问题，如图 5-9 所示。按用餐时间分为工作早餐、工作午餐、工作晚餐。在代表团访问中，往往因日程安排不开而采用这种形式。此类活动一般只请与工作有关的人员，不请配偶。双边工作进餐往往排席位，尤其用长桌更便于谈话。如用长桌，其座位排法与会谈桌席位安排相仿。

图 5-9　工作餐

5.2 宴请的礼仪

以宴请的方式来款待宾客，是交往中的一项经常性活动。成功的宴请体现主人的诚意与修养，成功的宴请更需要成功的组织。礼节在宴请中占据着举足轻重的地位。

5.2.1 制定宴请计划

举办成功的宴请，制定宴请计划是必要的，可以使宴请更顺畅和谐。计划要确定宴请的目的、名义、参加者以及时间地点等一系列问题。考虑这些问题时，必须兼顾政治气候、文化传统、民族习惯等因素的影响。

1. 确定宴请目的

宴请的目的是多种多样的，可以是为某一个人宴请，也可以为某一事件宴请，可以表示欢迎、答谢、欢送，也可以是庆贺、纪念等。例如：为代表团来访，为庆祝某一节日、纪念日，为外交使节或外交官员的到任、离任，为展览会的开幕、闭幕，某项工程动工、竣工等。在国际交往中，还经常根据需要举办一些日常的宴请活动。

2. 确定宴请对象

确定宴请对象和范围的依据是宴请的性质、目的、主宾的身份、国际惯例及其他有关要求。

邀请范围是指请哪方面的人士，请到哪一级别，请多少人，主人一方请什么人出来作陪。要考虑多方因素，如宴请的性质、主宾的身份、国际惯例，以及当前的政治气候等。各方面都要考虑到，不能只顾一面。

邀请范围与规模确定后，即可草拟具体邀请名单。被邀请人的姓名、职务、称呼，以及对方是否有配偶都要准确。多边活动尤其要考虑政治关系，对政治上相互对立的国家是否邀请其人员出席同一活动，要慎重考虑。

3. 确定宴请形式

宴请采取何种形式，在很大程度上取决于当地的习惯做法。一般来说，正式、规格高、人数少的以宴会为宜，人数多则以冷餐或酒会更为合适，妇女界活动多用茶会。

目前各国礼宾工作都在简化，宴请范围趋向缩小，形式也更为简便。酒会、冷餐会被广泛采用，而且中午举行的酒会往往不请配偶，不少国家招待国宾宴会只请身份较高的陪同人员，不请其他随行人员。我国也在进行改革，提倡多举办冷餐会和酒会以代替宴会。

4. 确定宴请时间、地点

宴请的时间应对主、客双方都合适。驻外机构举行较大规模的活动，应与驻在国主管部门商定时间。注意不要选择对方的重大节假日、有重要活动或有禁忌的日子和时间。小型宴请应首先征询主宾意见，最好选择适当机会口头当面约请，也可用电话联系。主宾同意后，时间即被认为最后确定，可以按此约请其他宾客。宴请地点的选择要按活动性质、规模大小、形式、主人意愿及实际可能而定。官方正式隆重的活动，一般安排在政府、议会大厦或宾馆内举行，其选定的场所要能容纳全体人员。举行小型正式宴会，在条件允许的前提下，可在宴会厅外另设休息厅（又称等候厅），供宴会前简短交谈用，待主宾到达后一起进宴会厅入席。

5.2.2 邀请宴请嘉宾

各种宴请活动，一般均发请柬，这既是礼貌，也可对客人起提醒、备忘之用。便宴经约定后，可发亦可不发请柬。工作进餐一般不发请柬。有些国家，邀请最高领导人作为主宾参加活动，需单独发邀请信，其他宾客则发请柬即可。

1. 请柬格式与内容

宴会邀请可书写请柬或电话邀请。重要宴请活动和重大外事活动一般要发请柬。宴请国宾或其他重要外宾时，应以主持宴会的领导个人名义署名发请柬，一般不宜用单位名义印发请柬。

请柬要提前发出，以便被邀请人及早安排。已经口头约妥的活动，原则上仍应补送请柬，在请柬右上方或下方注上"To Remind"（备忘）字样。需安排座位的宴请活动，为确切掌握出席情况，往往要求被邀请者答复能否出席。遇到这种情况，请柬上一般用法文缩写注上"R.S.V.P."（请答复）字样，如只需不出席者答复，则可注上"Regrets only"（因故不能出席请答复），并注明电话号码。另外，也可以在请柬发出后，用电话询问能否出席。

请柬内容包括活动形式、举行的时间及地点、主人的姓名（如以单位名义邀请，则用单位名称）。请柬行文不用标点符号，所提到的人名、单位名、节日名称都应用全称。中文请柬行文中不提被邀请人姓名（其姓名写在请柬信封上），主人姓名放在落款处。请柬格式与行文中外差异较大，注意不能生硬翻译。请柬可以印刷，也可以手写，但手写字迹要美观、清晰。正式宴会的请柬，最好能在发请柬之前排好席次，并在信封下角注上席次号。

重要提示

请柬发出的时间因宴请的形式与具体情况而定：来宾如果从外地赴约，提早二至四个月寄出；例行的商业午餐会，也应于三天前（最好一个礼拜前）发出请柬；办公餐会或鸡尾酒会，二至四周前寄出较为适宜。

2. 请柬格式范例

（1）正式宴会请柬

为欢迎×××州长率领的×国×××州友好代表团访问××谨订于××××年×月×日（星期×）晚×时在××饭店××阁举行酒会

敬请光临

R.S.V.P

××省人民政府

（2）普通请柬

谨订于××××年×月×日（星期×）晚×时在××饭店举行宴会

敬请光临

敬请回复 ×××

电话：×××××××（主人姓名）

（3）英文请柬

Mr Li Hua requests the pleasure of the company of Miss Jin Ling at a tea party in Qilin Restaurant on Wednesday, September 9th, 2009 from 20:00 to 21:00.

（李华先生定于二〇〇九年九月九日（星期三）晚8时至9时在麒麟餐厅举行茶会。敬请金玲小姐光临。）

5.2.3 宴请场地布置

宴请别人时，对于场地的布置和准备也是十分重要的，主要包括主人在宴请之前对于场地的布置，对菜肴的订购以及对席位的安排等几个方面。

1．订菜

宴请的酒菜根据活动形式和规格，在规定的预算标准以内安排。选菜不以主人的爱好为准，主要考虑主宾的喜好与禁忌。如果宴会上有个别人有特殊需要，也可以单独为其上菜。大型宴请则应照顾到各个方面，菜肴道数和分量都要适宜，不要简单地认为海味是名贵菜而泛用，其实不少外国人并不喜欢，特别是海参。在地方上，宜用有地方特色的食品招待，用本地产的名酒。无论哪一种宴请，事先均应开列菜单，并征求主管负责人的同意。获准后，如是宴会，即可印制菜单，一般每桌两、三份，至少一份，讲究的也可每人一份。

2．现场布置

宴会厅和休息厅的布置取决于活动的性质和形式。官方正式活动场所的布置应该严肃、庄重、大方。不要用红绿灯、霓虹灯装饰，可以少量点缀鲜花、刻花等。

宴会可以用圆桌，也可以用长桌或方桌。两桌及两桌以上的宴会，桌子之间的距离要适当，各个座位之间也要距离相等。如果安排有乐队演奏席间乐，不要离得太近，乐声宜轻。宴会休息厅通常放小茶几或小圆桌，与酒会布置类同，如人数少，也可按客厅布置。

冷餐会的菜台用长方桌，通常靠四周陈设，也可根据宴会厅情况，摆在房间的中间。如果坐下用餐，可以摆四、五人一桌的方桌或圆桌，总座位数要略多于全体宾客人数，以便客人自由就座。

酒会一般摆小圆桌或茶几，以便放花瓶、烟缸、干果、小吃等，也可以在四周放些椅子，供妇女和年老体弱者就座。

3．席位安排

席位安排既要按礼宾次序原则有序安排，又要有灵活性，有利于增进友谊和席间的交谈方便。主要的原则有以下几个方面。

（1）以右为尊，左为卑。故如男女主人并座，则男左女右，以右为大。

如席设两桌，男女主人分开主持，则以右桌为大。宾客席次的安排亦然，即以男女主人之右侧为大，左侧为小。

（2）职位或地位高者为尊，高者坐上席。依职位高低，即官阶高低定位，不能逾越。

（3）职位或地位相同，则必须依官职之伦理定位。

（4）女士以夫为贵，其排名的顺序，与其丈夫相同。但如邀请对象是女宾，而她是主宾排在第一位，此时她的丈夫并不一定排在第二位，如果同席的还有其他重要官员，而这位先生官位不显，譬如是某大公司的董事长，则必须排在重要官员之后，夫不见得与妻同贵。

（5）与宴宾客有政府官员、社会团体领袖及社会贤达参加的场合，则依政府官员、社会团体领袖、社会贤达为序，这是原则。

（6）欧美人士视宴会为社交最佳场合，故席位采用分座的原则：即男女分座，排位时男女互为间隔。夫妇、父女、母子、兄妹等必须分开。如有外宾在座，则华人与外宾杂坐。

（7）遵守社会伦理，长幼有序，师生有别，在非正式的宴会场合，尤应恪守。如某君已为部长，而某教授为其恩师，在非正式场合，不能将某教授排在某部长之下，贵为部长的某君，在此种场合，亦不敢逾越。

（8）座位的末座，不能安排女宾。

（9）如男女主人的宴会，邀请了他的顶头上司，如果经理邀请了其董事长，则男女主人必须谦让其应坐的尊位，改坐次位。

阅读材料

正式宴会的座次安排

国际上的习惯，桌次高低以离主桌位置远近而定，右高左低。桌数较多时，要摆桌次牌。同一桌上，席位高低以离主人的座位远近而定。外国习惯，男女掺插安排，以女主人为准，主宾在女主人右上方，主宾夫人在男主人右上方。我国习惯按各人本身职务排列以便于谈话，如夫人出席，通常把女方排在一起，即主宾坐男主人右上方，其夫人坐女主人右上方。两桌以上的宴会，其他各桌第一主人的位置可以与主桌主人位置同向，也可以以面对主桌的位置为主位。

礼宾次序是排席位的主要依据。在排席位之前，要把经落实出席的主、客双方出席名单分别按礼宾次序开列出来。除了礼宾顺序之外，在具体安排席位时，还需要考虑其他一些因素。多边的活动需要注意客人之间的政治关系，政见分歧大，两国关系紧张者，尽量避免排到一起。此外，适当照顾各种实际情况。例如，身份大体相同，使用同一语言者，或属同一专业者，可以排在一起。译员一般安排在主宾右侧。在以长桌作主宾席时，译员也可以考虑安排在对面，便于交谈。但一些国家忌讳以背向人，译员的座位则不能作此安排。在他们那里用长桌作主宾席时，主宾席背向群众的一边和下面第一排桌子背向主宾席的座位均不安排坐人。在许多国家，译员不上席，为便于交谈，译员坐在主人和主宾背后。

以上是国际上安排席位的一些常规。遇特殊情况，可灵活处理。如遇主宾身份高于主人，为表示对他的尊重，可以把主宾摆在主人的位置上，而主人则坐在主宾位置上，第二主人坐在主宾的左侧；也可按常规安排。如果本国出席人员中有身份高于主人者，譬如部长请客，总理或副总理出席，可以由身份高者坐主位，主人坐身份高者左侧；少数国家亦有将身份高者安排到其他席位上。如主宾带有夫人，而主人的夫人又不能出席，通常可以请其他身份相当的妇女作为第二主人相陪。如无适当身份的妇女出席，也可以把主宾夫妇安排在主人的左右两侧。

席位排妥后应着手写座位卡。一般情况下，我方举行的宴会，中文写在上面，外文写在下面。卡片要求用钢笔或毛笔书写，字应尽量写得大些，以便于辨认。

5.2.4 宴请接待礼仪

莎士比亚曾说过"在宴席上最令人开胃的就是主人的礼节。"作为主人，也是宴会的举办者，一举一动会受到大家的关注。温馨的话语，恰当的动作，舒适的接待，都会让来宾感受到温馨和愉悦。

1. 宴请前的迎宾

宴会开始之前，主人应在门口迎候来宾，有时还可有少数其他主要人员陪同主人列队欢迎客人，客人抵达后，宾主相互握手问候，随即由工作人员将客人引领至休息厅内小憩。在休息厅内应由相应身份者照应客人，并以饮料待客。若无休息厅，可请客人直接进入宴会厅，但不可马上落座。

主宾到达后，主人应陪同他进入休息厅与其他客人会面。当主人陪同主宾进入宴会厅后，全体人员方可入座，此时宴会即可开始。

家庭便宴则较随便，客人到达，主人主动趋前握手。如主人正与其他客人周旋，未发觉客人到来，则客人应主动前去握手问好。

2. 宴请中的礼仪

如果有正式讲话，各国安排讲话的时间不尽一致。一般正式宴会可在热菜之后甜食之前由主人讲话，接着由客人讲。也有一入席双方即发表讲话。冷餐会和酒会讲话时间则更灵活。

宴会尾声，吃完水果，主人与主宾起立，宴会即告结束。

在外国人的日常宴请中，如女主人为第一主人时，往往以她的行动为准。入席时女主人先坐下，并由女主人招呼客人开始就餐。餐毕，女主人起立，邀请全体女宾与之共同退出宴会厅，然后男宾起立，尾随进入休息厅或留下抽烟（吃饭过程中一般是不能抽烟的）。男女宾客在休息厅会齐，即上茶（咖啡），之后宴会便结束。

3. 宴请送别礼仪

宴请结束，主宾告辞时，主人送至门口，主宾离去后，原迎宾人员按顺序排列，与其他客人握别。家庭便宴结束，客人如无余兴，即可陆续告辞，通常男宾应先与男主人告别，女宾与女主人告别，然后交叉，再与家庭其他成员一一握别。

5.3 赴宴的礼仪

不同形式的宴请都会有不同的礼仪规范。越正式、越高级的宴会，礼仪规范越严格。要做到宴会合乎规范，宾主同乐，就必须对各种宴会、餐饮聚会的礼仪有一定了解。

5.3.1 宴会前的准备

赴宴前充分而恰当的准备会使你成为餐桌上的儒雅绅士和气质美人，也会让你成为受欢迎的客人。

1. 应邀

接到宴请，无论是否能出席，都应迅速答复，以便主人作安排。在接受邀请之后，不要随意改动。万一遇到不得已的特殊情况不能出席，尤其是主宾，应尽早向主人解释、道歉，甚至亲自登门表示歉意。应邀出席一项活动之前，要核实宴请的主人，活动举办的时间地点，是否邀请了配偶以及主人对服装的要求。活动多时尤其应注意，以免记错地点，或主人未请配偶而双双出席。

2. 修饰

出席宴会前，应梳洗打扮一番，使自己看起来精神饱满，容光焕发。女士要适当化妆，男士要梳理头发并剃须。衣着要求整洁、大方、美观，使仪容、仪表打扮符合宴请场合的要求。国外宴请非常讲究服饰，往往根据宴会的正式程度，在请柬上注明着装要求。在我国，虽然没有具体要求，但应邀者也应该穿一套得体入时的整洁服装，精神饱满地赴宴，这将给宴会增添隆重、热烈的气氛。

3. 备礼

可按宴请的性质和当地的习惯以及主客双方的关系，准备赠送的花篮或花束。参加家庭宴会，可以给女主人准备一束鲜花（赠花时要注意对方的禁忌）。有时需准备一定的礼品，在宴会开始前送给主人，礼品价值不一定很高，但要有意义。

5.3.2 赴宴礼仪

一个宴请，有时候可以改变人的一生；一次筵席，甚至可以影响职业生涯的成功与失败。如果将事业视为一次盛宴，那么，要掌握其中的玄机也要从掌握餐桌礼仪开始。

1. 到达

出席宴请活动，抵达时间的迟早、逗留时间的长短，在一定程度上反映对主人的尊重。过早、过迟、逗留时间过短，不仅是对主人的失礼，也有损自己的形象。按时出席宴请是最基本的礼貌。一般来说，出席宴会要根据各地习惯，以正点或提前或晚于宴请时间的两三分钟抵达为宜。身份高者可略晚些到达，一般客人宜略早些到达，可以和主人以及其他客人应酬。万一有特殊原因不能及时到达，应及时通知主人并致歉。一般情况下，宴会开席延误 10 ～ 15 分钟是允许的，但最多不能超过 30 分钟。否则将会冲淡宾客的兴致，影响宴会的气氛。

抵达后，先到衣帽间脱下大衣和帽子，然后前往主人迎宾处，主动向主人问好，并对在场的其他人微笑点头致意。如是节庆活动，应表示祝贺。同时，将事先备好的礼物双手赠送给主人。

2. 入席

进了客厅，不要着急找位子坐。待主人为自己介绍其他客人。你可以从侍者送来的酒和其他饮料里面选一杯合适的边喝边和其他人聊天。等到饭厅的门打开了，男主人和女主宾会带着大家走进饭厅，女主人和男主宾应该走在最后，但如果男主宾是重要人物，女主人也可和他走在最前面。

入座应听从主人安排，不可随意乱坐，最好在进入宴会厅之前，先了解自己座位。只有当主人或上司入座后，你才能从椅子左方入座。入座时注意桌上座位卡上是否写着自己的名字，不要坐错座位。如邻座是年长者或妇女，应主动协助他们先坐下。入座时，切记要用手把椅子拉后一些再坐下，如果用脚把椅子推开会有失你儒雅绅士的身份。

入座后不要东张西望，也不要坐在那儿发呆，或摆弄餐具、餐巾，而应该坐得端正，双腿靠拢，两脚平放在地上，把双手放在自己的腿上，神态自如，风度优雅地和邻座的上司或客人轻声谈几句，或是神态安详地倾听别人的谈话。

重要提示

宾客落座之后，主人拿餐巾，客人才能跟着拿餐巾。不管这时出现什么情况（如主人有饭前祷告的习惯），主人没拿餐巾之前客人不能拿餐巾。

3. 就餐

祝酒词完毕经主人招呼后，即可开始进餐。

（1）举止

就餐时应有愉快的表情，心事重重的神态、漫不经心的样子，是对主人和其他宾客的不礼貌。即使菜不对口味，也应吃一些，而不能皱眉拒绝。席间不要吸烟，一般在宴会未结束前吸烟是失礼的，尤其是有女士在的场合。用餐过程中，一般不可随便离席。如果咳嗽、吐痰，或有刺卡住，或需要将口中食物吐出来等，这时应暂时离席，否则是不礼貌的。离席时动作要轻，不要惊扰他人，更不要把座椅、餐具等物碰倒。

重要提示

不能对着餐桌打电话，要离开餐桌。

（2）交谈

无论是作为主人、陪客或宾客，都应与同桌的人交谈，特别是左右邻座。不要只同几个熟人或只同一两人说话。邻座如不相识，可先自我介绍。

进餐时要注意讲话分寸，要谈一些大家感兴趣的事情，不可夸夸其谈，最好不谈工作、政治和健康问题。在与女性谈话时，一般不询问年龄、婚否等问题，也不要议论妇女的胖瘦、身型等，与较陌生的男性谈话时不要直接询问对方的经历、工资收入、家庭财产、衣饰价格等私生活方面的问题。

（3）祝酒

主人向客人敬酒时，客人应起立回敬。当主人给客人斟酒时，有酒量的也要谦让一下，不要饮酒过量，导致酒后失态；不善饮酒的可向主人说明，或喝一小口，表示对主人的敬意。

无论主人还是客人，都不应强劝别人喝酒。宴会上相互敬酒表示友好，活跃气氛，但切记喝酒不能过量。喝酒过量容易失言，甚至失态，因此，喝酒必须控制在本人酒量的三分之一以内。

（4）用餐

一般的菜谱是三至五道菜，前三道菜应该是冷盘、汤、鱼，后两道菜是主菜（肉或海鲜加蔬菜）、甜品或水果，最后是咖啡及小点心。吃饭的时候不要把全部的精力都放在胃的享受上，要多和左右的人交谈。另外要注意吃相要温文尔雅，从容安静。必须小口进食，不要大口地塞，食物未咽下，不能再塞入口。要闭嘴咀嚼，不要发出"吧嗒吧嗒"的咀嚼声。如果汤、菜太热时，不要用嘴去吹，应等稍凉后再吃。口内有食物或他人在咀嚼食物时，均应避免跟人说话或敬酒。

甜品用完之后，如果咖啡没有出现，那可能是等会儿请你去客厅喝。总之，看到女主人把餐巾放在桌子上站起来后，你就可以放下餐巾离开座位。这时，懂礼貌的男士又要站起来帮女士拉开椅子，受到照顾的女士不必对这一前一后的殷勤有特别的想法，这是男士应该展现的绅士风范。

阅读材料

注意餐巾的正确用法

当主人示意用餐开始后，将餐巾打开或对折平摊在自己的腿上，切勿把餐巾系在腰带，或挂在西装领口。

用餐过程中如需离开时，要将餐巾放在椅子上，用餐完毕才可将餐巾放在桌面上。

餐巾的基本用途是保洁，主要防止弄脏衣服，兼做擦嘴角及手上的油渍。切忌用餐巾擦拭餐具、皮鞋、眼镜，或用来擦鼻涕、抹汗。

4. 告辞

主人宣布宴会结束后，客人才能离席。客人应向主人道谢、告别，感谢主人的热情款待，如"谢谢您的款待"，"您真是太好客了"，"菜肴丰盛极了"等，并要与其他认识的客人道别。如果客人有事要提前离席，则应向主人及同桌的客人致歉。如果宴会比较正式，即使你当时向主人道谢了，你在回去之后仍然可以礼貌地再写封感谢信给主人，这如同宴会的程序一样，几乎是必不可少的。

社交礼仪

5.4 中餐礼仪

中华饮食文化内涵丰富，源远流长。随着中西饮食文化的不断交流，中餐不仅是中国人的传统饮食习惯，还越来越受到外国人的青睐。而这种看似最平常不过的中式餐饮，用餐时的礼仪却是有一番讲究的。

5.4.1 中餐组织安排

中餐的组织安排，主要是指中餐的席位安排。

1. 中餐宴会的席位排列

这关系到来宾的身份和主人给予对方的礼遇，所以是一项重要的内容。可以分为桌次和位次排列两方面。

（1）桌次排列

在中餐宴请活动中，往往采用圆桌布置菜肴、酒水。排列圆桌的尊卑次序，有以下两种情况。

第一种情况是有两桌组成的小型宴请。

第二种情况是有三桌或三桌以上的桌数所组成的宴请。在安排桌次时，所用的餐桌的大小、形状要基本一致。除主桌可以略大外，其他餐桌都不要过大或过小。

（2）位次排列

举办中餐宴会一般用圆桌。宴请时，每张餐桌上的具体位次也有主次尊卑的分别。排列位次的基本方法有四条，他们往往会同时发挥作用。

方法一，主人大都应面对正门而坐，并在主桌就座。

方法二，举行多桌宴请时，每桌都要有一位主桌主人的代表在座，如图 5-10 所示。位置一般和主桌主人同向，有时也可以面向主桌主人。

方法三，各桌位次的尊卑，应根据距离该桌主人的远近而定，以近为上，以远为下。

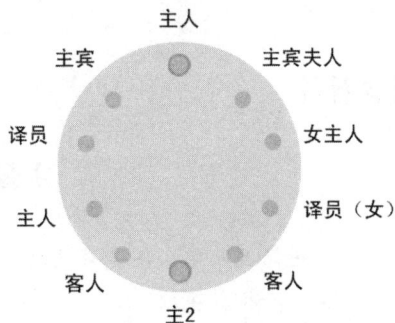

图 5-10　中餐席位

方法四，各桌距离该桌主人相同的位次，讲究以右为尊，即以该桌主人面向为准，右为尊，左为卑。

2. 便餐位次排序的原则

一是右高左低原则。

二是中座为尊原则。

三是面门为上原则。

四是特殊原则。

5.4.2　中餐上菜顺序与用餐方式

中餐上菜和用餐也是有讲究的，主要有以下几个方面。

1. 上菜顺序

中餐一般讲究：先凉后热，先炒后烧，咸鲜清淡的先上，甜的味浓味厚的后上，最后是饭菜。当冷盘吃剩 1/3 时，开始上第一道热菜，一般每桌要安排 10 个热菜。宴会上无论桌数有多少，各桌都要同时上菜。有规格的宴席，热菜中的主菜——比如燕窝席里的燕窝、海参宴里的海参、鱼翅宴里的鱼翅等应该先上，即所谓最贵的热菜先上，再辅以溜炒烧扒等其他菜肴。

上菜时，如果由服务员给每个人上菜，要按照先主宾后主人、先女士后男士或按顺时针方向依次进行。如果由个人取材，则每道热菜应放在主宾面前，由主宾开始按顺时针方向依次取食，切不可迫不及待地越位取菜。

阅读材料

中餐上菜顺序

茶：视情况而定，不是必须的。

凉菜：冷拼、花拼。

热炒：视规模选用滑炒、软炒、干炸、爆、烩、烧、蒸、浇、扒等组合。

大菜：指整只、整块、整条的高贵菜肴，比如一头乳猪、一只全羊、一大块鹿肉等。

甜菜：包括甜汤，如冰糖莲子、银耳甜汤等。

点心（饭）：糕、饼、团、粉，以及各种面食、包子、饺子等。

水果：果盘等。

2. 用餐方式

中餐用餐方式可以分为多种。具体有分餐式、布菜式和公筷式等。

5.4.3 中餐注意事项

中国人热情好客，很讲究餐饮礼仪。中餐是指具有浓郁中国传统民族风格的餐会，应遵守中国人的饮食习惯和礼仪规范。

1. 中餐餐具使用注意事项

中餐餐具使用时要注意以下几点。

（1）筷子

筷子是中餐最基本、最主要的餐具。筷子通常成双使用，用筷子取菜、用餐的时候，要注意下面几个问题。

一是不要去舔筷子上的残留食物。

二是不能一边说话，一边像指挥棒似地挥舞筷子，如需与别人交谈要暂时放下筷子。

三是只在祭奠死者的时候才用筷子竖着插在食物上面，所以用餐时不要这样做。

四是严格筷子的职能。筷子只是用来夹取食物的。不要用来剔牙、挠痒或是取其他物品。

（2）勺子

勺子的主要作用是舀取菜肴、食物或是辅助筷子取菜。尽量不要单用勺子去取菜。为避免食物溢出来弄脏餐桌或自己的衣服，取食物时不要太满。舀取食物后，应在原处"暂停"片刻，待汤汁不会再往下流时，再移回来享用。

暂时不用勺子时，不要把它直接放在餐桌上，应放在自己的碟子上或是让它在食物中"立正"。用勺子取食物后，要立即食用或放在自己的碟子里，不要再把它倒回原处。而如果取用的食物太烫，应先放到自己的碗里等凉了再吃，不可用勺子舀来舀去，更不要用嘴对着吹。用餐时切忌把勺子塞到嘴里，或者反复吮吸、舔食。

（3）盘子

盘子（稍小点就是碟子）主要用来盛放食物，在使用方面和碗基本相同。盘子在餐桌上一般要保持原位，而且不要堆放在一起。

需要着重介绍的是食碟，这是一种用途比较特殊的盘子。食碟主要用来暂放从公用的菜盘里取来享用的菜肴。用食碟时，不要一次取过多的菜肴，也不要把多种菜肴堆放在一起，因为那样会显得繁乱不堪和没有礼貌。不吃的残渣、骨、刺要用筷子夹放到碟子的前端，不要直接用嘴吐在地上、桌上。如果食碟放满了，可以让服务员更换。

（4）水杯

水杯不是用来盛酒的，而是用来盛放清水、汽水、果汁、可乐等软饮料的。另外，喝进嘴里的东西不能再吐回水杯。

（5）餐巾

在比较正式的中餐用餐前，会为每位用餐者上一块湿毛巾。它是用来擦手的。用完后放回盘子里等待服务员拿走。有时候，在正式宴会结束前，会再上一块湿毛巾。和前者不同的是，它不是用来擦脸的，而只能用来擦嘴。

（6）牙签

尽量不要当众剔牙。非剔不可时，要用另一只手掩住口部，剔出来的东西，不要随手乱弹，随口乱吐，也不要当众观赏或再次入口。牙签不要长时间叼着，更不要用来扎取食物。

2. 中餐礼仪

（1）入席：按照主人安排就座，若旁边有女宾或是长者，应帮助他（她）先就座，自己再坐下。

（2）注意传统习惯和寓意：比如渔家、海员吃饭时，忌讳把鱼翻身，因为那样有"翻船"的意思。

（3）主人祝酒、致辞时不要吃东西，也不要取食物，应停止交谈，注意倾听。

（4）彼此之间可以让菜，劝对方品尝，但不要为他人夹菜。

（5）正式宴会由侍者布菜，不要拒绝送来的菜，也不要对菜品横加挑剔。

（6）用餐时坐姿要端正，肘部不要放在桌沿；餐巾可用来擦嘴但不能用来擦汗或擦鼻涕。

（7）用餐时不要摇头晃脑、宽衣解带、声响大作。

（8）用餐期间，不要敲敲打打，比比划划。

（9）用餐的时候，不要当众补妆。

5.5 西餐礼仪

西餐是西式饭菜的统称。西餐菜肴主料突出、营养丰富、讲究色彩，其烹饪和食用同中餐有着较大区别。随着改革开放的深入和对外交流的扩大，中国人越来越多地了解和接触西餐。掌握必要的西餐礼仪，在享用美食的同时享受用餐的情趣和氛围。

5.5.1 西餐宴会的席位和排列

与中餐相比，西餐的席位排列有许多相同之处，但也有不少差别。

1. 席位排列的规则

（1）女士优先

在西餐排定用餐席位时，也往往体现女士优先的原则。一般女主人为第一主人，在主位就位。而男主人为第二主人，坐在第二主人的位置上。

（2）距离定位

距离主位的远近也可以决定西餐桌上席位的尊卑。距离主位近的位置要高于距主位远的位置。

（3）以右为尊

以右为尊是排定席位时的基本原则。就某一具体位置而言，按礼仪规范其右侧要高于左侧之位。在西餐排席时，男主宾要排在女主人的右侧，女主宾排在男主人的右侧，按此原则依次排列，如图5-11所示。

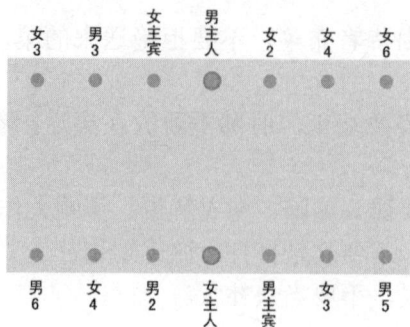

图 5-11　以右为尊的席位安排

（4）面门为上

在餐厅内，以餐厅门作为参照物时，按礼仪的要求，面对餐厅正门的位子要高于背对餐厅正门的位子。

（5）交叉排列

西餐排列席位讲究交叉排列的原则，即男女应当交叉排列，熟人和陌生人也应当交叉排列。一个就餐者的对面和两侧往往是异性或不熟悉的人，这样可以广交朋友。

2．席位的排列

西餐席位有以下三种排列方法，如图 5-12 所示。

（1）男女主人在长桌的中央相对而坐，餐桌的两端可以坐人，也可以不坐人。

（2）男女主人分别坐在长桌的两端。

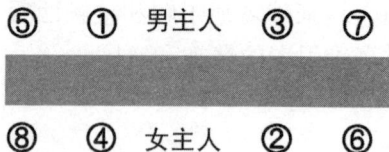

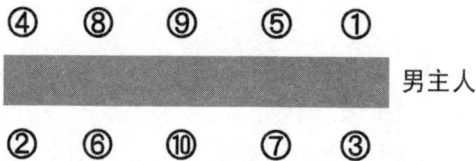

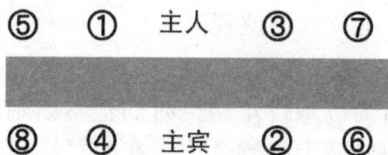

图 5-12　主人席位

（3）用餐人数较多时，可以把多张长桌拼在一起，以使大家能一道用餐。

5.5.2 西餐上菜顺序

一般情况下，比较简单的西餐菜单可以是：开胃菜—面包—汤—主菜—点心甜品—咖啡。

阅读材料

西餐的代表菜

西餐是欧美各国菜肴的总称，大致可分为欧美式和俄式两大菜系。欧美式菜系主要包括英、法、美、意等国菜肴，以及少量的西班牙、葡萄牙、荷兰等地方菜肴。欧美菜系虽因国度不同而在用料、口味等方面有所区别，但差别不大，而俄菜在风格上却自成一统。下面将为大家介绍两道代表菜。

1. 法式鹅肝

法式鹅肝，如图 5-13 所示，肝在法文中为 Foie Gras，而煎炒则是 Saute，所以在法国餐厅如果看见开胃菜中有"Foie Gras Saute"，那便是法式煎鹅肝了。煎鹅肝时最适合搭配甜酒煮成的酱汁，或加入无花果干一起煎，这样鹅肝的香味便能和无花果的风味配合一起，吃起来别有一番滋味。法式煎鹅肝有世界三大美食之称，在法国鹅饲养过程有其独特之处，而中国的美食一族在做这道菜的时候只能选用中国的鹅肝了。

适合人群: 老幼皆宜

主料: 上等鹅肝 150g

辅料: 苹果、土豆、胡萝卜、面粉、黑胡椒、红酒、烧汁少许

配料: 胡萝卜片和茄子片

烧汁: 由于掺入了黑胡椒，烧汁鲜咸带一点辣味。可以根据不同口味做出不同的烧汁，烧汁的基本原料为牛骨、洋葱、芹菜和胡萝卜，再加上番茄和番茄酱，然后把所有的原料都放入烤箱，高温烤至少 3 个小时以上。家用的烧汁一般可以选用牛精粉，调制时在牛精粉上浇上开水，然后加入少许盐用开水煮，在家里可

以稍微勾芡，使得汁能浓一些。

营养分析：它含有丰富的维生素 D，吃起来口感很松软、细腻，营养丰富。如果要时尚一些的话就要配上红酒，味道就更加鲜美了。

2. 意大利面

意大利面又称之为意粉，是西餐品种中中国人最容易接受的，如图 5-14 所示。

作为意大利面的法定原料，杜兰小麦是最硬质的小麦品种，具有高密度、高蛋白质、高筋度等特点，其制成的意大利面通体呈黄色，耐煮、口感好。所以，正宗的原料是意大利面拥有上好口感的重要条件。除此之外，拌意大利面的酱也是比较重要的。一般情况下，意大利面酱分为红酱（Tomato Sauce）、青酱（Pesto Sauce）、白酱（Cream Sauce）和黑酱（Squid-Ink Sauce）。红酱是主要以番茄为主制成的酱汁，是目前见得最多的；青酱是以罗勒、松子、橄榄油等制成的酱汁，其口味较为特殊与浓郁；白酱是以无盐奶油为主制成的酱汁，主要用于焗面、千层面及海鲜类的意大利面；黑酱是以墨鱼汁制成的酱汁，主要佐于墨鱼等海鲜意大利面。意大利面用的面粉是杜兰小麦制成的面粉，此意面久煮不糊，形状也不同，除了普通的直身粉外还有螺丝型的、弯管型的、蝴蝶型的、贝壳型的林林总总数百种。

图 5-13　法式鹅肝

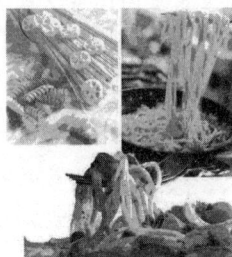

图 5-14　意大利面

地道的意大利面都很有咬劲，也就是煮得半生不熟，咬起来感觉有点硬的状态，对于习惯了阳春面的中国人而言，大都吃不太习惯。做意大利面的重点是在以滚沸的热水汆烫时，一定要先加入一小匙的盐，比例约占水的 1%，若缺少这个环节，面条吃起来就只有外表的口味，而咬到里头时就会觉得没有味道，很不好吃。此外，加入盐还可以让面的质地更紧实有弹性，口感也更加劲道。汆烫好后，若要让面条保有劲道，一定别用过冷水这个方法，而是要拌少许橄榄油。同时若汆烫好的面没用完，也可拌好橄榄油待它稍微风干后再拿去冷藏。

5.5.3 西餐餐具的使用

西餐餐具较多，必须了解和掌握其名称与用途，并正确地使用。

1. 餐具的摆放

西餐的餐具主要有刀、叉、匙、盘、碟、杯等，讲究吃不同的菜肴用不同的刀叉，饮不同的酒要用不同的酒杯。其摆法为：正面放汤盘，左手位放叉，右手位放刀，汤盘前方放匙，右前方放酒杯。餐巾放在汤盘下或插在水杯里，面包、奶油盘摆放在左前方。

2. 餐具的使用

（1）刀叉

一是正确识别刀叉：西餐中每道菜都有专门的刀叉，要吃一道菜换一副刀叉，不可乱用，也不可自始至终只用一副刀叉。

二是正确使用刀叉：刀叉分英国式和美国式两种用法。英国式用法是右手持刀，左手持叉，一边切一边叉而食之。美国式用法是先用刀用叉，把餐盘中要吃的食物切完，再把右手里的刀斜放在餐盘前方，将左手的叉换到右手里叉着吃。通常认为英式吃法更加文雅一些。

三是正确用手取食：西餐桌上的食物一般都是用刀叉进食，但有些食物是可以用手取食的。一般情况下，如果一定要用手吃，会附上洗手水，当饭菜与洗手水一起端上来时，即意味着"请用手吃"。在吃一般菜时，如果弄脏了手，也可以请侍者端上洗手水。

四是要知道刀叉的暗示：通过刀叉的摆放可以向侍者暗示是否加菜。刀右、叉左、刀口向内、叉齿向下，呈"八"字放置在餐盘上表示还没有用完这道菜。刀右、叉左、刀口向内、叉齿向上并纵放，或刀上、叉下并排横放在餐盘里，表示吃完了或不想再吃了，暗示侍者连刀叉带餐盘都一起收走。另外，要注意不要交叉成"十字形"放置。

（2）餐匙

使用餐匙时，一是要区分不同餐匙。汤匙通常放在食盘右边。食盘上方放的是吃甜食用的匙、叉和咖啡匙。二是要正确使用餐匙。

（3）餐巾

使用餐巾时要注意以下几个方面。

一是餐巾的铺放。宴会开始，主人拿起餐巾，这是准备进餐的信号，客人跟着拿起餐巾，进餐时将餐巾平铺在双腿上，不要塞在脖颈里或系在裤腰带上，不要用餐巾擦拭杯盘，这是对主人或餐厅的不恭。

二是餐巾的用途。餐巾的第一个用途就是宴会开始、结束的标志，也就是说，主人拿起餐巾意味着宴会开始，而当主人把餐巾放到桌子上时，就表示宴会结束。此外，餐巾是用来擦嘴的，手洗过之后也可以用餐巾擦，但不能用来擦鼻子或擦脸。

三是餐巾有暗示作用。就餐期间离席，应把餐巾放在椅子上，表示自己还会回来吃。如果把餐巾放到桌子上，则表示自己不想再吃，示意服务员不必继续上菜。

5.5.4 西餐用餐的方法

正式的西餐宴会，一般有九至十道菜点，按上菜的顺序，吃什么菜用什么餐具，喝什么酒用什么酒杯，否则就是"外行"。

第一道是面包，黄油。面包撕成小块，抹黄油，吃一块抹一块。

第二道是冷小吃。用中刀叉。

第三道是汤。饮舍利酒，用舍利杯。

第四道是鱼。饮白葡萄酒，用白酒杯。

第五道是副菜（小盘）。用中刀叉。

第六道是主菜（大菜）。整只熏烤动物，如烤火鸡。用大刀叉，这道菜可用红酒杯配饮红葡萄酒。

第七道是甜点。用点心勺和中叉，用香槟杯配饮香槟酒。

第八道是水果。用水果刀。

第九道是咖啡。如加牛奶，用咖啡勺搅拌后饮用。

第十道是立口酒（蜜酒）。用立口杯。

5.5.5 西餐礼仪注意事项

1. 预约

越高档的饭店越需要事先预约。预约时，不仅要说清人数和时间，也要表明是否要吸烟区或视野良好的座位。假如是生日或其他非凡的日子，可以告知宴会的目的和预算。在预定时间内到达，是基本的礼貌。

2. 服饰

即使是很昂贵的休闲服，也不能随意穿着上餐厅。吃饭时穿着得体是欧美人的常识。去高档的餐厅用餐，男士要穿着整洁的上衣和皮鞋；女士要穿套装和有跟的鞋子。假如指定穿正式服装的话，男士必须打领带。

3. 入座

由椅子的左侧入座。最得体的入座方式是从左侧入座。当椅子被拉开后，身体在几乎要碰到桌子的距离站直，领位者会把椅子推进来，腿弯碰到后面的椅子时，就可以坐下来。

4. 举止

用餐时，上臂和背部要靠到椅背，腹部和桌子保持约一个拳头的距离。最好避免两脚交叉的坐姿。

5. 谦虚

点酒时不要硬装内行。在高级餐厅里，会有精于品酒的调酒师拿酒单来。对酒不大了解的人，最好告诉他自己挑选的菜色、预算、喜爱的酒类口味，请调酒师帮忙挑选。

【经典案例】

案例一　如此吃相

在与自己的同事一道外出参加一次宴会时，财政局干事老姜因为举止有失检点，从而招致了大家的非议。老姜当时在宴会上为了吃得畅快，在开始用餐之后便一而再、再而三地减轻自己身上的"负担"。他先是松开自己的领带，接下来又解开领扣、松开腰带、卷起袖管，到了最后，竟然又悄悄地脱去自己的鞋子。尤其令人不快的是，老姜在吃东西时，总爱有意无意地咂巴其滋味，并且其响声"一波未平，一波又起"，"一浪高过一浪"。老姜在宴会上的此番作为，不仅令他身边的人瞠目结舌，而且也叫他的同事们无地自容。大家就此纷纷指责老姜：丢了自己的人，丢了单位的人，也丢了大家的人。

讨论：吃相能否决定形象？

小 结

本章首先介绍了宴会、招待会、茶会、工作餐等几种宴请方式，然后分为宴请礼仪和赴宴礼仪两大类，按照宴会前、宴会中、宴会后的顺序重点介绍了做主人和做客人的礼仪规范。最后一部分介绍了中餐和西餐的组织安排、上菜顺序、餐具使用、用餐方式、注意事项等几方面的知识。

思考与练习

1. 中餐正式宴会的席位安排是怎样的？
2. 西餐的餐具有哪些？该何时使用？

活动与探索

1. 假如你是一所高校的领导，准备宴请远道来的外国高校访问团，座次该怎样安排？
2. 与同学讨论有关中餐与西餐礼仪的相同处与不同点。

社交礼仪

第 6 章
求职礼仪

　　毕业生求职是大学生涯的重要一环；对于众多已经工作的人来说，重新求职、应聘也是屡见不鲜的。求职应聘，在很多情况下是与别人最直接的"短兵相接"，并且要求这种接触和谐、融洽。求职应聘的成功与否，与求职者自身的礼仪修养有着密切的关系，良好的礼仪有着十分重要的推动作用。

名言警句

大多数人录用的是他们喜欢的人，而不是能干的人。

——【美】奥里·欧文斯

6.1 求职礼仪概述

"人尽其才，才尽其用，家国两利，各得其所"，这是求职者和求才者双方共同追求的目标。由于供求双方存在信息交流的不完全和信息交换成本的不对称，在茫茫职海中的求职者抱怨找不到伯乐，而求才者抱怨找不到千里马，如何求职应聘已经成为人们就业求职中的重要问题。在求职时，良好的礼仪可以充分展现出自己的修养及个人素质，使用人单位对你欣赏有加。

6.1.1 求职礼仪的作用

面对当前人才流动越来越频繁、求职竞争越来越激烈的现实，怎样找到一份称心如意的工作，成为困扰求职者的问题。所以，每位求职者都必须重视自己、把握自己，并结合个人的实际条件去择业。求职者除了要具备良好的专业素养外，掌握一些礼仪惯例和技巧是非常重要的，有时这些礼仪形式甚至会起到举足轻重的作用。

（1）促进求职的顺利进行

多年来，许多用人单位在招聘新员工时一般会比较看重应聘者的学历、文凭、工作经验等背景优势。随着社会的进步与发展，已有越来越多的单位开始对求职者的现实表现及个人素质与礼仪素养等个人综合素质给予更多的关注。在同等情况下，为人谦和、礼数周到者往往更容易得到用人单位的肯定，促进求职的顺利进行。

（2）展现良好的个人素质

在求职的过程中，正确运用礼仪，不仅可以使人在求职中充满自信、胸有成竹、处变不惊，而且可以在细节中充分展示求职人员的良好教养与优雅的风度。除了良好的谈吐举止外，令人舒服和喜爱的外表也是极为重要的。清爽润泽的妆面，不仅可以让人觉得朝气蓬勃，更能在无言中显示出良好的个人修养和富于个性的审美情趣。如果妆面能够与投报单位的职业特征巧妙结合，则更能表现出你的机智与灵活。

（3）帮助赢得更好的机会

面对竞争越来越激烈的就业市场，求职择业的成败和礼仪有着密不可分的关系。选择职业、应聘求职，要想力挫群雄，赢得更好的机会，除了要具有良好的专业素养外，掌握必要的求职礼仪及其技巧也是成功的必备条件，在特定的情形下，后者甚至起着关键的作用。

6.1.2 求职礼仪的原则

无论在求职前、求职中还是求职结束后，求职者都应适当运用求职礼仪，提升自身形象，达到求职成功的目的。求职礼仪的使用也应遵循一定的原则，简述如下：

（1）诚信原则

求职者在求职中要遵循实事求是的原则，对提供的求职材料内容要真实，突出自己的优点、优势时不可浮夸，任何弄虚作假和自吹自擂，从长远看对本人都将产生不利的影响。因为谎言一旦被揭穿，不用说工作，就连人格都会丧失殆尽。面试时，回答主考官提出的问题时要根据自己的情况谨慎作答，既要自信，又要坦诚、简洁并合情合理。

（2）规范原则

求职是一件较正式的社会活动。在求职过程中的求职材料要求完整、简洁，通篇不得出现文字或者语法错误及其他涂改擦痕，求职永远要求措辞准确、礼貌谦和，求职服饰要求与职业角色相吻合，力求做到端庄、规范、整洁且便于行动等。求职礼仪的规范性是求职中成功的基本保证。

（3）灵活原则

由于求职单位不同，求职者在准备求职内容及面试方法都会存在一定的差异性。如：小王到某广告公司应聘，在应聘前做好了充分的准备，面试当天还特意选了职业套裙，可是求职却以失败告终。人事经理这样形容：我们要招聘一个具有时尚气息、具有青春活力的设计师，而不是老成的办公室文员。由此，我们可以看出，求职应该具有针对性，需要根据不同的环境要求，做适当的调整。

作为一个求职者，就求职的阶段来说，良好的修养，并不仅仅靠面试时的印象，还应包括其他方面，比如求职信和简历、心理准备及面试后续礼仪。在求职过程中，注意自己的行为举止，表现出自己良好的专业知识和修养，才能获得求职的成功，拥有一份称心如意的工作。

6.2 求职前的准备工作

求职应聘是大学生要完成的成长课题，也是人生中的转折点，应该慎重对待，不可草率、轻视和盲目。在求职前，认真做好准备工作是十分必要的。

6.2.1 心理准备

求职前做适度的心理调适，有助于培养良好的心态，以谨慎、乐观、认真的态度对待面试官，有助于发挥水平，成功求职。

1. 正确评价自己

求职是再次认识和剖析自己的过程，要实事求是地评价自己，知道自己的长处和短处所在。既不妄自尊大，也不盲目自卑。在面试时，应考虑怎样才能扬长避短，巧妙地避开或弥补自己有所欠缺的地方，更好地表现出自己的长处。

2. 降低期望值

有一种说法是"求上得中、求中得下"，意思是说无论对什么事情，期望值都不要太高。因为事情的结果往往和所预想的有一定差距，要有从最坏处着想，向最好处努力的思想准备。如果大学生对理想职位期望值过高，势必会对较不理想的结果过分恐惧而产生不必要的紧张，当然也就无法正常发挥了。事实证明，适度的紧张是有益无害的，适度的紧张可以使求职者更加严肃认真、注意力更集中；但过度的紧张只能破坏心理平衡，使头脑迟钝、思维混乱、发挥失常而导致失败。

尤其是在就业形势如此严峻的今天，大学生就业已成为全社会关注的问题。"就业定终身"等传统思想早已不再适用，要树立"先就业、再择业"的观念，降低期望值，在就职与期望不相符时，要先选择一份职业干起来，积累工作经验，为后续的发展做准备。

3. 正确对待应聘

要坚信"天生我材必有用"，"此处不识君，自有识君处"，充分认识到即使应聘不成，也是一次有益的尝试。只要是千里马，何愁不见伯乐！大方、真诚、坦然地面对求职应聘，只有这样才能在应试中举止得体、思维敏捷、妙语连珠。

4. 消除紧张

许多人会在择业时尤其是面试时产生紧张及焦虑的情绪，这是很正常的现象，要正确对待这种情绪。通常情况下，应聘者与面试官通常都是初次见面，你不了解对方，对方也不了解你。面试者不要妄自菲薄，不能自己先乱了方寸。要时刻提醒自己，茫茫人海之中没有十全十美的人，每个人都不可能是万能的，每个人都各有其长短。

重要提示

心理上战胜自己的标志是：不害怕、不紧张、泰然自若。

阅读材料

消除紧张的小窍门

（1）放松身体

开怀大笑可以放松全身肌肉，这样可以使得你的身体放松下来，同时，心里紧张也就得到了缓解。另外，散步时，摆动双臂是一种机械运动，有助于缓解紧张。

专家指出，用略高于体温的水洗澡能增加血液循环，使人得到镇静，安抚紧张的肌肉。主动放松更能提高洗澡的镇静作用。

（2）做深呼吸

我们不高兴时，常常会不自觉地"长吁短叹"。其实，长吁短叹就是一种无意的深呼吸，它无意中部分排解了焦虑和紧张。面试前，不妨主动做深呼吸来缓和自己的情绪。很多时候，只要一个深呼吸便可让自己感觉到镇定和平静。

（3）充足睡眠

面试前，很多人会这样推论：太紧张—睡不好觉—明天精神肯定不好—面试要完蛋，以至于最后搞得自己越来越紧张，只能在极度疲倦的时候才能入睡。很多人睡不好觉是因为太重视睡觉的意义了。其实，以轻松的态度对待睡眠的意义，就能和平时一样自然入睡。另外，在睡前适当活动或是在睡觉时放松身体都可以促进睡眠。

（4）调整饮食

香蕉等水果里面含有一种可以让人脑产生血清基的物质，而血清基则有安神和让人愉悦的作用。有人之所以患狂躁抑郁症，其中一个原因便是血清基的缺乏。所以，面试前的用餐应注意吃一些水果。

饮食专家认为，用餐的时候，除了常见的肉、鱼和蛋等高蛋白之外，吃一些粗面粉做成的面包，以及马铃薯、丰富的蔬菜和水果等，更有助于乐观情绪的产生和保持。

6.2.2 简历撰写

一份吸引人的简历，是获取面试机会的敲门砖。所以，怎样写一份"动人"的简历是求职者的一项重要工作。

1. 简历的设计原则

（1）真实

简历提供的个人信息要真实、准确。阐述个人经验、能力不夸大、不误导。简历所描述的个人能力与本人实际工作水平相同。

（2）简明

简历要简单明了，表达真诚，但是语句要求精练。求职材料以真诚朴实见长，要尽量使用简短精练的词语和句子，避免繁杂冗长。

（3）突出

简历中一定要突出个人的能力、经验以及过去的成就，并且用证据来证明。可以在简历最后附上个人小结，并简述自己认为与应聘职位相关的工作，以此告诉用人单位，我可以胜任这一工作，这是引起用人单位注意的最好方法。

阅读材料

撰写简历的要点

事实上，主考官看一份简历的时间只是短短几秒钟而已，所以，建议不要写得太啰嗦。

在写作简历时，你处在一个推销自己的商业环境中，要时刻注意尽量使用适合这种环境的语言，尤其是在对你的曾经的业绩和成就进行说明的时候。那么，什么样的语言是商业语言呢？简单地说，就是定量化的语言，你的简历中大而空、口号式的语言远不如具体的数字、具体事实来得实在，所以，要力求定量化的语言和你所求职位相关，这样就能明确传达商业价值，增强简历的说服力。

时代在改变，求职用语也不断推陈出新。像"我对这个工作很有信心"、"我是抱着学习的目的而来的"、"请给我一个学习的机会"等语言已不适应当前这个时代，求职简历中出现这类辞藻，只能证明求职者能力方面的不足以及信心的缺失，因此应尽量避免使用。

现在外资企业逐渐增多，对于没有经验的人来说，传统公司要求的谦虚、保守等品质，已经无法适合需求了。我们除了学历之外一无所有，如果再加上那些错误的用语，这机缘一失，可能三五年都不见得能弥补回来。

所以，在求职简历中必须明确的是：公司想知道的是你能为公司带来什么利益、贡献或成效，这才是增加求职成功率的砝码，因为任何公司都不愿意花钱请人来学习。

2. 简历的内容

简历并没有固定格式，对于社会经历较少的大学毕业生，其内容一般包括个人基本资料、学历、社会工作、获得奖励及课外活动、兴趣爱好等方面。

一般的简历正文包括以下3部分。

（1）基本情况介绍

基本情况介绍包括姓名、年龄、专业、联系方式等。

（2）概述学历情况

学历情况指学习历程、在校期间获奖情况、爱好和特长、参加过的社会实践活动、所任职务、承担的任务等。

（3）工作经历和求职意愿

在简历的第3部分可以介绍曾经工作过的单位名称，职位、个人工作成绩、培训或深造就学情况、工作变动情况、职务升迁情况、求职意愿等。

重要提示

求职简历"三不"：不超过一页；不写与工作无关的事；不填薪水。简历只不过是在争取面试的机会。

阅读材料

大学生求职简历

姓　名	×××	性　别	男	出生年月	1986年1月
专　业	环境科学	学　历	大学本科	政治面貌	共产党员

毕业院校　××大学环境学院

联系电话　0532-8595×××（宿舍）　138×××·6789（手机）

通信地址　××大学9001#（266071）

家庭住址　××省××市××县××村（628200）

工作意向　环境规划、环境监测、环境评价以及各种与专业相关的工作

语言能力　英语六级、英语口语流利、普通话标准流利

计算机能力　国家计算机二级（Foxbase）、熟练操作AutoCAD2000

获奖情况　2006—2007年获校优秀学生二等奖学金

　　　　　　　2007—2008年获校优秀学生三等奖学金

2007 年环境学院"求真杯"辩论赛最佳辩手

2008 年获校"优秀班干部"称号

2009 年环境学院"为祖国喝彩"演讲比赛第一名

大学担任学生干部职务 2006—2008 学年担任班长、院生活部干事、宣传部干事

2008 学年至今担任班长、院团总支学生会办公室主任、国旗班班长

兴趣爱好与特长 爱好音乐、文学，擅长写作、演讲、辩论、主持。（各种获奖、证书等材料附后）

6.2.3 物品准备

求职应聘前要准备好公文包、简历、记事本、个人身份证、照片等材料。所有材料有条理地放在公文包或文件夹里，方便随时取出。

大学毕业生还应准备在校期间获得的英语、计算机等级证书；专业资格证明，例如教师资格证、食品检验资格证等，还应备好能够反映个人能力和特长的各类获奖证书。

6.2.4 形象设计

进入职场"制胜"的一步——应聘的"面子"很重要。恰当的着装和妆容能够弥补自身条件的某些不足，树立起自己的独特气质，使你在面试中脱颖而出。

1．服装

应聘是正式场合，应穿着适合这一场合的衣服。着装应该较为正式，必须符合社会大众的审美观，要有涵养，职业化，不要奇装异服。另外，应聘的着装也应与应聘岗位相协调，例如，法律、金融、教育等行业适用职业装，女士裙装、男士西装是最佳的选择；IT 行业则不会如此严格，穿舒服得体的休闲装即可，如休闲西装、T恤衫、夹克衫、休闲裤、牛仔裤等；如果要应聘一些非常有创意的工作：市场、广告、设计等，可以穿得稍微时尚一点，时髦一点，显示出独特的品位和风格。不管是男士和女士，面试时都应保持皮鞋的整洁光亮，细节之处见成败。

重要提示

面试前要从头到脚再检查一遍：扣子、拉链是否扣好、拉好，领子袖口是否有破损，衣服是否有褶皱，鞋子是否干净光亮。

2. 妆容

无论是男士还是女士，应聘时都应重视妆容的整洁和适度。男士理好头发，剃好胡须，注意脸部的清洁。女士忌浓妆艳抹，忌喷洒过浓的香水，妆容应简洁、大方、亲切、自然，符合行业要求。

6.3 面试基本礼仪

每一位求职者，都希望在面试的时候留给主考官一个好印象，从而增大录取的可能性。所以，了解一些求职特别是面试的礼仪，是求职者迈向成功的第一步。

6.3.1 到达面试地点

按时到达面试地点，安静等待是求职者应给予应聘单位的第一印象。这是面试的第一道题。

1. 守时

守时是职业道德的一个基本要求，参加应聘应特别注意遵守时间，一般提前5～10分钟到达面试地点，以表示求职的诚意，给对方以可信任感。提前半小时以上到达会被视为没有时间观念，而在面试时迟到或是匆忙赶到更是致命的错误，不管有什么理由，都将会被视为缺乏自我管理和约束能力，即缺乏职业能力，给面试者留下非常不好的印象。大公司的面试往往一次要安排很多人，迟到了几分钟，就很可能永远与这家公司失之交臂了。

如果面试地点比较远，地理位置也比较复杂的，不妨先跑一趟，熟悉交通线路、地形、甚至事先搞清楚洗手间的位置，这样你就知道面试的具体地点，同时也了解路上所需的时间。如果路程较远，宁可早到30分钟甚至一个小时。但早到后不宜提早进入办公室，最好不要提前10分钟以上出现在面谈地点，否则聘用者很可能因为手头的事情没处理完而觉得很不方便。当然，如果事先通知了许多人来面试，早到者可提前面试或是在空闲的会议室等候，那就另当别论了。

但招聘人员是允许迟到的，对此不要介意，也不要太介意面试人员的礼仪、素养。如果他们有不妥之处，你应尽量表现得大度开朗一些，这样往往能使坏事变好事。否则，不满情绪流于言表，面露愠色，招聘人员对你的第一印象就会大打折扣，甚至导致满盘皆输。因为面试也是一种对人际磨合能力的考查，得体、周到的表现，自然是有百利而无一害的。

2．等候面试

到了办公区，最好径直走向面试单位，而不要四处闲逛；走进公司之前，口香糖和香烟都收起来；要把手机关机或置于静音，避免面试时手机突然响起造成尴尬局面，同时也分散你的精力，影响你的成绩。进入面试单位，若有前台，则开门见山说明来意，经指导到指定区域落座等候。若无前台，则找工作人员求助，这时要注意使用"你好"、"谢谢"等文明用语。如果没有等候室，在面试门外等候，当办公室门打开时应有礼貌地说声："打扰了"，然后向考官表明自己是来参加应聘的，绝不可贸然闯入。

等候面试期间可自带一些试题重温。也有的公司会发放公司的介绍材料，这时应仔细阅读以先期了解其情况。注意不要来回走动显得浮躁不安，也不要与别的接受面试者聊天，因为他们可能是你未来的同事，甚至决定你能否称职的人，你的谈话对周围的影响是你难以把握的，这也许会导致你应聘失败。更不要随便在公司内走动，或观看其他工作人员的工作。

重要提示

等候面试时要坚决杜绝的事情：旁若无人地大声说话或笑闹、吃口香糖、抽香烟、接听电话。

6.3.2 进入面试

面试是应聘单位与求职者最直接的对话。面试可以反映应聘者的修养和素质，流露个性和品质。掌握面试中的技巧，有助于求职成功，获得理想职位。

1. 把握进门的时机

如果没有人通知，即使前面一个人已经面试结束，也应该在门外耐心等待，不要擅自走进面试房间。当自己的名字被喊到时，应有力地答一声"是"，然后再敲门进入。敲两三下是较为标准的，敲门时千万不可敲得太用劲，以里面的招聘人员听得见的力度敲门即可。听到招聘人员说："请进"后再进入房间。开门关门尽量要轻，进门后不要用后手随手将门关上，应转过身去正对着门，用手轻轻将门合上。回过身来将上半身前倾30°左右，向面试官鞠躬行礼，面带微笑称呼一声"老师好"或"您好"，要彬彬有礼、大方得体，不要过分殷勤、拘谨或过分谦让。当招聘者没有请你坐下时，切忌急于落座，请你坐下时应道声"谢谢"，然后等待询问开始。

2. 面试中的语言

语言艺术是一门综合艺术，包含着丰富的内涵。一个语言艺术造诣较深的人需要具备多方面的素质，如具有较高理论水平，广博的知识、扎实的语言功底。如果说外部形象是面试的第一张名片，那么语言就是第二张名片，它客观反映了一个人的文化素质和内涵修养。谦虚、诚恳、自然、亲和、自信的谈话态度会让你在任何场合都受到欢迎，动人的公关语言、艺术性的口才将帮助你获得成功。面试时要在现有的语言水平上，尽可能地发挥口才作用，力争对所提出的问题对答如流、恰到好处、妙语连珠、耐人寻味，又不夸夸其谈、夸大其词。

（1）自我介绍

自我介绍通常是面试的开始，也是很好的表现机会。在进行自我介绍时应把握以下几个要点：①突出个人的优点和特长，并要有相当的可信度。特别是具有实际管理经验的要突出自己在这方面的优势，最好是通过叙述自己做过的项目这样的方式来表明自己在这方面的优势，语言要概括、简洁、有力，不要拖泥带水，轻重不分。重复的语言虽然有其强调的作用，但也可能使考官产生厌烦情绪，因此重申的内容，应该是浓缩的精华，要突出你与众不同的个性和特长，给考官留下几许难忘的记忆；②展示个性，使个人形象鲜明，可以适当引用别人的言论，如老师、朋友等的评论来支持自己的描述；③坚持以事实说话，少用虚词、感叹词之类的词语；④符合常规，介绍的内容和层次应合理、有序地展开。要注意语言逻辑，介绍时应层次分明、重点突出，使自己的优势很自然地逐步显露；⑤尽量不要用简称、方言、土语和口头语，以免对方难以听懂。当不能回答某一问题时，应如实告诉对方，而不要含糊其辞和胡吹乱侃，这样会导致面试失败。

重要提示

面试要避免与面试官套近乎、言而无物、假扮完美。

（2）回答问题

在应聘中对招聘者的问题要一一回答。要口齿清晰，声音大小适度；答句完整，不可犹豫，不用口头禅。切忌把面谈当作是你或他唱独角戏的场所，更不能打断招聘者的提问，以免给人以急躁、随意、鲁莽的坏印象。当不能回答某一问题时，应如实告诉对方，不要不懂装懂，考官都是专家，不懂装懂的回答不仅不能侥幸得分，考官甚至会因此对你的人品产生怀疑。

重要提示

尊重对手：在面试中的集体面试和小组讨论环节中，即使小组中有人的观点错误或很幼稚，也要尊重自己的对手，不要对对方显示出蔑视或不屑。

3. 面试中的形体语言

除了讲话以外，无声胜有声的形体语言也是重要的公关手段，通过举止、姿态、神情、动作来传递信息，它们在交谈中往往起着有声语言无法比拟的效果，是职业形象的更高境界。形体语言对面试成败非常关键，有时一个眼神或者一个手势都会影响到整体评分。比如面部表情的适当微笑，就显现出一个人的乐观、豁达、自信；举止大方得体、青春活泼，能反映出大学生风华正茂，有知识、有修养的独有魅力，好的形体语言可以在考官眼中形成一道绚丽的风景，增强求职竞争能力。

（1）微笑

微笑是自信的第一步，也能为求职者消除紧张。面试时要面带微笑，亲切和蔼、谦虚虔诚、有问必答。面带微笑会增进与面试官的沟通，会百分之百地提高求职者的外部形象，改善求职者与面试官的关系。带着赏心悦目的面部表情，应聘者的成功率将远高于那些目不斜视、笑不露齿的人。不要板着面孔，苦着一张脸，否则不能给人以最佳的印象。听对方说话时，要不时点头，表示自己听明白了，或者正在注意听。同时也要不时面带微笑，当然也不宜笑得太僵硬，一切都要顺其自然。表情呆板、动作大大咧咧、扭扭捏捏、矫揉造作，都属于美的缺陷，会对自然的美产生破坏作用。

重要提示

面试过程中要始终面带笑容，谦恭和气。表现出热情、开朗、大方、乐观的精神状态，轻松自然、镇定自若；不卑不亢。

（2）手势

恰当的手势，能够加大对某个问题形容的力度，这是很自然的，但面试中切忌手势太多分散人的注意力。交谈很投机时，可适当地配合一些手势讲解，但不要频繁耸肩，手舞足蹈。有些求职者由于紧张，双手不知道该放哪儿，而有些人过于兴奋，在侃侃而谈时舞动双手，这些都不可取。太多小动作是不成熟的表现，而抓耳挠腮、用手捂嘴说话更是紧张、不专心交谈的表现。很多人都有为表示亲切而拍对方肩膀的习惯，但对面试官而言，这是非常失礼的。

与面试官的初次见面，握手这种手与手的礼貌接触是建立第一印象的重要开始，不少企业把握手作为考察一个应聘者是否专业、自信的依据。所以，在面试官的手朝你伸过来之后就握住它，要保证你的整个手臂呈L型，有力地摇两下，然后把手自然地放下。握手应该坚实有力，有"感染力"。双眼要直视对方，自信地说出你的名字，即使你是位女士，也要表

示出坚定的态度。但是不要太使劲，不
要使劲摇晃，更不要用两只手，而且应
保持手部的干燥、温暖。

（3）坐姿

坐姿也有讲究，良好的坐姿是给面
试官留下好印象的关键要素之一。坐椅
子时最好坐满三分之二，上身挺直，这
样显得精神抖擞；保持轻松自如的姿势，
身体要略向前倾。不要弓着腰，也不要
把腰挺得很直，这样反倒会给人留下死
板的印象，应该很自然地将腰伸直，并拢双膝，把手自然地放在上面。
有两种坐姿不可取：一是紧贴着椅背坐，显得太放松；二是只坐在椅边，
显得太紧张。这两种坐法都不利于面试的进行。要表现出精力和热忱，
松懈的姿势会让人感到你疲惫不堪或漫不经心。切忌跷二郎腿并不停抖
动，两臂不要交叉在胸前，更不能把手放在邻座椅背上，或有玩笔、摸头、
伸舌头等小动作，这样容易给别人留下轻浮傲慢、有失庄重的印象。

（4）目光

面试一开始就要留心自己的身体语言，特别是自己的眼神，对面试官
应全神贯注，目光始终聚焦在面试人员身上，展现出自信及对对方的尊重。
眼睛是心灵的窗户，恰当的眼神能体现出智慧、自信以及对公司的向往和
热情。注意眼神的交流，这不仅是相互尊重的表示，也可以更好地获取一
些信息，与面试官的动作达成默契。正确的眼神表达应该是：礼貌地正视
对方，注视的部位最好是考官的鼻眼三角区（社交区），目光平和而有神，
专注而不呆板。如果有几个面试官在场，说话的时候要适当用目光扫视一
下其他人，以示尊重。回答问题前，可以把视线投在对方背面墙上，约两
三秒钟做思考，但不宜过长，开口回答问题时，应该把视线收回来，并切
记要避免眼神游离不定。

6.3.3 结束面试

求职面试犹如奏乐演唱，需要讲求结束的技巧，虎头蛇尾很可能前功
尽弃或丢掉即将到手的机会。不少求职者面试开始表现不俗，甚至成为"意

191

中人"，但是在结束时的"不拘小节"露出破绽，致使"煮熟的鸭子飞了"。因此求职过程中必须时刻牢记善始善终。

面试即将结束时，如果对方没表示和你联系，可以询问对方什么时候做出最后决定，好让自己有一个心理准备，或者询问是否可以在一段时间内来电话询问。不过，一个有礼貌的公司，无论你成功与否，一定会给你一个答复。不要不敢问及有关未来工作的问题，但不可急于问有关薪水、休假、福利情况，这类事情通常是第二次面试时才讨论涉及的。

不要在面试官结束谈话前表现出浮躁不安、急欲离去的样子，你应该知道在什么时候告辞，有些接见者会以起身表示面谈的结束，另一些则用"同你谈话我感到很愉快"或"感谢你前来面谈"这样的辞令结束谈话。应聘者应一面慢慢起立，一面以眼神正视对方，趁机作最后的表白，以显示自己的满腔热忱，并打好招呼。比如说："谢谢您给我一个应聘的机会，如果能有幸进入贵单位服务，我必将全力以赴。"然后欠身行礼，说声"再见"，轻轻把门关上退出。走出时，如果之前有秘书或接待员接待过你的话，也应一并向他们致谢告辞。

重要提示

告别话语要说得真诚，发自内心，才能让招聘者"留有余地"，产生"回味"。

6.4　求职方式及礼仪

求职信、网上求职、电话求职是很重要的求职方式，所以应该认真对待，容不得半点马虎，更不能在自我推荐的过程中有欺骗的行为。

6.4.1　求职信礼仪

（一）求职信

在求职信中应以诚为先，做到切切实实地描述自己的情况，在字里行间暗示出你的优势，而不宜在纸上对自己大加吹嘘。

求职信篇幅不宜过长，招聘人员没有那么多时间来看你的长篇大论，而应在有限的字数里有效地突出自己的特点，这样既节省了招聘人员的时间，又留下了深刻的印象。

求职信的内容包括个人情况、申请的工作单位、胜任工作的条件及表示面谈的愿望等内容。撰写求职信时应注意以下一些问题。

全面、真实地介绍自己的情况，介绍特长时应真实、具体，不要泛泛而谈。

反复斟酌字句，不卑不亢，用词得体，不要写错别字，否则会给人粗心大意及缺乏诚意甚至文字功底差的印象。

书写简明扼要，重点突出。不用简称，求职信上不使用学校、学科、专业甚至地址的简称，因为简称有时会使人误解，感到模糊不清。比如"南大"是指南京大学，还是南开大学？此外，这样的表达也会使人觉得你未脱学生气，做事不成熟，从而影响面试录用情况。

不要过分强调学习成绩，应多强调自己完成工作的能力。

书写纸张应用质地好的信纸，用钢笔书写或用电脑打印。字体大小合理，四周空间，行间距适度。布局要轻松、自然、和谐，给人一种舒适感；不要随便改写，也不能使用涂改液，否则会给人作风不严谨、漫不经心的印象。

书写篇幅在两页以内。太长了，对方没时间看；太短了，自己情况介绍不详细，不易吸引人。

必要时还可以将个人的其他一些信息，如家庭情况、爱好和特长等一并反映在求职信中。求职信中可以附上个人近照，但不宜附艺术照，也可以不附照片，这都是符合礼仪规范的。

阅读材料

尊敬的领导：

您好！ 首先真诚地感谢您从百忙之中抽出时间来看我的求职信。

我来自 XXX 建筑设计专业 XXX 应届毕业生。得知贵公司为积极谋求发展招贤纳才，我真诚的渴望能加入贵公司，为贵公司的发展壮大贡献我的才能和智慧。

作为一名建筑设计专业的应届毕业生，我热爱本专业并为其投入了巨大的热情和精力。在几年的学习中，系统学习了 AutoCAD、Photoshop、CS、3ds Max、结构力学、建筑制图、房屋建筑学、钢筋混凝土结构、园林工程、住宅建筑设计、效果图表现技法等专业知识，通过学习积累了较丰富的工作经验。

除了加强专业知识的学习，本人还注重实践能力的培养。高三毕业后，就开始学习 AutoCAD 软件，并利用大一、大二假期时间，分别到厦门华赛建筑设计事务所、泉州丰泽建筑有限公司实习。系统地学习建筑设计相关知识。了解公司的运转，期待更快地适应公司的发展。在大学期间，曾在系领导带领下到上海实习，并与同济大学建筑系学生进行交流。主动利用大学课余时间，在武夷山设计院实习，收获很大。在校期间，先后完成了别墅、小区住宅、中小学、餐馆等方案图、施工图和效果图的制作。

大学期间，本人始终积极向上、奋发进取，在各方面都取得长足的发展，全面提高了自己的综合素质。曾担任过武夷学院记者团团长、武夷学院读书协会会长、班干部等职。在工作上我能做到勤勤恳恳，认真负责。在学习上成绩优秀，连续两年荣获校"三等奖学金"并多次被评为校级"优秀学生干部"、"文体单项积极分子"等荣誉。通过几年的大学生活，使我学会了思考，学会了做人，学会了如何与人共事，锻炼了组织能力和沟通、协调能力，培养了吃苦耐劳、乐于奉献、关心集体、务实求进的思想。沉甸甸的过去，正是为了公司未来的发展而蕴积。我的将来，正准备为公司辉煌的将来而贡献、拼搏！

现在的我，以饱满的热情、一丝不苟的态度迎接新的挑战，并运用自己所学的知识和技能，为公司的发展和祖国的富强奉献自己的青春！

最后，再次感谢您百忙之中对我的关注，并真诚希望我能够成为贵公司的一员，为贵公司的繁荣昌盛贡献自己的绵薄之力。期盼您的回音！

诚祝贵公司万事亨通，事业蒸蒸日上！

　　此致

敬礼！

求职人：XXX

XXXX 年 XX 月

（二）个人简历

1. 简历包含的内容

一份卓有成效的个人简历是开启事业之门的钥匙，简历并没有固定格式，大多数求职者把能想到的情况都写进简历中，但我们都知道没有人愿意阅读一份长达五页的流水账般的个人简历，尤其是繁忙的人事工作者。对于社会经历较少的大学毕业生，简历一般包括个人基本资料、学历、社会工作及课外活动、兴趣爱好等，其内容大体包含以下几个方面。

（1）个人基本情况。如本人姓名、性别、年龄、通信地址和联系电话等，一般写在简历最前面。

（2）个人学习情况。即学习经历、所学专业及课程与曾经获得的学位及最后学历等。为求职而弄虚作假，甚至变造履历、伪造文凭的做法是不应该的。生产实习、科研成果和毕业论文及发表的文章等材料能够反映你的工作经验，展示你的专业能力和学术水平，将是简历中一个有力的参考内容。

（3）个人工作情况，包括工作经历及原工作单位、职务与工作业绩等。近几年来，越来越多的用人单位渴望招聘到具有一定应变能力、能够从事各种不同性质工作的大学毕业生。学生干部和具备一定实际工作能力、管理能力的毕业生颇受青睐。社会工作对于仍在求学的毕业生来说，主要包括社会实践活动和课外活动，在应聘时是相当重要的。同时，勤工俭学的经历也可简单表述，即使与应聘职业无直接关系，但是勤工俭学能够显示你的意志，并给人留下能吃苦、勤奋、负责、积极的好印象。

（4）特长、兴趣爱好与性格。是指你拥有的技能，特别是指中文写作、外语及计算机能力。兴趣爱好与性格特点能够展示你的品德、修养、社交能力及团队精神，他与工作性质关系密切，所以用词要贴切。

2. 简历写作三原则

（1）重点突出。一个招聘者希望看到你对自己的事业采取的是认真负责的态度。不要忘记用人单位在寻找的是适合某一特定职位的人，这个人将是数百名应聘者中最合适的一个。如果简历的陈述没有工作和职位重点，或是把自己描写成一个适合于所有职位的求职者，你很可能无法在任何求职竞争中胜出。

（2）语言富有感召力。把简历看作一份广告，推销自己。最成功的广告通常要求简短而且富有感召力。简历应该限制在一页内，工作介绍不要以段落的形式出现，尽量运用动作性短语使语言鲜活有力。在简历页面上端写一段总结性语言，陈述事业上最大的优势，然后在工作介绍中再将这些优势以工作经历和业绩的形式加以叙述。

（3）陈述有利信息。招聘时每次面试都需要较长时间，因此对招聘者来说进入面试阶段的应聘者人数越少越好。招聘者对理想的应聘者也有要求：相应的教育背景、工作经历以及技术水平，这会是应聘者在新的职位上取得成功的关键。应聘者应该符合这些关键条件，这样才能打动招聘者并赢得面试的机会。

为面试阶段所进行的简历筛选的过程就是一个删除不合适人选的过程。因此，要尽量避免在简历阶段就遭到拒绝。简历中不要有其他无关信息，以免影响招聘者对你的看法。写作简历时，要强调工作目标和重点，语言简短，并且避免会使你淘汰的不相关的信息。当你获准参加面试时，简历就完成了使命。

6.4.2　网上求职礼仪

网上求职是一种特殊的择业形式，避免了人群大范围集中和近距离接触，给天南海北的求职者有了平等的表现机会，所以网上招聘收到了越来越多的用人单位和求职者的青睐。网上求职同样需要准备一份既简练又能吸引用人单位的求职信和简历。

（1）网上求职信的内容

网上求职信要注意控制篇幅，要让人事经理无需使用屏幕的流动条就能读完，内容在边际内，排版要工整；要做到既体现出个人特色又不过分吹嘘。对于网上求职来讲，简历的准备相对比较简单，在"中华英才网"等人才网站上都提供标准的简历样板。需要注意的是，学历和工作经历要按时间顺序倒着填，也就是把最近的工作经历和学历写在最前面，以便招聘方了解你目前的状况。在填写工作经历时，很多求职者只是简单地列出工作单位和职位，没有详细描述工作的具体内容，而招聘方恰恰就是根据你做过什么来评估你的实际工作能力。除非应聘美工职位，否则不要使用花哨的装饰或字体。

（2）网上填写简历

在网上填简历，要严格按照招聘方的要求填写，要求网上填写的就不要寄打印的简历；要求中文填写的就不要用英文填写；有固定区域填写的就不要另加附件。发送简历是网上求职关键的一步，如果是自己在网通过Email发简历，应该以"应聘某某职位"作为邮件标题，把求职信作为邮件的正文，再把简历直接拷贝到邮件正文中，这样既方便对方阅读，又杜绝了附带电脑病毒的可能性。如果通过人才网站求职，可以直接把填好的简历发送给招聘单位，网站的在线招聘管理系统还能把个人简历以数据库的方式存储起来，根据求职者的要求，供招聘单位检索和筛选。

6.4.3 电话求职礼仪

通过电话推荐自己，是常用的一种求职方式，如何充分地利用电话接通后的短暂时间，用最简洁明了的语言清楚地表达自己，能否给对方留下一个深刻清晰的印象，是应聘者十分关心的问题。

（1）打电话之前

打电话之前，一定要做好充分的准备工作。选择好通话时间，一般宜在上午或下午的工作时间打，临下班前半个小时不宜打电话，午休、下班后及三餐时间不宜打电话。

谈话内容上首先要了解用人单位的有关情况，尽量做到心中有数；其次要对自己有一个客观、公正的认识；最后要根据用人单位的需求情况，结合自己的特长，列出一份简单的提纲，讲究调理并重点突出地介绍自己，力争给受话人留下深刻印象。另外，还要调整好自己的心态，做好充分的心理准备，努力控制好说话的声音、语调和语速，在短暂的时间里，展现自己积极向上，有礼有节的个人良好品质。

（2）电话接通后

电话接通后应有礼貌地询问："请问这是某单位人事处吗？"得到对方单位的肯定答复后，应做简短的自我介绍，并说明来电意图。求职者一定要言简意赅，并着力表现自身特长，与所追求职务相互吻合。语速不急不缓，语气、声调不要太高或太低，语言顺畅、不结巴。记清楚与对方约好进行面试的时间、地点。打完电话应致谢并说再见，轻轻放下话筒。

6.4.4 招聘会求职礼仪

通过招聘会这种形式，可以和用人单位直接见面，推销自己，所以目前成为求职者中较多选择的求职途径。据统计，现在大约有 20% 的成功求职者是通过人才市场获得职业的。这种形式主要是用于刚毕业不久的大学生或工作职位不太高的白领。

（一）有选择性的参加招聘会

招聘会的种类有很多，如综合招聘会、专场招聘会、行业招聘会和院校招聘会等，所以要有选择性的参加招聘会，效果才会更加明显。特别是专场招聘会，如师范类、综合类、理工类、医药类和外语外贸类等，或是分行业的专场招聘会，如金融、电子和 IT 业等，这种招聘会中，用人单位要求明确而集中，专业人才进这样的招聘会求职的成功率自然是会更高。

另外，院校内的招聘会也不可错过，用人单位直接来校内招聘，对学生来说，求职的成功率往往比社会上的招聘会成功率高，因为用人单位是基于对学生的认可而来，避免了学生和有工作经验的求职者之间的竞争，

（二）抱着学习的心态参加招聘会

初入职场的大学生要从数以千计、眼花缭乱的岗位信息中寻找出适合自己的岗位，不是一件易事，往往会挑花眼、转了向。对于初次求职进入招聘会的人来说，会尝试一个实战学习的大课堂，招聘会最大的优势是能与招聘人员面对面沟通，能通过呆板的职位说明进一步了解企业和岗位的信息，同时也能了解到一些职场和行业的相关信息。所以，要抱着学习的心态参加招聘会，从而得到以下收获：了解各主要行业及有关公司，特别是对职位的要求，避免片面理解；利用招聘会现场的有利条件，与招聘人员积极主动沟通，争取有可能和招聘人员交上朋友；学习职场老手的应聘方法和经验，多看、多学、多记，还可以谦虚地请教几句；学习招聘人员的商业礼仪，使自身面试时的礼仪和表现更加突出。

（三）招聘会上投简历

寻找对工作经验要求相对较低或无明确经验要求的职位，因为经验是大学生的空白或弱势，回避是明智之举。

不要一到招聘会现场就开始奔波于各个招聘会展台前，留下一堆求职

材料，然后转身就走，最好先到招聘单位的展台前，看看招聘介绍资料，与招聘人员诚恳地交谈，问一些得体的问题，简单地介绍一下自己。当招聘人员表露出一定的兴趣时，你可以适时地留下你的简历。

参加招聘会应该准备足够的简历等求职材料，避免有了机会却没有准备的情况。但是，也不要一次提交大量的求职材料，比如成绩单、身份证复印件及英文简历等。

由于招聘会上与每位招聘人员的谈话都相当于面试，所以无论从态度、着装还是言谈举止，都要以面试的标准来要求。有经验的招聘者在招聘会现场交谈之后，会目送那些他感兴趣的人，以进一步观察这些应聘者的真实面貌。

招聘者在招聘会上收到那么多简历，可能保存起来比较困难，故招聘会上的简历力求简洁，容易携带和保存，没有必要把简历做得如一本画册，更没必要刻成光盘。

6.5 面试后礼仪与技巧

许多大学生求职者只留意面试时的细节，而忽略了面试后的礼仪。实际上，面试结束并不意味着求职过程的完结，求职者不应该翘首以待聘用通知的到来，还有事情要做。

为了加深招聘人员对你的印象，增大求职成功的可能性，对想抓住每个工作机会的人来说，面试后的两三天内，最好给主考官打个电话或写封信表示感谢。

6.5.1 打电话

面试后的一两天之内，可在合适的时间内给主考官打个电话表示感谢。电话感谢内容要简短，最好不要超过 3 分钟，电话里不要询问面试结果。因为这个电话仅仅是为了表现你的礼貌和让对方加深对你的印象而已。

6.5.2　写面试感谢信

　　主考官对应聘者的记忆是短暂的。感谢信是你勾起他回忆的最好方式，并能彰显你与其他求职者的不同。面试感谢信包括电子邮件和书面感谢信两种方式。

　　如果平时是通过电子邮件和公司联系的话，那么在面试结束后，发一封电子感谢信是既方便又得体的方式。

　　但大多的情况下还是写书面感谢信，特别是在面试的公司非常传统的情况下，更应如此。书面感谢信最好用白色的A4纸，字的颜色要求是黑色，信的内容要简洁，最好不要超过一页纸。在书写方式上有手写和打字两种，打印出来的感谢信较为标准化，表示你熟悉商业环境和运作模式，但有时难免给人留下千篇一律的印象。如果想与众不同，或是想对某位给予你特别帮助的主考官表示感谢，手写则是最好的方式，这个前提是你的字写得要比较正规而且容易辨认。

　　一封标准的感谢信应包括如下一些内容：首先在信的起始处写明上次面试的时间、地点、应聘的职位和面试官的名字。如果信是写给面试官本人的，可以不写面试官的名字。感谢面试官为你提供了面试的机会，可以适当地夸奖面试官。例如：面试官的哪一点给你留下了深刻的印象，但是不要显得与面试官套近乎。对职位的看法可以简短地写一两句，不宜过多。再简短地说明一下自己与职位要求相吻合的才能。最后真诚地说明你非常希望得到这个职位，你正在等回音。

　　要注意的是，感谢信的内容不要太多，最好只有二三百字。最好再随信附上一张照片（最好与简历上的同版）效果更佳，加深面试官对你的印象。

阅读材料

感谢信

尊敬的××先生：

　　您好！我是××月××日（今天）上午到贵公司应聘××××的××。非常感谢您给了我这次笔试、面试机会！让我有向您学习与交流的机会。

200

通过这次面试，我对贵公司有了更加深刻的认识，同时也很高兴有一次与您沟通的机会。在投身于社会之际，为了找到符合自己专业和兴趣的工作，将自己所学的知识真正应用到实际生活中，我希望加入贵公司，如果能够成为贵公司的一分子，我相信我一定在自己的岗位上尽职尽责、踏踏实实地贡献自己的一份力量。我对贵公司的前途十分有信心，希望有机会和您共同工作，为公司的发展共同努力。

期待您的回音！再一次感谢您。希望有机会与您再谈。

应聘者：×××

2010 年 1 月 18 日

6.5.3 询问结果

一般面试后，主考官都会许诺一个通知的时间，如果通知时间到了还没收到答复的话，那么就应该主动给招聘单位或主考官打个电话，询问一下结果是否出来，询问自己是否被录用。这其中有两个礼仪细节必须要注意：什么时候问？怎么问？

（1）什么时候询问结果

从礼仪角度来说，打电话最得体的时间应该是对方方便的时间。除工作繁忙、休息、用餐、生理疲倦外，都可以认为是方便的时间。因为询问面试结果是公事，所以当然必须是在正常工作日的时间段内打电话。

工作繁忙时间：一般是周一上午和周五下午，因为这两个时间段很多单位都有开例会的习惯。即使不开例会，因为周一早上是新的一周的开始，往往还处于适应期，而且还有工作上的事宜需要安排；周五下午又要面临着周末，所以从心理上自然会"排斥"给他添麻烦的事情。还有就是每天刚上班的一个小时和下班前的一个小时。这个时间段内不是要忙着安排一天的工作就是没法再集中精力处理公事，询问结果应尽量避开这些时间。

（2）如何询问

在电话里，同样的一句话，问候方式的不同，虽不至于有不同的结果，最起码会给人不同的印象：或有礼貌，或显唐突。所以在通话的过程中，自始至终都要尊重自己的通话对象，待人以礼，表现得有礼、有节。

接通电话后，首先说一声："您好！"接下来要自报家门，让对方知道自己是谁。自报家门的内容应该包括：自己的全名、何时去面试的何职位。这样，以便对方能及时知道你是谁。在电话中要表明自己对贵公司的向往和愿意为公司的发展做贡献。如果碰上要找的人不在，需要接听电话的人代找，态度同样要文明而有礼貌，并且要使用"请"、"麻烦"、"劳驾"、"谢谢"之类的词语。留言或转告，都不是询问面试结果的首选方式，可以打听要找的人什么时间在，然后到时候再打。如果边打边吃东西，对方会感觉得到你不是用心和他通话，还能指望别人对你有好印象吗？通话也要注意控制音量。不管打还是接电话，话筒和嘴都要保持3厘米左右的距离，声音宁小勿大。用电话谈话，必须完全依靠声音，电话声音就是唯一的使者，你必须通过它给对方一个良好的印象。所以，传到电话那端的必须是一个清晰、生动、中肯、让人感兴趣的声音。首先音量要适中，还要注意发音和咬字准确。

打电话询问的时间长度要有所控制，基本的要求是宁短勿长。其实，就询问本身来说，两三分钟的时间足能解决。所以，除直接询问结果之外，"表白"的内容长度也要有所控制，不要没完没了地说。

注意倾听的方式。打电话时要认真倾听对方讲话，重要内容要边听边记。同时，还要礼貌地呼应对方，适度附和、重复对方话中的要点，不能只是说"是"或"好"，要让对方感到你在认真听他讲话，但也不要轻易打断对方的谈话。作为打电话的一方，通话终止时，本着尊重对方的原则，结束通话的时候，不妨让对方先挂电话。当通话因故暂时中断后，你就要立刻主动给对方拨过去，不能不了了之，或等着对方打来。

如果知道自己没被录用，就应请教一下原因，此时你的情绪要保持稳定。同时，冷静地、仍然热情地请教一下未被录用的原因，可以说"对不起，我想请教一下我没有被录用的原因，我好再努力"。谦虚有可能赢得对方的尊重，同时有可能给你带来下一次的面试机会。

需要说明的是，打电话询问面试结果，最多打3次电话询问也就可以了。因为即使再研究，经过前后3个电话询问的周期，再复杂的研究程序也早该最后确定了，而且3次的电话询问，也会对你有足够的印象了。如果想聘用你就会直接告诉你或及时和你联系。再多的电话，反而会适得其反，甚至会给人"骚扰"、"无聊"的感觉，感谢信也是如此。

6.5.4　接收录取通知

作为一个求职者，在经过数日的奔波、多次的面试之后，终于"修成了正果"得到了被录用的消息。这时，你可能会庆幸自己数月的辛苦和努力没有白费，甚至还会欣喜若狂、大筵宾朋、一醉方休。

收到心仪公司的录用通知是一件喜事，值得好好放松一下。但同时还有一件事情要求你能认真地面对：了解公司、了解工作。在正式报到之前，先对所要服务的公司有所了解，这样在开展工作的时候就会顺畅很多。了解公司的方法很多，包括在面试时带回的公司简介、刊物，或企业形象方面的资料、企业网站等，有条件或可能的话进行实地全面考察最好。这会使你对公司的整体情况和营运有所掌握，会对你的新工作、新环境带来很大帮助。

6.5.5　整理心情做好再次冲刺准备

在一家公司面试结束后，你就完成了一个阶段，但只是完成一个阶段而已，没有收到录用通知就不算成功。如果你同时在向几家公司求职的话，那就要整理好心情，全心投入到第二家的面试状态中，因为前面一家还没得到结果 ，还不能确定能否被录用，所以千万不要放弃任何一个机会。

应聘中很少有人一次就成功的，当你在一次竞争中失败了，那也没必要气馁。机会不止一次，当应聘失败后，关键是要总结经验教训，找出自己失败的原因，然后针对自己的不足，找出更好的应对方法，然后重新做准备，总有一次你会取得成功。

6.6　求职面试禁忌

对企业来说，晋用一个社会新人，其实要冒很大的风险和尝试错误，所以在最后的面试阶段，企业往往格外重视应征者性格的优劣，以及一些小细节。面试前仔细阅读面试的十大禁忌，让自己求职路走得更顺畅。

有一则电视广告令人印象深刻。一位女性主管在面试时，求职者只要一离座，她就说"谢谢"，求职者只有一脸惊讶、讷讷无言的离去。唯独一位求职者在面对这位女性主管说出谢谢的同时，很有自信的回应一句谢谢，出门后他立刻接到"明天八点上班！"的通知。

前提：小心细节，求职才顺畅。要找到一份好的工作，必须天时、地利、人和齐备。但在实际的案例中，我们却常常发现，一些条件很好的人，却始终无法顺利地通过最后一道面试的关卡。究其原因在于面对企业时，他们总是忽略了一些重要的细节，使得求职路一直走得不顺畅。

其实求职的过程中，学历、经历，固然可以给企业当成参考，但在面试时的表现，能符合主试者的口味，录取的机会自然大增。

上述的广告主题其实是卖手机，但内容却呈现出找工作时最有可能碰到的问题，如何避免成为企业不欢迎的求职者。

禁忌一：恶意缺席

接到面试通知，如果不能或不想出席，都应该在前一至三天以电话的形式婉转地通知对方。许多求职者可能会认为，反正我已决定不去这家公司上班，何必和对方有所接触？这绝对是错误的观念，留下恶意缺席的印象，对你日后要在这个行业中发展，一定有所影响。

禁忌二：不守时

虽然中国人一向不是个讲究准时的民族，但面试时的守时却很重要。迟到是绝对不可原谅的行为，代表你对这家公司根本不重视。太早到也不好，主试者可能有别的事情，还要应付你的突然出现。

禁忌三：穿着邋遢

不管你应征何种类型的工作，穿着是给别人留下第一印象的机会。即使是所谓创意型的人员，邋遢、不修边幅的穿着，还是不易令人亲近。是不是西装革履其实并不重要，要把握干净、整洁的原则，才能留下好印象。

禁忌四：没有准备

就算你是一个毫无经验的社会新人，对于应征职务的工作性质、内容，也应该有一些基本的认识与了解。企业当然可以容忍新人缺乏经验，但是没有准备、一问三不知的人，似乎也意味着将来在工作上缺乏责任感。更现实的说法，企业可能要花二、三倍的时间才能让你达到工作的要求。

禁忌五：欺骗

没有一家企业会晋用不诚实的新人，在面试的过程中，诚实是最好的应对之策。尤其是履历表、自传中所写的个人背景资料，不要夸大自己的能力，或是谈话内容和履历表所写不符。即使面试时未被发觉，日后也会被检验。

禁忌六：言行轻浮

面试代表的是一种对个人性格的主观判断，轻浮的言行、夸张的肢体动作，会令人有不信任的感觉。主试者最讨厌的是一副无所谓、可有可无的态度，如果你对这家公司没有兴趣，又何必来应聘？

禁忌七：没有自信，但也不能骄傲

自信和骄傲有时就在一线之间，尺寸的拿捏要小心掌握。没有自信的人会让人有学习力差、推诿塞责的联想，肯定不受企业欢迎；骄傲的人则令人生厌，没有团队合作的概念、不合群，企业可不想用一个单打独斗的独行侠。

禁忌八：天马行空

说话的逻辑概念，代表的是一个人的组织能力。天马行空可能是一种创意，却也代表着"只会说不会做"的言行失衡。企业应征社会新人，多半是希望做好基层的执行工作，有创意当然是额外的红利，只动嘴不动手可不是新人该做的事。

禁忌九：喜好批评却无创见

没有一个主管喜欢爱批评却无创见的员工，主试者也一样。即使批评的是和工作无关的事，像是政治、经济、社会的现况，对于求职者来说，并没有任何加分的效果，可能还会因为你的言语不当，引起主试者的不快。

禁忌十：不知行情乱开价

谈到薪水，多半代表你有很大的机会被录取，可是你却来个狮子大开口，企业怎么敢用一个漫天要价的人？如果你不想吃亏，面试前应多打听相关行情，否则就采取「依公司规定」的保守策略。不知行情胡乱开价，绝对让你的面试倒扣200分。

结论：性格优劣最重要

对于企业来说，晋用一个社会新人，其实要冒很大的风险和尝试错误，所以在最后的面试阶段，企业往往格外重视应征者性格的优劣，是否能符合企业文化。对求职者而言，我们或许不必因为迎合公司的企业文化而特别调整自己的性格，但在面试时，至少不要列入不受企业欢迎的黑名单。

小 结

　　本章首先从心理、简历、物品、形象 4 个方面介绍了求职前的准备工作，然后用较多的篇幅介绍了最常见的求职方式——面试，其中主要包含面试前的准备和到达指定地点、面试中的语言和形体，以及面试后的感谢和询问结果等内容。最后介绍了求职过程中的几大禁忌。

　　本章重点介绍了求职应聘面试前的心理调适及面试时的面谈礼仪内容，旨在通过应聘礼仪知识的学习进一步提高求职能力。

思考与练习

1. 面试前要做哪些准备工作？
2. 面试时回答问题应注意什么？

活动与探索

1. 为自己设计一份有特色的求职简历。
2. 结合所学专业的职业特点，为自己设计一个符合面试礼仪的形象。

社交礼仪

第 7 章
办公室礼仪

　　办公室是日常工作的地方，最能体现一个人是否具备良好的素质和个人修养。良好的办公室礼仪不仅能树立个人和组织的良好形象，也关系到一个人的个人前程和事业发展。

名言警句

人只有献身于社会，才能找出那短暂而有风险的生命的意义。

——【美】爱因斯坦

7.1 工作态度

个人的工作表现与能力有关，同时也与个人的性格和工作态度有关。偏执、专横或者盲从等消极的性格特质，会对工作产生不良影响。如果说能力与性格短时间内难以改变的话，人们对待本职工作的态度却是可以改变的，并且态度的变化会在工作实践中对能力的提高与性格的改变产生潜移默化的影响。

正确积极的工作态度是职场人士谋求自身发展的强大动力，对个人的职业发展大有裨益。如图 7-1 所示。你会发现，拥有正确工作态度的自己，在职场的拼搏之路上，表现得越来越出色。

正确的工作态度带给我们什么？

成就感　备受重视　战胜困难　身心健康　相处融洽　进取心　事半功倍　工作轻松　勇于承担新责任

图 7-1　正确的工作态度的作用

7.1.1　强烈的责任心

对待自己的本职工作，要兢兢业业、尽职尽责，勇挑重担，不推脱责任，不拣轻怕重。这是基础，也是对待事业最起码的要求。尤其是初入职的新人，更要对工作充满热忱，满腔热情，认真负责，否则就容易偏离方向。

职场中的一些人，把薪水的高低作为衡量成败的唯一标准。整日埋怨公司不识人才，给自己的薪资太少，因此对工作毫无热情、毫无责任心，他们以应付的态度对待工作，偷懒、逃避，不愿意为公司多做一点点工作。他们的工作仅仅就是为了对得起这份薪水，而从来没有想过这会和自己的前途有什么关系。这种缺乏责任心的想法和做法是十分消极的工作态度，职场人士应当努力避免。

7.1.2　健康的进取心

进取心是成功的要素。不断进取，就是要始终保持一种追求卓越、努力学习和提高、把事情做得更完善的精神动力，不消极，不甘落后，不断追求成功。"领导才能"是获得成功的基本条件，而"进取心"则是建立"领导才能"这个基本条件的基础。两者的关系就有如轮辐与车轴。

但是也不能把进取心理解为野心，以至于造成同事之间勾心斗角。工作能否出色，关键在于是否积极进取，这是必要的精神动力。

阅读材料

积极进取　克服拖延

拿破仑·希尔（成功学励志专家）告诉我们，进取心是一种极为难得的美德，它能驱使一个人在不被吩咐应该去做什么事之前，就能主动地去做应该做的事。

胡巴特（著名的管理学家）对"进取心"作了如下的说明：这个世界愿对一件事情赠予大奖，包括金钱与荣誉，那就是"进取心"。什么是进取心？我告诉你，那就是主动去做应该做的事情。仅次于主动去做应该做的事情的，就是当有人告诉你怎么做时，要立刻去做。更次等的人，只在被人从后面踢时，才会去做他应

办公室礼仪

该做的事，这种人大半辈子都在辛苦工作，却又抱怨运气不佳。最后还有更糟的一种人，这种人根本不会去做他应该做的事，即使有人跑过来向他示范怎样做，并留下来陪着他做，他也不会去做。他大部分时间都在失业中，因此，易遭人轻视，除非他有位有钱的老爸。但如果是这个情形，命运之神也会拿着一根大木棍躲在街头拐角处，耐心地等待着。你属于上面的哪一种人呢？

如果你想成为一个具备进取心的人，你必须克服拖延的习惯，把它从你的个性中除掉。这种把你应该在上星期、去年或甚至于十几年前就要做的事情拖到明天去做的习惯，正在啃噬你意志中的重要部分，除非你革除了这个坏习惯，否则你将难以取得任何成就。

克服拖延的习惯，可以使用下列方法。

1. 每天从事一件明确的工作，而且不必等待别人的指示就要能够主动去完成。

2. 到处去寻找，每天至少要找出一件对其他人有价值的事情来做，而且不要期望一定要获得报酬。

3. 每天要把养成这种主动工作习惯的价值告诉别人，至少也要告诉一个人。

7.1.3 宽容的心

凡事要就事论事，同事间互相团结，在意见不一致的情况下要学会宽容、求同存异，坚持原则但不斤斤计较。减少摩擦、减少抱怨会使你在人际关系上游刃有余，便于加强同事之间的合作与赢得上司的信任。

7.1.4 感恩的心

要认识到企业提供的岗位就是自己施展才艺的舞台，要心存感激并且珍惜；同事之间的互相配合与帮助是自己履行岗位职责的必要保障，要感谢同事的合作；家人的支持与付出是自己做好工作的坚实后盾，要感激并保持家庭和谐。有了感恩的心态，减少了偏执与孤傲，消除了不平之心，处理好了家庭关系，做好工作就是水到渠成的事了。

7.2 办公室妆容与着装

办公室里的个人形象包括妆容与着装，这些都直接反映出一个人的精神面貌、文化素养和审美水平，也直接反映着一个单位或企业的形象和文化。不可小视办公室仪容与仪表要求与生活、休闲等场合的区别，办公室妆容与着装具有职业、干练、与环境和工作内容协调的特点，要得体、讲究分寸，要与办公场所的气氛、环境以及所从事的工作性质相协调。搭配得当的仪容仪表可提高工作效率，增添职业魅力。

7.2.1 办公室妆容

首先要保持脸部和头发的清洁，男职员应每天刮胡子，如果条件允许可天天洗发，保持头发清爽洁净。女职员忌浓妆艳抹，清新的淡妆能使人充满自信，增添魅力；忌用过浓的香水、佩戴过多的首饰。

7.2.2 办公室着装

办公室着装礼仪越来越被人们所关注。因为服装无声地诠释了人们所在行业的职业态度，使着装者有一种职业的自豪感、责任感，是敬业、乐业在服饰上的具体表现。规范穿着职业服装的要求是整洁、合体、规范。

1. 整洁

整洁是着装的基本要求。这并不是要求衣着华丽鲜亮，一味地追求品牌，而是要做到干净平整，朴素大方。

保持着装整洁，主要是靠"四勤"。

一是勤换。衣服常换常新，适时更换，不仅自己感觉更有精神、更加自信，而且能让别人产生一种视觉上的变化，给人一种向上的感觉。

二是勤洗。干净是对着装最起码的要求。有的人认为自己衣服脏一点儿无伤大雅，其实这种观点是不对的。脏兮兮的衣服不仅暴露了自己的懒惰，也会"污染"别人的视觉，让人觉得不舒服，是对身边人的不尊重。

三是勤熨。"人老怕皱，衣服怕褶。"衣物不怕旧，就怕不保养，要坚持做到衬衣熨烫平整，裤子熨出裤缝，始终保持笔挺有型。

四是勤检查。每天出门前要对自己的着装进行认真的检查，衣扣、裤扣是否扣好，裤带、鞋带是否系好，衣服上是否有污点、脏物等，发现问题及时处理。

2. 合体

合体就是追求着装与人体特点的统一。服装只有与人体相适合，衣服的色彩、式样、比例等均相宜于人体的"高、矮、胖、瘦"，显得自然而协调，才能真正穿出艺术，穿出风采。过肥或过紧的衬衫、过大或过小的裤腿、过高的高跟鞋以及不得当的颜色搭配等，都会影响个人的形象。此外，还要注重服装和人体的互补，巧妙利用服装的特点，弥补自己体形上的缺点。在这方面若不注意，则有可能使自己的缺点更为明显，让人感觉很不协调。如身材较瘦者不宜选用直条纹的服装，这样会使人显得更加单薄；身材较胖者不宜选用横条纹的服装，这样会使人显得更加笨拙。

3. 规范

礼仪最重要的一个特点就是讲究规范。具体到着装，遵循那些约定俗成的规矩和惯例也非常重要。

（1）对于男职员而言，最适合的搭配是穿深色西装套装、白衬衫，打素色领带，配深色皮鞋。

此外，男士在着装搭配上必须牢牢把握"三个三"的要求。

一是"三色原则"，即身上服装的颜色搭配不能超过三色，包括外套、衬衣、领带、皮鞋和袜子。

二是"三一定律"，即腰带、皮鞋、袜子要保持一色（通常以黑色为佳），如果带有公文包，颜色也应一致。

三是"三大禁忌"，即一忌西装袖口的商标不拆，二忌在正式场合没穿西装也打领带，三忌穿尼龙丝袜和白色袜子。同时，还要注意着装的严肃性。如穿西装就应该打领带，领带长度以到皮带处为宜，如果穿有马夹或毛衣，则须把领带放在里面，领带夹一般夹在衬衣的第四、五粒纽扣之间。如果穿三粒扣的西装，可以只系第一粒纽扣，也可以系上面两粒纽扣，但切忌只系下面一粒纽扣，而将上面两粒纽扣敞开。在办公室内，如天气热，可以将西装上衣脱下来，只穿着长袖衬衫办公。脱下来的衣服应挂衣架上或搭在椅背上。

腰间的品位
——男士皮带的选择与佩戴礼仪

男士皮带是男士腰间的品位象征。

现代都市生活似乎让男人承受的压力越来越大。从男人腰间的皮带上，就能体会到其忙碌的状态。他们总是挂着或别着手机、钥匙包，甚至打火机，这很容易使人联想到古人腰带上携挂着的弓、剑、砺石、算盘等。挂弓、剑等在古代是地位高的象征，也必然会受到别人的羡慕。可是在今天，如果一个男人在腰上挂一大串东西的话，那么就显得没有品位、没有内涵了。现实生活中，大多数男人也都会不以为然地在腰间挂一些东西，甚至还美其名曰是显示自己的身份，殊不知这样做，在别人眼里，尤其是在一些有品位有见识的女性眼里，这些举止看起来是多么俗气和没有档次。

一个成熟的男人是不会让自己的腰间挂满细小东西的。他们会在腰间系上一条高雅的腰带，简单而干练，还能在一定程度上代表男人的身份、品位和个性。

男人该如何选择适合自己又彰显品位的皮带呢？

1. 在皮带的选择上请千万保持低调。黑色、栗色或棕色的皮带配以钢质、金质或银质的皮带扣，既适合各种衣物和场合，又可以很好地表现职业男士的气质。不要轻易使用式样新奇的和配以巨大皮带扣的皮带。

2. 要考虑皮带的装饰性，不要挂过多的物品。因为简洁、干练是男人的特征。

3. 皮带的长度应介于第一和第二裤扣之间，宽度应保持在 3 厘米。皮带太窄会失去男性的阳刚之气，皮带太宽则只适合于休闲、牛仔风格的装束。

总之，在时尚潮流中，一个在意风度形象的男人，总会在腰间这一细节上多花点心思，而不是随意对待，让一些小饰物挡住皮带的光芒。

（2）女职员最适宜的着装是职业套装。

选择合身的短外套，既可以搭配裙子穿，也可以搭配长裤来穿。衬衫则宜选择与外套和谐自然的，不太夸张的款式。穿长筒或连裤式肉色丝袜，配黑色高跟皮鞋或半高跟皮鞋更能令女性体态优美。女职员不适合穿过于暴露或紧身的服装，例如，不宜穿着具有很强透视效果的服装、高开衩裙、紧身裤或"热裤"等。

重要提示

女职员只有在穿长裤子的情况下才可以穿短丝袜，穿裙子或短裤配短丝袜非常不雅观；夏天最好不要穿露趾的凉鞋，更不适合在办公室内穿凉拖；秋冬的靴子不能太长。

7.3 办公室一般礼仪

遵守办公室一般礼仪和制度是保证工作正常进行的重要前提。

7.3.1 守时

上班时间要按时报到，遵守午餐、上班、下班时间，不迟到不早退，否则会给公司留下一个懒散、没有时间观念的印象。另外，要严格遵守上班时间，一般不能在上班时间随便出去办私事。国外一个著名企业老板，针对商务白领归纳出 13 条戒律，其中一条就是没有守时的习惯，经常迟到早退。

7.3.2 整洁

我们往往有这样的感觉，如果某个办公室里杂乱无章，办公桌椅随意摆放，桌面上文件成堆、纸张与文件交杂，报纸胡乱地摆在沙发上等，那这样的办公室定会让人望而生畏，也会引起人们对办公室里工作人员的素质和专业程度的怀疑，所以办公场所的整洁十分重要。

（1）桌椅

桌椅等办公设施，都需要保持干净、整洁、井井有条。从办公桌的状态可以看到当事人的状态，会整理自己桌面的人，做起事来肯定也是干净爽快。他们为了更有效地完成工作，桌面上只摆放目前正在进行的工作文件；在休息前应做好下一项工作的准备；因用餐或去洗手间暂时离开座位时，应将文件覆盖起来；下班后文件或是资料应该收放在抽屉或文件柜中。常用物品要各就各位，不要随手乱扔。要尽量不在办公桌上放自己的私人物品，如孩子的照片、恋人的信物、备用的化妆品，个人的收藏品等。对柜内物品也要经常进行清理、整顿，以保持清洁整齐。

随着办公室改革的推进，有的公司已废弃掉了个人的专用办公桌，而是用共享的大型办公桌。无论是哪一种，为了下一个使用者，我们都应对办公桌更加爱惜。

（2）地面

办公室的地面要保持清洁，水泥地面要常清扫、擦洗，地毡要定期吸尘，以免滋生寄生虫、尘螨。窗户要经常打开换气。门窗不常开，室内空气混浊，会给访问人带来不便。

（3）墙壁

办公室的墙切忌乱刻乱画，不能在办公室的墙上记录电话号码或张贴记事的纸张。墙面可悬挂地图、公司有关图片。

（4）盆栽

宽敞的办公室可以放置盆花，但盆花要经过认真选择。一般不用盛开的鲜花装点办公室，因为过艳的色彩会夺取来访者的注意力，使人们的精力发生偏移；可以选用以绿色为主的植物，绿色植物是装点办公室的主要材料，绿色可以给人舒适的感觉，可以调节人的情绪。对盆花要给予经常的浇灌和整理，不能让其枯萎而出现黄叶。可以在绿叶上喷水，使其保持葱绿之色。

花盆的泥土不能有异味，肥料要精选。有异味的肥料会引来苍蝇或滋生寄生虫，反而会给办公室带来污染。

总之，办公场所一定要整洁，才能体现效率与专业性。

7.3.3 礼貌

（1）妥当称呼

在办公室里对上司和同事们都要讲究礼貌，不能由于大家天天见面就将问候省略掉了。同事之间不能称兄道弟或乱叫外号，而应以姓名相称。对上司和前辈则可以用"先生"或其职务来称呼，最好不要与他们在公共场合开玩笑。

对外来办事人员，可视其性别、年龄、职务，称呼"先生"、"小姐"、"经理"等。除礼貌称呼外，还应热情接待，真诚相助，办完公事后应礼貌相送。

（2）避免打扰

要注意在办公室里不要随便打扰别人。当你已经将手头的活儿干完时，一定不要打扰别人，更不要与没有干完活的人交谈，因为这样做是不礼貌的。

（3）热心助人

当看到同事有需要帮忙的事情时，一定要主动帮助别人。

微笑是一种礼貌，也是一种修养。微笑会创造良好的人际关系，更会使你赢得信任和机会。

（4）尊重女士

要尊重一起工作的女性同事。在工作中要讲究男女平等，一切按照社交中的女士优先的原则去作未必会让女同事高兴。

（5）预约造访

去别的办公室拜访同样要注意礼貌问题。一般需要事先联系，准时赴约，经过许可，方可入内。在别的办公室里，没有主人的提议，不能随便脱下外套，也不要随意解扣子、卷袖子、松腰带。未经同意，不要将衣服、公文包放到桌子和椅子上。公文包很重的话，可以放到腿上或身边的地上。不要乱动别人的东西。在别的办公室停留的时间不宜太久，初次造访以停留 20 分钟左右为准。

7.3.4 公私分明

一名好员工的重要标志就是公私分明，这意味着在工作时就是工作，不应将私人事务掺杂到工作中，也不应占公司和单位的小便宜。

不接打私事电话（见图 7-2），不干私活，如打毛衣、写家信、会晤私交等。不在办公室玩扑克、下棋等。即使有的公司允许用公用电

图 7-2 公私不明

话谈私事，也应该尽量收敛一些，不要在电话里与自己的家人、孩子、恋人等说个没完，这样让人感觉不舒服，有损于你的敬业形象。

爱惜办公室公共用品。办公室的公用物品是办公时用的，不能随便带回家去，也不能浪费。

7.3.5　不诿过

遇到问题，要首先报告给顶头上司，切莫诿过或越级上告。如果有些小的事情办错了，当上司询问起来时，如果这事与自己有关，即使别的同事都有一些责任，你也可以直接向大家解释或道歉；如果是自己做错了事，更要勇于承担责任，绝不可以诿过于别人。

重要提示

在国外，如果在老板面前打同事们的小报告，常会被当成不务正业，弄不好会丢掉自己的饭碗。

7.4　办公室禁忌

要塑造成功的职场人生，就需懂得掌握说话的分寸。职场人生风云变幻，害人之心不可有，防人之心不可无。保护自己的隐私并尊重他人的隐私，不去触碰职场中的禁忌问题是明智的做法，也是竞争压力下的自我保护。而办公室的谈论禁忌，主要包括以下几个方面。

7.4.1　忌谈薪金等问题

办公室文化中，员工习惯对自己的收入保密。询问薪水多少如同询问女士年龄一样，属禁忌话题。很多公司不喜欢下属之间打听薪水，因为同事之间工资往往有不小差别，所以发薪时老板有意单线联系，不公开数额，并叮嘱不让他人知道。

同工不同酬是老板常用的手法，用好了，是奖优罚劣的一大法宝，但它是把双刃剑，用不好，就容易引发员工之间的矛盾，而且最终会掉转刀口朝上，矛头直指老板，这当然是其所不想见的，所以对"包打听"之类的人需要格外防备。

7.4.2 忌背后谈论老板和同事

不谈论老板和同事的是是非非，不谈道听途说的事情。每个人都有优点和缺点，无论在习惯上，还是性格、脾气、品德上。每个人都会犯错，干一些傻事、蠢事，而任何人对自己的保护意识都是相当强的。在办公室谈的一些是是非非会在某一天因为"世上没有不透风的墙"而被同事知道，出现这种情况时，将会非常糟糕。

忌在背后说领导和同事的坏话。这样会给别人一种印象：你也会在别人那里说我的坏话。一旦这样的看法形成，你就成了别人眼里的"小人"。不在背后谈论领导和同事，体现出你是一个正面看问题的人，也有利于彼此之间的团结。

7.4.3 忌谈公司的任何机密

任何人都有一种表现或称为卖弄欲，喜欢把自己知道的一些秘密说出来以显得自己高明，殊不知其结果是害人害己。企业一般或明或暗地都有自己的机密，如客户信息、供应商信息、技术信息（新产品、新技术、新工艺、新设备等）、私下交易等，泄露这些机密会导致严重的后果。

7.4.4 忌讲粗话

在平时的工作中，会听到一些男同事喜欢说一些粗话，还有一些人不管旁边是否有异性，经常说一些"黄段子"，这都是非常不合适的。

7.4.5　忌抱怨

不要经常愤愤不平。这个世界可以说没有绝对公平、公正的事，所以受到一些委屈、遇到不公平公正的对待，甚至被冤枉了，都是很正常的。没有必要在办公室大肆抱怨，抱怨解决不了任何问题，只会把自己的形象给破坏掉；也不要在办公室里表现出一个"愤青"的形象，心平气和地对待自己所遇到的一切，想办法去解决、改善它才是上上之策。

重要提示

在办公室"多听少说"是至理名言，谈论有关工作上的事怎么谈都不过分。但闲聊一定要注意分寸，多说一些好听的、正面的、肯定的话。

7.5　上下级相处的礼仪

与上司保持良好的关系，这是下属能顺利开展工作的重要条件，也是保持自己身心愉快、事业长进的重要因素。

7.5.1　尊重

从工作的角度看，领导就是领导，下属就是下属。领导与被领导的关系是为了更好地做好工作而形成的，而非完全依据年龄大小、阅历深浅。所以，下属要尊重领导，服从领导，维护领导的尊严。遇到领导要主动打招呼，遇到自己难以决断的事要向领导请示，以争取得到领导的支持。

上级应率先垂范，以身作则。"己所不欲，勿施于人"，做到对下属关心爱护，同时又严格管理和要求。上级要尊重下属的人格，尊重下属的劳动，重视下属的建议，不要对具体工作干涉过多，不要忘记集思广益。

7.5.2　平等

平等是上下级相处的基本要求。职务上有高低不同，但这仅仅是分工的不同，在人格尊严上，上下级之间是完全平等的。

作为领导，在与下属接触中，应本着谦虚谨慎的态度，在工作决策前要不耻下问，真诚地采纳下级有益的建议。

下级在人格上与领导者是平等的，要不卑不亢。平时保持适当的距离，不可动辄称兄道弟。工作上应勤奋积极，成为领导者的参谋和助手，并经常主动向领导者学习，提高自己的工作能力。还应注意，对不同的领导要做到在人格上一样尊重，在工作上一样支持，在组织上一样服从，不搞亲疏有别。

7.5.3　沟通

一般来说，上下级之间主观上都希望建立良好的关系，希望消除误会和隔阂。现实生活中，往往有上下不合彼此争斗的状况。其主要原因在于上下级关系的沟通不及时，不主动。作为上级应主动营造良好的交流环境，采取灵活多样的沟通方式。

下级在接受下发的任务时，要多问，以确保对任务信息的正确接收和理解，可采用倾听、询问、商讨问题等形式。

有时候一个眼神的交流，一次开诚布公的交谈，往往会使得你与上级的关系获得出乎意料的进展。学会与上级交流的手段和技巧，不仅会使你与上级之间的信息交流通畅，也会有利于建立和谐的人际关系，进而提升你在上级眼中的地位。

阅读材料

玩味职场——节日送礼有门道

中国是礼仪之邦，讲究礼尚往来。节日送礼，尤其是春节前的送礼，成了职场人的一大头疼事。

送礼时，礼物太贵重，无疑是加重了自己的经济负担，礼物太便宜，又怕拿不出手；不送礼，别人都在送，自己不送，来年的加薪晋升恐怕就轮不到自己。职场送礼也是一门学问，火候掌握不好，不但劳民伤财，还会适得其反。

1. 上司

给上司送礼，通常分三种情形：一是真心实意感谢上司，加深感情；二是有溜须拍马之嫌，讨好上司；三是有事相求，意图明显。不管是上述哪一种动机，如果你已经决定给上司送礼，那就应该根据上司的需要及个人爱好，选择不同寻常的礼物。

（1）喜欢抽烟、喝酒的男上司，送投其所好的礼物他肯定最喜欢。

（2）爱美的女上司，可以送美容美发卡，或是瑜伽一类的健身卡。

（3）如果朝夕相处的顶头上司是女性，精致小巧的礼物会很贴心，如口红、包包（异性忌）。

（4）遇到博学的上司，可以送他喜欢的书籍，美妙的音乐CD，或两张新年音乐会的门票。

（5）年长的上司，可以送上一束花或果篮，配上健康养生的书籍。

向上司送礼加强感情沟通，与诚实、正直、勤劳的人品并不冲突，但需要注意的是，要避免唐突地送大礼给上司，以免让上司心生疑惑，觉得你有事相求。送礼表达出祝福和感谢的心意就好，毕竟，再重的礼也不能取代你的才能与业绩。

2. 同事

同事之间送礼就简单得多，给贪吃的他捎些家乡的土特产，给臭美的她送一个精美的发卡，给她家的宝贝女儿准备一条漂亮的围巾。

总之，高情商的你用心准备的每一件礼物，必将帮助你一举夺得办公室最高人气大奖！让你在新的一年里，人际关系瞬间变得井井有条。

3. 客户

春节前，很多人通常会给客户寄出一些小礼品，如公司的宣传台历。另外，还有些公司会召开客户团拜会之类的年终联谊活动，通常可以借此机会派送公司的小礼品或者购物卡。送客户的礼物要有亮点，如果礼品是客户随处可以买到的，就难以体现公司对客户的独到关注，应尽可能送自己企业的专属礼品。如印有公司名称和祝福语的普洱茶礼品盒，有地方特色的剪纸艺术品或是具有纪念价值的珍藏版集邮册等。总之在给客户送礼时，一定要让客户觉得送礼人不仅用心，而且品位不凡，由此赢得客户对企业的好感。企业送礼送的是心意和文化，一份有心意的礼品，能在企业与客户之间架起一座友谊的桥梁。

这里需要注意以下几点。

办公室礼仪

（1）礼物不可过于贵重，免得对方有所顾忌。一些土特产、书籍或文房四宝等艺术摆件都是合适的选择。

（2）送鲜花者要事先了解对方是否有花粉过敏症或其他呼吸道疾病；另外哪些花不宜放在卧室，也要在买花时了解清楚，并且告诉收花者，以免好心办坏事。

（3）送台历要越早越好，元旦以后才送出的台历，其受欢迎程度肯定远远低于元旦之前。

7.6 同事相处礼仪

同事互相尊重、彼此信任，是一种相互支持、相互配合的协作关系。遵循同事相处的礼仪，会创造和谐办公环境，提升职场魅力指数。

1. 多看多做少说

首先，初入新环境，人生地不熟，要多看少说。因为不了解情况，轻易对一些事情发表评论，很容易因所言不符实际，误解别人而导致矛盾或受人轻视。其次，要有自知之明，对现实不要期望太高。不要认为自己很能干，什么都懂，从而指手画脚；也不要老觉得自己怀才不遇，似乎自己的才识得不到赏识，从而对新的职业环境感到不满。最后，要学会待人处事的艺术，要尽快熟悉周围的同事，要真诚待人，关心他人，尽量克服令人讨厌的性格和习惯，也不要斤斤计较、小里小气。

2. 尊重

在单位与同事相处要尊重同事之间的距离感，必要时还要巧妙地运用回避之术。首先是尊重他人的空间感。对正在办公的同事，无论他在看什么，或在写什么，只要他不主动和你聊，你最好回避不问，忌刻意追问，刨根究底。如"谁来的信"、"写什么东西呀"。其次是不可轻易翻动同事的东西。如同事不在，而你又确实急需找东西，事后要主动说明并致以歉意。最后是对同事的私事要采取不干预态度。每个人都有不愿为别人知道的隐私。因此，对同事的个人（或家庭）私事，不宜打听和干预，如陌生人找同事谈话，最好尽量避让，而不要"旁听"、"偷听"；同事的信件，不应留意寄信人地址；同事的电话，无须去揣摩；对异性之间的聊天，

社交礼仪

更无必要去凑热闹。但如同事个人或家庭遇到了困难和麻烦时，则应主动询问是否需要帮助，如果他不希望你介入，就不必多次提及；如需你帮助，则应义不容辞地去做好。

3. 一视同仁

同事由于个体不同，因而存在性别、性格、年龄、阅历、能力、家庭和文化水平等各方面的差异，但在交往中我们还是要注意一视同仁。如对上司和对一般同事应一视同仁；对年长者和对年轻者要一样关心；对一线职工和对后勤服务职工需同等看待；对志同道合者和对与己有分歧者应和平共处。

在工作方面，同事之间应相互协作；在贡献方面，提倡彼此竞争；在荣誉方面，应当礼让谦恭。一视同仁还必须做到一如既往，而不是"贵贱不明"时，一视同仁，了解情况后，亲疏有别；也不能同甘苦时，一视同仁，升迁分手后，另眼相待。

4. 忌飞短流长

与同事交谈时，应避开敏感话题、敏感时期和敏感人物，应有分寸，多谈些内容高雅之事，背后谈论他人或窥探别人隐私都是一种不光彩的、有害的行为。如果从他人口中听到闲言闲语时，绝不可以附和他人，而应该不加任何评论，培养成熟的个性。

【经典案例】

案例一　真诚的价值

小赵是一家钢材销售公司的业务员，1.65米的身高，不太整齐的牙齿，配上与时尚不沾边的穿着和脸上架着的一副大黑框眼镜，似乎没有一点能吸引人的地方。因为他的羞涩、木讷，不敢为自己争取，涨工资似乎也总与他无缘。他的存在明显无关紧要，公司上下似乎根本就没有人会在意他、理会他。

然而，正是这个不起眼的小赵做成了一笔数额巨大的销售单，而且是能建立长期合作关系的 VIP 客户。事后，客户对公司的老总说，能在考察了多家公司后最终选中你们公司，除了你们公司的实力、信誉外，最主要的是看负责接待他的业务员小赵的真诚。生意场上太多的虚情假意，小赵那没有谎言的一言一行，最终为公司赢得了客户的信任。

讨论：真诚的价值有多大呢？

小 结

本章的第一部分是工作态度，主要讲述了怎样选择积极的工作态度，使自己在工作中更加出色；之后重点介绍了办公室的礼仪和禁忌；最后又单独介绍了与同事相处和与上司相处过程中需要注意的礼仪问题。

思考与练习

1. 办公室的一般礼仪有哪些？
2. 与上级相处应注意什么？

活动与探索

1. 假如你是外企公司职员，如果办公室有人主动跟你讨论工资，你该怎样对待？
2. 遇到棘手的问题可以越级直接去见更高层的上司吗？

社交礼仪

第 8 章
通信礼仪

　　当今是信息社会时代，信息是资源，信息是财富，信息是生命。谁掌握了信息，谁就掌握了主动权。电话、传真、电子邮件、手机等通信工具为我们获取信息、传递信息和使用信息提供了越来越多的选择。

　　本章主要介绍使用电话、传真、电子邮件、手机等相关礼仪。

名言警句

谁掌握了信息，控制了风格，谁就能拥有整个世界。

——【美】阿尔文·托夫勒

8.1 电话礼仪

现代社会是一个快节奏、高效率的时代。电话已成为现代社会主要通信工具之一。电话具有传递迅速、使用方便、失真度小和效率高的优点，因此人们对许多事务的处理是借助电话来完成的。美国《电话综述》中介绍，一个人一生中平均有 8760 个小时在打电话，所以电话通信又是一种重要的社会交往方式。但是，如果缺乏使用电话的常识与素养，不懂得打电话和接电话的礼仪，那么电话所传递的信息就可能产生障碍。

8.1.1 电话中的语言

电话中的信息传递和交换主要靠语言来完成。语言包含着非常丰富的内容：尊重还是轻视，信任还是怀疑，快乐还是悲伤，都能从中得知。日本著名企业家松下幸之助曾说过："不管是在公司，还是在家里，通过这个人打电话的方式，就基本可以判断其教养的水准。我每天除了收到好多预约演讲的信件，还接到很多委托演讲的电话。我凭着电话里的说话方式，就能判断其教养如何，凭对方在电话里的第一句话，就可以基本决定我是去讲，还是不去。"由此可看出电话中的语言具有非常重要的作用，电话语言要求礼貌、简洁、清晰和富有情感。

1. 礼貌

要将电话的另一端当成坐在对面正在交谈的人，给予充分的尊重与重视。在电话中应使用礼貌用语，如"您"、"请"、"谢谢"、"对不起"、"请稍后"、"再见"等；语气要柔和耐心、彬彬有礼、温文尔雅。办公电话不仅关乎个人的素质与修养，同时也体现着单位的管理水平和企业文化。

2. 简洁

简洁就是一种力量，特别在当今这个讲究效率和速度的年代，时间对于每一个人都很紧迫。随意占用对方的电话线路和工作时间是不为对方考虑的失礼行为。对于许多人来说，尤其是销售、服务等行业的工作人员，每天接打电话的数量都不在少数，那么，这时的语言表达就必须简洁。做到这一点有一个小窍门，那就是每次打电话之前，将自己要表达的核心内容写一个提纲，然后在打电话时自己会胸有成竹，简单明了；而如果没有这个提纲，想起什么就说什么，就会让对方觉得你的思路不清，说话啰嗦唠叨，打电话的效果自然大大减弱。接电话也是一样的道理，要简单明了，节省时间，提高效率。

阅读材料

林肯的演讲

林肯还没当总统之前，有一次被邀请到一个学术会议上发表讲话，可是在他前面安排了另外两个教授先讲，这两个教授的讲话空洞无物，又特别冗长，等他们讲完，台下的与会者已经被折磨得疲惫不堪。终于等到林肯上讲台，他望了一下台下，用力敲了敲桌子，然后提高嗓门，说了一句话："绅士的演讲，应该要像女士的超短裙一样——越短越好。我的演讲完了。"台下顿时爆发了雷鸣般的掌声。这一句话堪称古今中外演讲历史上的典范，任何时候都令人深思。

3. 清晰

电话中的语言，发音要标准，吐词要清晰，语速要适中。语速太慢往往让人觉得缺乏激情而有怠慢之嫌，语速太快容易造成对方听不清楚。一般情况下，语速保持在 120～140 字 / 分钟比较合适。当然，如果能够根据对方的语速而调整自己的语速，这样效果更好。说话声音不要太大也不要太小，说话语调过高，语气过重，会使对方感到尖刻、严厉、生硬、冷淡、刚而不柔；语气太轻，语调太低，会使对方感到无精打采，有气无力；

语调过长又显得懒散拖拉；语调过短又显得不负责任。

4. 情感

在电话里，交谈对方看不到彼此表情，但是听得到带着微笑的声音。因此，带有微笑的声音是非常甜美动听的，也是极具感染力的。在声音中寓于情感，比如：热情、快乐、温暖，可以让对方感受到友好和真诚。

阅读材料

热　情

成功学大师拿破仑·希尔花了25年的时间，分析和研究了全世界500名各行业顶尖的成功人士的成功原因，最后归纳出17条成功定律，其中热情排在最前面。可见，保持热情的重要性。热情一定是由内而外的自然流露的，只有那些从心里热爱自己的工作的人，心中才会有一团火焰，这团熊熊燃烧的火焰会使充满热情的人魅力四射，从而具有非凡的影响力。

8.1.2　打电话礼仪

打电话是一门艺术，如何打电话，是我们现代人的一门必修课。打电话的人作为主动行为者，应该考虑被动接听者的感受。

1. 时间选择

时间选择包括选择打电话的时间和电话交谈所持续的时间长短。除了紧急要事之外，一般不在早上7:00以前、三餐时或晚上10:30以后打电话，同时还应注意到各个国家和地区的时差。给单位打电话，应避开刚上班时及快下班时的两个时间段，因为接电话的人容易缺乏耐心。最好是细心地积累、分析对方通常接电话的时间段并记住它。

电话交谈所持续的时间以3～5分钟为宜。如果不是预约电话，时间须5分钟以上的，那么就应首先说出自己要办的事或大意，并征询对方是否方便；若对方此时不方便，就请对方另约时间或另选谈话方式。

2. 做好准备

打电话前要考虑好通话的大致内容，如怕打电话时遗漏，则应事先记下几点以备忘。另外，在电话机旁应备好常用的电话号码簿及作电话记录的笔和纸。

3. 自报家门

无论是正式的电话业务，还是一般交往中的不太正式的通话，自报家门都是必需的，这是对对方的尊重，即使是非常熟悉的人，也应该主动报出自己的姓名，因为接电话方往往不容易通过声音准确无误地判断打电话人的身份。另外，自报家门还包含着另外一层礼仪内涵，那就是直接将你的身份告诉对方，即是向对方提供了选择与你通话或拒绝与你通话的权利。

比如，电话拨通后，应先说一声"您好！"然后问一声，"这里是×××单位吗？"得到明确答复后，再自报家门"我是××单位××"，然后报出自己要找的人的姓名，"麻烦您找××小姐听电话，谢谢！"不要不报家门就"开门见山"起来，让对方摸不着头脑。

4. 拨错号码

如果电话号码拨错了，应向对方表示歉意，说声"对不起，我拨错号了。"切不可无礼地直接挂断电话。

5. 请人接听

拜托对方请其他人来听电话，语气要诚恳，态度要友好。对方帮忙去找人时，打电话的人应手握话筒等待，不能放下话筒去做其他事情。

如果对方告知"××不在"时，你切不可"咔嗒"一下就挂断电话。事情不是很紧急而且自己还有其他的联系方式的情况下，可以直接用"对不起，打扰了，再见"等话语结束通话。

在比较紧急的情况下请教对方其他的联系方式或联系时间时，可以说："请问我什么时候再打来比较合适？"或"我有紧急的事情，要找王经理，不知道有没有其他的联系方式？"不管对方是否为你提供了其他的联系方式，都应该礼貌地说："再见"。

如要留言，最好是用礼貌的方式请求对方转告。要说清楚自己的姓名、单位名称、电话号码、回电时间、转告的内容等。在对方记录下这些内容后，千万不要忘记问："对不起，请问您怎么称呼？"对方告知后要用笔记录下来，以备查找。

6. 通话中断

在通话时，若电话中途中断，按礼节应由打电话者再拨一次，拨通以后稍作解释，再继续中断的话题。因为打电话者是主动者，接电话者是被动者。

7. 结束通话

结束通话时，一般以拨打电话一方先结束谈话，然后以"再见"结束通话。

8.1.3 接电话礼仪

接电话的态度不仅反映着个人的涵养和风度，更能体现一个组织的文明和礼貌。

1. 适时接听

电话最好在铃声响三声之内接起。如果立即拿起，会让对方觉得唐突；但响铃超过三声以后再接听，是缺乏效率的表现，势必给来电者留下公司管理不善的第一印象，同时也会让对方不耐烦，变得焦急。如果因为客观原因，如电话机不在身边，或不能及时接听，就应该在拿起话筒后先向对方表示自己的歉意并作出适当的解释，如"很抱歉，让您久等了"等。

如果是在家里接听电话，尽管没有必要像在单位里那样及时，但尽快去接听是对对方的尊重，也是一个人的基本礼貌。如果铃响五声以后才去接听，也应向对方表示歉意。老朋友之间尽管没有必要做出郑重其事的道歉，但向对方解释一下延误的原因也是必要的。

2. 规范问候

在工作场合，接听电话时，首先应问候，然后自报家门。对外接待应报出单位名称，若接内线电话应报出部门名称。比如："您好，××公司"、"你好，××大学××学院"或"你好，销售部办公室，我是××。"自报家门是让对方知道有没有打错电话，万一打错电话就可以少费口舌。

规范的电话用语不仅体现出对对方的尊重，而且也反映出本单位的高效率和严管理。

在家里接听电话和在工作单位接听电话有所不同，在家里，关键是要让对方感到亲切友好，而这种亲切友好主要是通过接听电话人的语调、语气来体现的，过于规范化的接听方式反而会让人觉得"公事公办"的冷淡。

3. 认真倾听

接电话时要认真倾听对方的电话内容。在听电话时，应注意不时说些"是"、"好"之类的话语，让对方感到你在认真地听，不要轻易打断对方的说话。

4. 热情代转

如对方不是找你，而是请某某听电话，那么你应礼貌地跟对方说"请稍候！"如找不到听电话的人，你可以自动的提供一些帮助，如"需要我转告吗？"或"有话要我转告吗？"

例如，对方找的是你上司，刚好又不在，你最好说："对不起，××经理不在。请问您是哪一位？需要我留话吗？"而不要先问对方是谁，然后再告诉他经理不在，以免给人造成实际上经理是在的，但不愿接他电话的误会。

重要提示

当对方要找的人不在或不能接听电话时，在询问对方姓名前，先告知他要找的人不在，以免产生误会。

5. 做好记录

对方如果要求电话记录，你应马上拿过纸和笔进行记录。电话记录一般包括以下内容：谁来的电话，找谁，来电内容，来电原因，来电提到的地点，来电提到的时间。对数字或有关重要内容可重复一遍进行核实。通话完毕后，立即写上通话的时间及何人所记，及时交给有关人员。

6. 接错拨电话

接到错打的电话，人们很容易忽略了礼貌问题，甚至很粗鲁，这是因为人们认为错打的电话与自己没有关系。但事实上，并非错打的电话都必定与自己没有关系，有时，对方也恰恰是和自己有重要关系的人。因此，接听电话时，最好每一个电话都讲究礼貌，保持良好的接听态度。千万不要说："乱打电话，怎么搞的！"而且对对方的道歉你一样要说："没关系。"

7. 善于听辨

在办公室工作的人员，应该有意识地训练自己的听辨能力。假如对方是老顾客，经常打电话来，一开口就能听出他或她的声音，那么可以用合适的称谓问好："您好，王经理。"这样一来，会给对方留下特别受到重视的感觉，增强对方对你的好感。

8. 礼貌挂断

当对方向你说"再见"时，别忘了你也应该说"再见"。通话完毕后不要仓促地直接挂断电话，甚至对方话音没落，就挂断电话。如对方是长辈、上级、外宾或女性，要听到对方放下话筒后你再挂电话。挂电话时应小心轻放，声音不要太响，以免让人产生粗鲁无礼之感。

8.2 传真礼仪

目前，在商务交往中，经常需要将某些重要的文件、资料、图表即刻送达身在异地的往来人员手中。传统的邮寄书信的联络方式，已难于满足这一方面的要求。在此背景之下，传真便应运而生，并且迅速广泛地被人们所利用（见图 8-1）。

8.2.1 传真简介

传真，又叫作传真电报。它是利用光电效应，通过安装在普通电话网络上

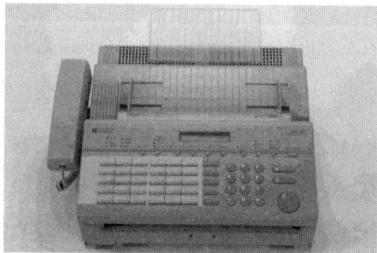

图 8-1　传真

的传真机，对外发送或是接收外来的文件、书信、资料、图表、照片真迹的一种现代化的通信联络方式。目前，在国内外的商界单位中，传真机早已普及，成为不可或缺的办公设备之一。

利用传真通信的主要优点是，操作简便，传送非常迅速，而且可以将包括一切复杂图案在内的真迹传送出去。它的缺点主要是，发送的自动性能较差，需要专人在旁边进行操作，并且有些时候，它的清晰度难以确保。

8.2.2 发传真

在发送传真时，必须在具体的操作上力求标准而规范。不然，也会令其效果受到一定程度的影响。

1. 完整

在发送传真时，应检查是否注明了本公司的名称、发送人姓名、发送时间以及自己的联络方式。同样地，应为写明对方收传真人的姓名、所在公司、部门等信息。所有的注释均应写在传真内容的上方。在发送传真时即便已经给予了口头说明，也应该在传真上注明以上内容，这是良好的工作习惯，对双方的文件管理都非常有利。

有些正式的传真要求有封面。封面页一般较为正式。有的公司使用"填空式"或封面专用纸。发急件时应在封面页注明，因为有的大公司定时分批发送公函和信件，如不标明急件，就容易被耽误。其上注明传送者与接收者双方公司的名称、人员姓名、日期、总页数等，这样接收的人可以一目了然。

重要提示

书写传真件时，在语气和行文风格上，应做到清楚、简洁且有礼貌。传真信件时必须用书写的礼仪，如称呼、签字、敬语等均不可缺少，尤其是信尾签字不可忽略，这不仅是礼貌问题，而且只有签字才代表这封信函是发信者同意的。

2. 清晰

发送传真时应尽量使用清晰的原件，避免发送后出现内容模糊的情况。另外，必须按规定程序操作，以提高清晰度为要旨。

3. 保密

公共传真机保密性不高。任何刚好经过传真机旁边的人都可以轻易看见传真纸上的内容，所以传真件完全保密难度较高。因此，任何涉及比较隐私和秘密的事，最好不用传真机传达。未经事先得到许可，不应传送太长的文件或保密性强的材料。由于传真机所用纸张的质量一般不高，印出的字迹可能不太清楚，要长久保存请将传真件复印。如果接收人需要原件备案，像一些需要主管人员亲笔签名的材料，如合同等，则应在传真后将原件用商业信函的方式寄送。

4. 发送

传真机有手动和自动两种方式。手动方式需要接听传真电话的人给你传真开始的信号，在听到滴滴长音后再开始传真文档。而自动方式不需要对方人工操作，在拨通传真电话后，在几声正常电话回音之后，就会自动出现滴滴的长音，此后就开始传真文档。

5. 询问

如有可能，在发传真前，应该先打电话询问对方现在是否方便接传真，并说明发送的部门和人员姓名。很多单位是共用一台传真机。如果不通知，信件就有可能会发到别人的手里，或许会因为别人收到，但是不知道是谁的信件而发生遗失。

如果没有得到对方的允许，不要将发送时间设定在下班后，这是非常不礼貌的行为。

如果传真机设定在自动接受的状态，发送方应尽快通过其他方式与收件人取得联系，确认其是否收到传真。

6. 中断

当正在发传真时，由于某种原因，领导改变了主意要求马上中断传真，那么可以告知对方说："对不起，传真机突然卡住了，我待会儿再给您传过去，好吗？"如果处理不好，会让对方误认为你并没有诚意发传真，或者认为你并不重视这份传真，从而引起误会。

8.2.3　接传真

人们在使用传真设备时，最为看重的是它的时效性。因此在收到他人的传真后，应当在第一时间内即刻采用适当的方式告知对方，以免对方惦念不已。需要办理或转交、转送他人发来的传真时，千万不可拖延时间，避免因任何的疏漏造成传真丢失，耽误对方的要事。任何信息丢失都可能造成时间的延误甚至影响到合作业务的成败，这样的细节不可轻视。

如果对方不能准确说出要发送传真的部门和个人，不能说公司没有这个人，就挂断传真电话，粗暴地拒绝接收传真，这样做的后果不仅会破坏公司形象，还有可能拒绝了诚心想商务交往的对方，从而失去合作的机会。

当在接收传真时刚好有同事或朋友来找你，你可以对对方说："真不巧，我不得不先办完手头上的这件事。"或说："我能一会儿再联系你吗？"有些特殊的商务传是不可以让他人看见的。

8.2.4　使用传真注意事项

1．合法

国家规定：任何单位或个人在使用自备的传真设备时，均须严格按照电信部门的有关要求，认真履行必要的使用的手续，否则即为非法之举。安装、使用的传真设备，必须配有电信部门正式颁发的批文和进网许可证。如果想安装、使用自国外直接带入的传真设备，必须首先前往国家所指定的部门进行登记和检测，然后方可到电信部门办理使用手续。使用自备的传真设备期间，按照规定，每个月都必须到电信部门交纳使用费用。

2．得法

本人或本单位所用的传真机号码，应被正确无误地告知自己重要的交往对象。一般而言，在商用名片上，传真号码是必不可少的一项重要内容。

对于主要交往对象的传真号码，必须认真地记好，为了保证万无一失，有必要在向对方发送传真前，最好先向对方通报一下。这样做既提醒了对方接收传真，又不至于发错传真。

单位所使用的传真设备，应当安排专人负责。无人在场而又有必要时，应使之自动处于接收状态。为了不影响工作，单位的传真机尽量不要同办公电话采用同一条线路。

3. 依礼

在使用传真时，必须牢记要维护个人和所在单位的形象，必须处处不失礼数。语言要礼貌不要生硬，不能说："给我信号，我要发传真。"或者没有在传真上注明是给某某部门和某某人的情况下，说："传真是给某某的。"不等对方记下了就挂了电话，对方会因为匆忙之中没有记牢而无从送达。

在发送传真时，一般不可缺少问候语与致谢语。发送文件、书信、资料时，更是要谨记这一条。

出差在外，有必要使用公众传真设备，即付费使用电信部门所设立在营业所内的传真机时，除了要办好手续、防止泄密之外，对于工作人员亦须依礼相待。

8.3 电子邮件礼仪

当今社会已进入网络时代，电子邮件（E-mail）成了最快捷的互通信息的有效手段。电子邮件礼仪也越来越受到人们的重视。

8.3.1 电子邮件

电子邮件（Electronic mail），简称 E-mail，标志为 @，也被大家昵称为"伊妹儿"，又称电子信箱、电子邮政，它是一种用电子手段提供信息交换的通信方式，是 Internet 应用最广的服务：通过网络的电子邮件系统，以非常快速的方式（几秒钟之内可以发送到世界上任何你指定的目的地），与世界上任何一个角落的网络用户联系。

电子邮件可以是文字、图像、声音等各种方式。同时，用户可以得到大量免费的新闻、专题邮件，并实现轻松的信息搜索。这是任何传统的方式也无法相比的。正是由于电子邮件的使用简易、投递迅速、收费低廉，易于保存、全球畅通无阻等特性，使得电子邮件被广泛地应用，并极大地改变了人们的交流方式。

电子邮件还可以进行一对多的邮件传递，同一邮件可以一次发送给许多人。最重要的是，电子邮件是利用网络直接面向人与人之间的信息交流，它的数据发送和接收都是人，极大地满足了人与人之间通信的需求。

8.3.2 电子邮件礼仪

在收发电子邮件时，应特别注意以下礼仪。

1. 简洁

在编写电子邮件时，应注意简洁、清楚地表达想说的意思。语言要简略，不要重复，不要闲聊，写完后检查一下有无拼写错误和不必要的话语。因为你的邮件后来很有可能变成打印出来的正式文件，或是贴在公告牌上。

2. 礼貌

和写普通的信件一样，电子邮件中称呼、敬语必不可少，写好电子邮件后还要审查核定所用的字体和字号大小，太小的字号不仅收件人看起来费力，也显得粗心和不礼貌。写邮件时最好在主题栏写明主题，以便让收信人一看就知道来信的要旨。最好不要只发附件而将正文栏空白，除非是因各种原因出错后重发的邮件，否则不仅不礼貌，还容易被收件人当作垃圾邮件处理掉。

发送完毕后，可以通过电话等询问是否收到邮件，通知收件人及时接收阅读。收到邮件后，要注意尽快回复来信。如果暂时没有时间，就先简短回复，告诉对方你已经收到他的邮件，有时间再详细说明。

3. 安全

在发送电子邮件时，要尽量保证邮件不携带计算机病毒。因此，如果没有反病毒软件实时监控，发送邮件前务必要用杀病毒程序杀毒，以免不小心把带有病毒的邮件发送给对方。

接收电子邮件时的安全问题很重要，来历不明的信件必须谨慎处理，如无法确认其安全性则最好删除。在删除怀疑有病毒的邮件后，要及时清空邮件的废件箱，否则，病毒还在你的计算机硬盘里，没有从硬盘上将其清除掉。

要注意网上的保密工作，不要将公司的账号或私人存款账号保存在邮件中。

慎重选择电子邮件的功能，避免带来不必要的干扰。

重要提示

许多邮箱容量有限，要定期及时清理邮件收件箱、发件箱、废件箱，确保有足够的邮箱容量空间。及时将一些有用的电子邮件地址记下来并存入通信簿中。

电子邮件有异地接收功能，不论你在何时何地上互联网，只要打开你的邮箱，就可以接收你的电子邮件。利用这个功能，可以将你的许多常用的资料放入你的邮箱备份，在你出差在外时如有需要可以打开你的邮箱，从中复制使用，既方便又安全。但一些核心机密文件轻易不要使用此方法，使用也要加密，阅读时再解密。现在，笔记本电脑的使用已经很普遍了，携带也很方便，可以省去许多麻烦，但笔记本电脑也难免出现各种问题而无法工作，因此，有时为了保险起见，保存在电子邮件中仍是在外出旅行时确保重要资料能随时使用的一种方法。

8.4 手机与短信礼仪

无论是在社交场所还是工作场合，不顾场合地使用手机接听电话、收发短信，已经成为礼仪的最大威胁之一，手机和短信礼仪越来越受到关注。在国外，如澳大利亚电讯的各营业厅就采取了向顾客提供"手机礼节"宣传册的方式，宣传手机礼仪。

8.4.1 手机礼仪

中国已成为世界第一大手机用户国，手机几乎已成为每个社会人必不可少的通信工具，如图8-2所示。有礼地使用手机成为亟待普及的社会公德。

1. 放置位置

在一切公共场合，手机在没有使用时，都要放在合乎礼仪的常规位置。不要在不使用的时候拿在手里或是挂在上衣口袋外。放置手机的常规位置有：一是随身携带的公文包里，这种位置最正规；二是上衣的内袋里；也可以放在不起眼的地方，如手袋里，但不要放在桌子上，特别是不要对着对面正在聊天的客户。

图 8-2　手机礼仪

2. 使用场合

开车、乘坐飞机时禁止使用手机。

在会议、谈判、聚餐时，在图书馆、教室、音乐厅、电影院、医院等公共场所，最好的方式还是把手机关掉，起码也要调到静音或震动状态。这样既显示出对别人的尊重，又不会打断说话者的思路。

在办公室、楼梯、电梯、路口、人行道等公共场合，不可以旁若无人地使用手机，而应该把自己的声音尽可能地压低一下，而绝不能大声说话。

当与朋友面对面聊天时，不要正对着朋友拨打手机。

3. 尊重对方

给对方打手机时，最好避开休息和用餐时间。给对方打电话时要考虑到，这个时间方便接听电话吗？并且做好对方不方便接听的准备。通话时，注意从听筒里听到的回音来鉴别对方所处的环境。如果很静，应想到对方在会议上，当听到噪声时，对方就很可能在室外，有了初步的鉴别，对能否顺利通话就有了准备。但不论在什么情况下，是否通话还是由对方来决定为好，所以"现在通话方便吗？"通常是拨打手机的第一句问话。其实，在没有事先约定和不熟悉对方的前提下，我们很难知道对方什么时候方便接听电话。所以，在有其他联络方式时，还是尽量不拨打对方手机好些。

另外，对待打错电话的人要有风度，不要粗暴地挂断。

案例分析

课堂上的手机礼仪

上课前，其他同学都在自习，静静地等待老师的到来，而张峰的手机用手机扬声器大声地播放音乐，全班同学都投去好奇的目光，但他自己却没有发现，还沉浸在音乐世界中，直到有坐在附近的同学提示他，他才关掉外放，插上耳机继续听。

等到上课时间到了，张峰还没有开始好好听课，继续听音乐，这时候老师发现了，来到他身前制止了他，张峰才很不情愿地收起了手机，开始好好听课。

课程进行到一半，老师的手机响了，老师的手机也没有调到震动或者静音。而且他并没有挂掉手机或者先离开教室，再接来电，而是直接在讲台上接起了电话，虽然他的声音很小，并告诉对方自己在上课，然后很快挂掉了电话，跟大家道歉后，继续上课。

分析：这个案例中出现了哪些不文明使用手机的行为？我们应该怎么做？

8.4.2 短信礼仪

手机短信因其简洁方便成为人们待人处事和商业活动的重要方式，收发短信也有应遵循的礼仪，如图 8-3 所示。

1. 内容健康

在短信的内容选择和编辑上，应该和通话文明一样重视。因为短信是通过你的手机发送，这意味着你赞同至少不否认短信的内容，也同时反映了你的品位和水准。所以不

图 8-3　手机短信礼仪

要编辑或转发不健康的短信，特别是一些带有讽刺公众人物的短信，更不应该转发。收到无聊、不健康的短信应立刻删除，不要传播。

2．编辑规范

编发短信用字用语要规范准确、表意清晰，规范礼貌。

3．必要署名

短信内容后要留姓名，以便接收方知晓发送人。短信署名既是尊重对方，也是达到目的的必要手段。如果是比较重要的事情，不署名更会造成不必要的损失。

4．及时整理

接到短信应及时整理，将重要短信移至收藏夹，不用的短信应及时删除，避免保密内容被无意间泄露或传播。

5．使用场合

不要在别人能注视到你的时候查看短信。一边和别人说话，一边查看手机短信，也是对别人不尊重的表现。

在需要保持安静的公共场所，或在与人交谈时，请将短信接收提示音调至静音或振动状态。

有些重要电话可以先用短信预约。当要给身份高或重要的人打电话，知道对方很忙，可以先发短信"有事找，是否方便给您打电话？"如果对方没有回短信，一定不是很方便，可在以后再拨打电话。

如果事先已经与对方约好参加某个会议或活动，为了怕对方忘记，最好事先再提醒一下。提醒时适宜用短信而不要直接打电话。因为打电话似乎有不信任对方之感，而短信就显得比较亲切。

【经典案例】

案例一　铃声终于激怒了老总

"开会了，开会了！"大家都来到了会议室。总经理召集各部门经理开会，

通信礼仪

241

布置下一个季度的营销任务。老总刚清了清嗓子准备说话，一阵刺耳的电话铃声响了起来，李经理忙不迭地站起来跑出去接电话。老总脸上露出了愠色。会议继续进行，可是不是这里在低头小声接电话，就是那里突然一声铃响。老总突然一拍桌子，把大家吓得一哆嗦。"把手机关了，我不相信关一会手机会死人！"

讨论：接打电话有哪些礼仪需要注意？

小　结

本章主要介绍了电话、传真、电子邮件、手机、短信等几种通信方式的礼仪，其中电话又分为电话语言、打电话礼仪和接电话礼仪三部分；传真分为简介、收传真、发传真和注意事项四部分；电子邮件中主要介绍了简介、礼貌、安全三个基本礼仪；手机和短信部分也分别列出了各自所需要注意的礼仪知识。

通信礼仪与生活和工作越来越紧密相关，礼貌有节的接打电话、接发传真、接发邮件、使用手机和短信将为你增添职场魅力。

思考与练习

1. 打电话时应注意哪些礼仪规范？
2. 收发传真的注意事项有哪些？

活动与探索

1. 与同学们讨论"网络礼仪的现实意义"。
2. 在公共场合使用手机有哪些礼仪？

社交礼仪

第 9 章
会议礼仪

　　无论是召集、组织、参加会议，还是为会议服务，都有一些基本守则和规矩必须遵守，会议礼仪就是其中的一部分。

　　本章讲述会议礼仪的相关内容，包括会议含义的介绍，召开会议前、会议中、会议后及参会人应注意的事项，以及掌握会议礼仪对促进会议精神的执行和会后工作开展的重要作用。

没有一种伟大思想是在会议中诞生的，但已有许多愚蠢的思想是在那里死去的。

——【美】斯科特·菲茨杰拉德

9.1 会议的含义

9.1.1 会议的含义

会议是有组织、有目的地召集人们商议事情、沟通信息、表达意愿的行为过程。它是人类社会历史发展的产物，它经历了图 9-1 所示的演变过程。

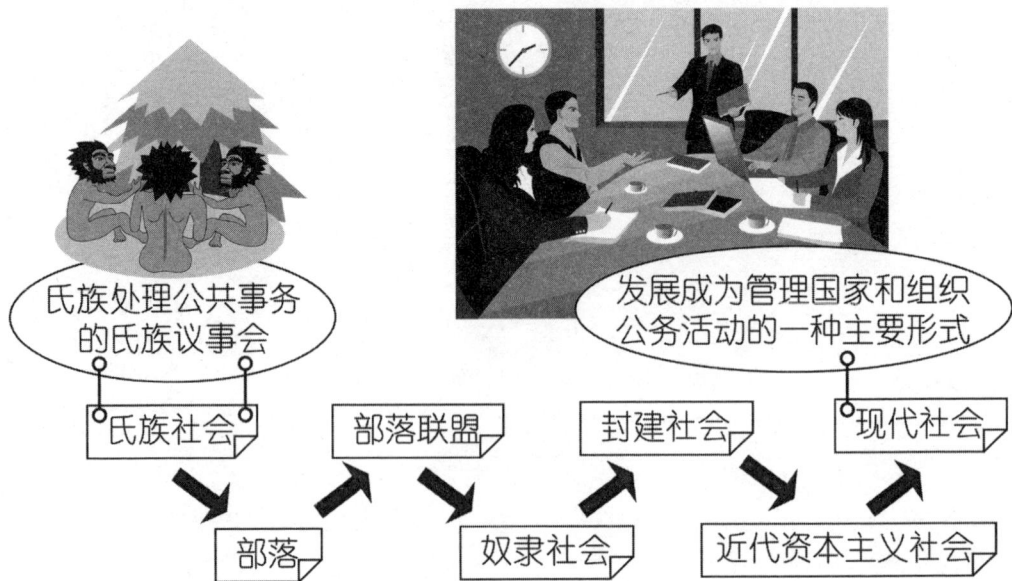

图 9-1 会议的演变过程

9.1.2 会议的作用

会议有着以下重要作用。

第一，交流信息，互通情报。

第二，发扬民主，科学决策。

第三，组织领导，推动工作。

第四，带动消费，促进经济。

第五，联络感情，塑造形象。

此外，我们还看到现实中会议还存在着以下一些缺陷。

第一，浪费过多时间和精力。

第二，造成资金的浪费。

第三，造成信息的重复和浪费。

第四，公款消费，滋长不正之风。

9.1.3 会议的分类

会议可以按照其性质的不同分为以下几种。

（1）按规模分：特大型（万人以上）、大型（上千人）、中型（数百人）、小型（数十人或数人）。

（2）按性质分：法定性、决策性、专业性、动员性、纪念性、外事性、专题性、综合性。

（3）按时间分：定期和非定期。

（4）按出席对象分：联席会、内部会、代表会、群众会．

（5）按召开方式分：电话会、电视会、广播会、网络会。

（6）按秘密程度分：公开会议、内部会议、机密会议。

（7）按与会者的国籍分：国内会议和国籍会议。

（8）按与会者国别或与会各方的数量：双边会议和多边会议。

（9）按会议议题所涉及的领域：经济性会议、政治性会议、军事性会议、文化性会议。

9.2 会前准备

会前做好充分的准备工作，才能使会议工作进行得更顺利。小到部门例会、公司庆典，大到国家乃至国际重大会议，都需要相关责任部门在开会前对所有准备工作进行检查，以防因为准备不到位而影响会议的效率。做好充分全面的准备是保证会议圆满完成的前提。

9.2.1 确定议题内容

确定会议主题的依据主要有三个方面：一是要有切实的依据；二是必须要结合本单位的实际；三是要有明确的目的。议题是对会议主题的细化。在会前准备过程中，首先必须确定的是会议的议题和主要目的，要明确此次会议是传达上层领导者的执导精神或方针策略，还是为了解决某个紧急的具体的问题或危机等。

会议名称一般由"单位 + 内容 + 类型"构成，应根据会议的议题或主题来确定。

不论会议具体的目标如何，召开会议的基本议题都是传达并贯彻所要执行的方针政策，使各个部门和与会者集思广益、协调一致，找到解决问题的最佳办法。

阅读材料

万隆会议

万隆会议的中心议题是：反对殖民主义，推动亚非各国民族独立。

会议达成一致的议题如下。

《关于促进世界和平和合作的宣言》的决议中，提出了各国应当在下列原则的基础上，作为和睦的邻邦彼此实行宽容，和平相处，发展友好合作：

一、尊重基本人权，尊重联合国宪章的宗旨和原则。

二、尊重一切国家的主权和领土完整。

三、承认一切种族的平等，承认一切大小国家的平等。

四、不干预或干涉他国内政。

五、尊重每一国家按照联合国宪章单独地或集体地进行自卫的权利。

六、不使用集体防御的安排来为任何一个大国的特殊利益服务；任何国家不对其他国家施加压力。

七、不以侵略行为或侵略威胁或使用武力来侵犯任何国家的领土完整或政治独立。

八、按照联合国宪章，通过如谈判、调停、仲裁或司法解决等和平方法以及有关方面自己选择的任何其他和平方法来解决一切国际争端。

九、促进相互的利益和合作。

十、尊重正义和国际义务。

这就是著名的十项原则，它是万隆会议达成的最重要的协议，是在万隆会议那七天里各国讨论并通过的议题或决议。

9.2.2 确定会期会址

（1）确定会议的最佳时间，要考虑主要领导是否能出席，确定会期的长短应与会议内容紧密联系。会议开始之前，会议筹备组需要通知所有的参会人员会议开始的时间和会议计划持续的时间。这样能够让参加会议的人员更好地安排自己的工作。

（2）会议地点要根据会议的规模、规格和内容等要求来确定，有时也考虑政治、经济、环境等因素。而后通知与会人员会议召开的明确地点，以防与会人员不能按时找到会议地点导致迟到或者错过会议。

9.2.3 制发会议通知

（1）会议通知的内容包括名称、时间、地点、与会人员、议题及要求。会议通知的发送形式有正式通知和非正式通知。会议通知的方式有口头、书面、电话、电子邮件等，如图9-2所示。

（2）发出会议通知之前，应核实与会人员的人数，其中包括本部门有哪些人员参加，外来嘉宾有哪些人员参加。以外部客户参加的公司会议为例，会议有哪些人来参加，公司这边谁来出席，是不是已经请到了合适

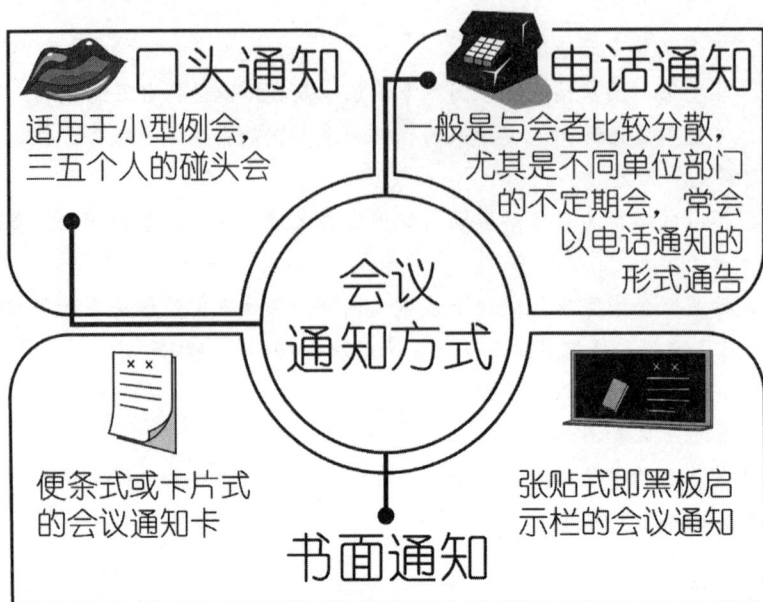

口头通知
适用于小型例会，三五个人的碰头会

电话通知
一般是与会者比较分散，尤其是不同单位部门的不定期会，常会以电话通知的形式通告

会议通知方式

便条式或卡片式的会议通知卡

张贴式即黑板启示栏的会议通知

书面通知

图 9-2　会议通知方式

的嘉宾来出席这个会议。在确认会期、会址及议题均书写正确之后，准确无误地寄发通知。

通知寄发以后，还要再确认每一位与会人员是否收到会议通知，以免因为漏发通知而造成的与会人员没有参加会议，尽量做到万无一失。

会议通知示例如图 9-3 所示。

教学观摩会通知

时间：2011 年 5 月 5 日（周四）下午两点半

地址：三楼阶梯教室

主讲：英语系张 ×× 教授

内容：关联理论观下的幽默翻译

参加者：各系负责教学的主任、助理。

校教科研所

× 月 × 日

图 9-3　会议通知示例

礼堂里的尴尬

某机关定于某月某日在单位礼堂召开总结表彰大会，发了请柬邀请有关部门的领导光临，在请柬上把开会的时间、地点写得一清二楚。

接到请柬的几位部门领导很积极，提前来到礼堂开会。一看会场布置不像是开表彰会的样子，经询问礼堂负责人才知道，今天上午礼堂开报告会，某机关的总结表彰会改换地点了。几位领导同志感到莫名其妙，个个都很生气，一气之下都回家去了。

事后，会议主办机关的领导才解释说，因秘书人员工作粗心，在发请柬之前还没有与礼堂负责人取得联系，一厢情愿地认为不会有问题，便把会议地点写在请柬上，等开会的前一天下午去联系，才得知礼堂早已租给别的单位使用了，只好临时改换会议地点。但由于邀请单位和人员较多，来不及一一通知，结果造成了上述失误。尽管领导登门道歉，但造成的不良影响也难以消除。

9.2.4 其他准备工作

各种辅助工具是会议得以顺利进行的重要保证。在召开会议之前，应该把各种辅助工具准备妥当。

（1）桌椅、名牌、茶水

会议的最基本设备是桌椅。根据会议的需要，桌椅可以摆成圆桌型或报告型。圆桌型一般用于参加会议的人数较少时，并且需要提前制作和摆放好座位牌，即名牌，以便各位与会人员按照名牌就座。而报告型一般用于参加会议的人数较多时，这种情况下一般不需要准备名牌。

会议上的茶水饮料最好使用矿泉水或白开水，也可准备茶、咖啡或果汁饮料等。但因为每一位与会人员的口味不同，所以如果没有特别的要求，矿泉水是最能让每个人都接受的选择。

（2）签到簿、名册、文件资料

签到簿的作用是帮助了解到会人员的多少，分别是谁。一方面能使会议组织者查明是否有人缺席，另一方面能够使会议组织者根据会议签到情况安排下一步的工作，如就餐、住宿等。

印刷名册可以方便会议的主席和与会人员尽快地掌握各位参加会议的人员的相关资料，加深了解，彼此熟悉。

需准备的会议文件资料主要有议程表和日程表、会场座位分区表和主席台及会场座次表、主题报告、领导讲话稿、其他发言材料、开幕词和闭幕词、其他会议材料等。

（3）黑板、白板、笔

在有的场合，与会人员需要在黑板或者白板上写字或画图，从而说明问题。虽然现在视听设备发展得很快，但是传统的表达方式依然受到很多人的喜爱，而且在黑板或白板上表述具有即兴、方便的特点。此外，粉笔、万能笔、板擦等配套的工具也必不可少。

（4）各种视听器材

现代科技的发展带来了投影仪、幻灯机、录像机、镭射指示笔或指示棒等视听设备，给人们提供了极大的方便。在召开会议前，必须先检查各种设备是否能正常使用，如果要用幻灯机（如幻灯会议，见图9-4），则需要提前做好幻灯片。录音机和摄像

图 9-4　幻灯会议

机能够把会议的过程和内容完整记录下来，有时需要立即把会议的结论或建议打印出来，这时就需要准备一台小型的影印机或打印机。

（5）资料、样品

如果会议属于业务汇报或者产品介绍，那么有关的资料和样品是必不可少的。如在介绍一种新产品时，单凭口头泛泛而谈是不能给人留下深刻印象的，如果给大家展示一个具体的样品，结合样品一一介绍它的特点和优点，那么给大家留下的印象就会深刻得多。

（6）特殊用品

特殊用品是针对一些特殊类型的会议而准备的，例如谈判会议、庆典会议、展览会议等所需的特殊用品和设备。

9.3 会中礼仪

会议召开过程中，为了保障会议顺利进行，各方面工作都要做得井井有条、安排有序。

9.3.1 统计签到

在与会人员步入会场时需要统计到场者的个人基本信息，做好统计。会议的统计签到的方式有传统手写签到和会务签到两种。常见的会议签到方式如图9-5所示。

传统的手写签到多使用签到本、签到背景板等形式。

会务签到则使用于更多

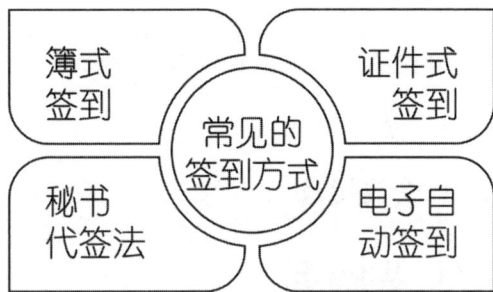

图9-5　常见会议签到方式

高质的会务活动，如各种商务会议、政府会议、学术会议、新闻发布会、客户答谢会、专业培训会、公司年会、庆典、宴会等。这种签到方式除了重视邀请嘉宾到会所提供的服务外，更关注进会嘉宾身份的识别，务求彰显主办方的形象。随着信息科技的发展、社会的进步，高效又快捷的二维码会议签到被广泛应用于各大会务签到活动之中。

9.3.2 安排议程

因为会上要讨论的问题不止一个，所以应根据事务的轻重缓急合理安排会议议程。会议议程安排如图9-6所示。

在不考虑其他因素时，一般应当先进行部分人员的议题，再进行全体人员的议题。这样小范围的会场容易集中，会场好掌握，会议进程也容易紧凑地控制。

会议中，安排会议发言也是比较重要的工作，可以控制会议进行的时间和按照会议主题合理进行。首先，会议的主办方致会议开幕词；其次，

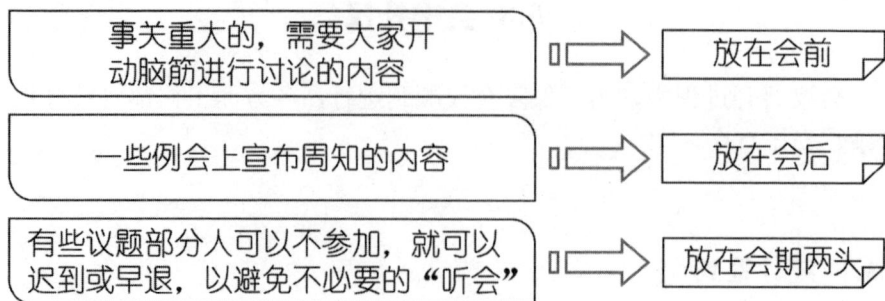

图 9-6　会议议程安排

根据会议的议题请嘉宾作首要发言。

9.3.3　会议记录

1. 基本要求

会议过程中，记录人员要把会议的组织情况和具体内容客观地记录下来，以便进行分析、研究、综合、整理。会议记录是会议简报、纪实、决议的主要依据。因此，每一次重要的会议，都应当有专人做好会议记录工作，务必做到真实准确、简洁完整。

（1）真实准确会议

记录者要如实地记录发言人的发言，不管是做详细记录，还是做概要记录，都必须忠实实际的内容，不得添加记录者的观点、主张，不可断章取义，特别是关于会议的决定和选举评定的结果等内容，更不能有丝毫出入。

（2）简洁完整

记录的详略，要根据情况决定。一般地说，决议、建议、问题和发言人的观点、论据材料等要记得具体、详细。一般情况的说明，可抓住要点，略记大概意思。会议记录应该突出重点，常见的记录重点有会议中心议题以及围绕中心议题展开的有关活动；会议讨论、争论的焦点及其各方的主要见解；权威人士或代表人物的言论；会议开始时的定调性言论和结束前的总结性言论；会议已议决的或议而未决的事项；对会议产生较大影响的其他言论或活动等。

2. 记录形式与格式

（1）记录形式

主要分为“记”和“录”两种。“记”分为详记与略记两种。略记是记会议大要，会议上的重要或主要言论。详记则要求记录的项目必须完备，记录的言论必须详细完整。“录”分为笔录、音录和影像录等。对会议记录而言，音录、像录通常是过渡的手段，最终还是要将录下的内容还原成文字。笔录也常常要借助音录、像录，保证记录内容最大限度地再现会议情境。

（2）记录格式

① 会议记录的格式：记录头、记录主体、记录尾部。

② 记录头：会议名称；会议时间；会议地点；会议主席（主持人）；会议出席、列席和缺席情况；会议记录人；会议主要议题。

③ 记录主体：与会者的发言；议定事项。

④ 记录尾部：散会；主持人、记录人签字。

会议记录示例，如图 9-7 所示。

××公司办公会议记录

时间： 年 月 日 时

地点：

出席人：××× ××× ××× ××× ××× ……

缺席人：××× ××× ××× ……

主持人：×××

记录人：×××

主持人发言：（略）

与会者发言：×××（略）×××（略）

散会

主持人：×××（签名）

记录人：×××（签名）

（本会议记录共 × 页）

图 9-7 会议记录示例

9.3.4　外事翻译

翻译工作在会议中发挥着双向转换文字、消除交流障碍、传递双方信息的重要作用。外事翻译主要是在外交、外事会议场合进行口头和书面的讲话和文件。在外事会议中，口、笔译往往同时使用。如建交谈判、关于国际公约的谈判，都要求译员既能口译，又能将所谈的内容和结果落实到文字上，成为公报、公约、条约备忘录、协议等。有时是先口译，然后产生文件；有时则在讲话、演讲前将稿件译好，再到现场作口译。

9.3.5　餐饮安排

会议餐饮安排应本着"卫生第一、保证营养、适合口味、方便节约"的原则，做好伙食预算和伙食搭配与烹调工作。

就餐地点和用餐标准多为固定的，所以在点菜时可多借鉴餐厅的推荐套餐，酒水也要提前预订好。餐饮安排通常可以按照下面的步骤来做。

（1）确定会议结束时间，与餐厅协调好上菜时间，不要等会议结束了吃不上饭或者菜上早了已经凉了。由于会议时间有时候很难确定，所以在大概的时间先通知把凉菜上好，这样客人会议结束就可以直接吃，热菜则可等会议即将结束时迅速和餐厅联系。

（2）确定好会议人数，以及有无少数民族或素食者，安排好人员餐位。如果与会人员没有等级身份区别，大家可以随意就座；但如果有等级身份区分，应该事先把重要与会人员的名牌打好，放到主桌及副主桌上。名牌的摆放很讲究，要和会议主办方协商好，以免产生误解。会议的餐饮安排主要在于时间要掌握好，不要影响下午的会议或者客人的航班飞机等。

（3）掌握费用控制。会议餐饮因为涉及的人数多，有时会有客人单点套餐以外的东西或者酒水，所以需提前和餐厅沟通。主桌的重要客人要点的东西一般都可以同意，餐厅予以满足；而其他客人如果要单点，需先通知会议主办方餐饮的负责人员，经负责人员同意后才可以拿给客人。但这种情况一定不能让客人有所察觉，可通过服务员询问负责人员。

9.3.6 服务和保卫

1. 服务

会场中的服务工作主要包括：第一，及时充足的茶水供应；第二，主席台座位要放置铅笔、纸张、纸巾等物品；第三，各种设施如电力、空调、音响、通风、同声传译等是否均已通畅待用。

2. 保卫

保卫工作主要包括：第一，重要与会者人身安全保卫；第二，重要文件的保卫；第三，会场和驻地的保卫；第四，会议设备的保卫。

9.4 会后礼仪

会议结束后，各项工作要做到善始善终。在礼仪方面，主要应该安排好会议闭幕式、材料整理、返程协助和游览等工作。

9.4.1 举行闭幕式

闭幕式是会议结束的标志，开好闭幕式更是会议取得圆满成功的标志。在闭幕式上通过的会议纪要，一定要充分征求代表的意见，以表示对代表的尊重。对会后需贯彻执行和落实的事项，要逐项明确，防止不了了之，毫无效果。

9.4.2 整理材料

会后，整理会议文件，做好立卷归档工作十分重要。

会谈要形成文字结果，哪怕没有文字结果，也要形成阶段性的决议，落实到纸面上，而且应该有专人负责相关事项的跟进。会后必须对现场记录进行整理，以更正现场记录中由于紧张而造成的字迹不情、语言文字不规范等问题，保证会议记录的真实、清晰、准确、完整和规范，最后成为会议文件之一或编发会议报告的依据。

会议文件必须在会议结束后归入卷内，其排列顺序一般是：会议通知、会议纪要、会议议题及有关文件。对修改过的文件，立卷时应将原稿放在前面，然后将修改稿依次排在后面。大型会议完整的会议案卷，应包括以下部分：会议正式文件，如决定、计划等；会议参阅文件；会议安排的发言稿；会议上的讲话记录；其他有关材料。

9.4.3　协助返程

会务人员要根据代表的返程车次、航班、船期的具体时间，逐一做好送站工作。与会代表离开时，应与代表热情话别。还要为与会人员结算钱款，回收需要回收的会议文件等。对于外地与会者，还应提前登记并为其代购返程车（船、机）票。

9.4.4　活动和游览

会议东道主应本着有劳有逸的原则，在紧张的会议之余，适当组织一些文娱活动和就地、就近组织适当的参观游览活动。赠送公司的纪念品、参观公司、厂房或者当地风景名胜等。

图 9-8 给出了一个清晰的会议流程，为大家理清思路。

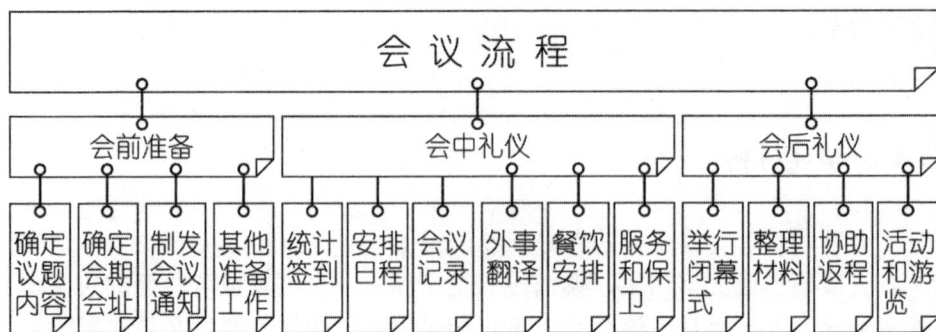

图 9-8　会议流程

9.5 领导座次

9.5.1 桌牌摆放

召开会议时，主席台必须排座次、放名牌，以便领导同志对号入座，避免上台之后互相谦让。

主席台座次排列分以下两种情况。

（1）领导为单数时，主要领导居中，2号领导在1号领导左手位置，3号领导在1号领导右手位置，如图9-9所示。

图 9-9　单数位领导座次排列

（2）领导为偶数时，1、2号领导同时居中，2号领导依然在1号领导左手位置，3号领导依然在1号领导右手位置，如图9-10所示。

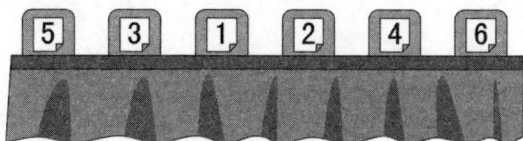

图 9-10　偶数位领导座次排列

对于主席台就座的领导同志届时能否出席会议，在开会前务必逐一落实。领导同志到会场后，要安排在休息室稍候，要再次逐一核实，并告之上台后所坐方位。如主席台人数很多，还应准备座位图。如有临时变化，应及时调整座次、名签，防止主席台上出现名牌差错或领导空缺。另外，还要注意认真填写名牌，谨防错别字出现。

9.5.2 长条桌座次

在方桌会议中，特别要注意座次的安排。如果只有一位领导，那么他一般坐在这个长方形的短边的这边，或者是比较靠里的位置。就是说以会议室的门为基准点，在里侧是主宾的位置。如果是由主客双方来参加的会议，一般分两侧来就座，主人坐在会议桌的右边，而客人坐在会议桌的左边。如图 9-11 所示。

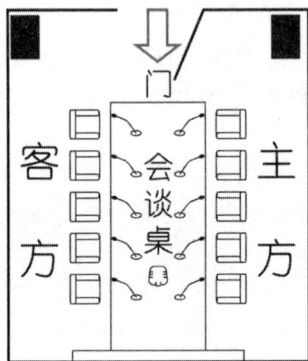

图 9-11　长条方桌座次排列

9.5.3 沙发室座次

如果是接待外宾，访客方坐在右侧，主方坐在左侧，如需译员、记录人员则分别安排在主宾和主人的身旁，如图 9-12 所示。

图 9-12　沙发室座次排列

9.5.4 小型会议座次

在小型的会议中，与会人员较少，会议也往往比较简短，则可以不用拘泥这么多的礼节。主要记住以门作为基准点，比较靠里面的位置是比较主要的座位即可。

9.5.5 乘车座次

（1）小轿车。如图 9-13 所示，小轿车 1 号座位在司机的右后边，2 号座位在司机的正后边，3 号座位在司机的旁边（秘书座位）。如果后排乘坐三人，则 3 号座位在后排的中间。中轿主座在司机后边的第一排，1 号座位在临右窗的位置。

（2）如果由主人亲自驾驶，以驾驶座右侧为首位，后排右侧次之，左侧再次之，而后排中间座为末席，前排中间座则不宜再安排客人。

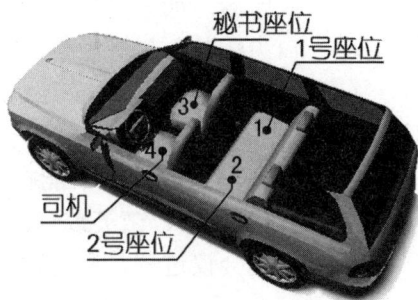

图 9-13 小轿车座次排列

（3）主人亲自驾车，坐客只有一人，应坐在主人旁边。若同坐多人，中途坐前座的客人下车后，在后面坐的客人应改坐前座，此项礼节不能疏忽。

（4）旅行车接送客人。旅行车以司机座后第一排，即前排为尊，后排依次为小。其座位的尊卑依每排右侧往左侧递减。

9.5.6 合影

集体合影的人员排序位置与主席台相同。
若为双方合影，则签字双方主人在左边，客人在主人的右边。

9.6 与会人员礼仪

9.6.1 主持人礼仪

会议中，主持人起着穿针引线、承上启下的重要作用。因此，主持人做好会议礼仪显得尤为重要。会议主持人应注意以下几点。

（1）衣着整洁，大方庄重，精神饱满。

（2）走上主席台时，步伐沉稳有力。

（3）入席后，如果是站立主持，应双腿并拢，腰背挺直。

（4）口齿清楚，思维敏捷，简明扼要。

（5）以庄重的言谈和感染力活跃整个会议气氛，亦庄亦谐，沉稳中不失活泼。

（6）对会场上的熟人不能打招呼，更不能寒暄闲谈，会议开始前或会议休息时间可点头、微笑致意。

（7）控制会议进程，避免跑题或议而不决，并控制会议时间。

9.6.2 会议参加者礼仪

1. 提前或准时到会

开会不应迟到，应尽量稍微提早或者准时到达会场，以免因为找座位而打扰已经入座的与会人员。若因为不得已的原因迟到，应该在不影响他人的前提下，尽快找靠边或后面的地方坐下。

当进入满座的一排来找座位时，应尽量面朝着座位而不是舞台。当走过别人的座位时，要为阻挡了他人的视线而道歉。

阅读材料

研讨会上的小许

小许的公司应邀参加一个研讨会，该次研讨会邀请了很多商界知名人士以及新闻界人士参加。老总特别安排小许和他一道去参加，有意让小许见识见识大场面。

小许早上睡过了头，等他赶到时会议已经进行了20分钟。他急急忙忙推开了会议室的门，"吱"的一声脆响，他一下子成了会场上的焦点。刚坐下不到五分钟，肃静的会场上又响起了摇篮曲，原来是小许的手机响了！这下子，小许又成了全会场的明星……

不管是参加自己单位还是参加其他单位的会议，都必须遵守会议礼仪。因为在这种高度聚焦的场合，稍有不慎，便会严重有损自己和单位的形象。

2. 举止文明

会议开始后，在场内禁止睡觉、嚼口香糖。在公共场合大声地咳嗽或打呵欠也是不文明的行为，必要时要用手进行遮挡，并尽量将声音压到最低，以免打扰别人。保持端正的坐姿，腰部挺直，头、上肢相互配合，更不能有抖腿、躺在椅子里的不文明举止。

3. 保持肃静

在会场中，与会者聆听台上的发言时应禁止讲话，轻声细语的交头接耳也是不能容忍的。连续不断的闲聊或是对台上发言人的品头论足就更加不允许了。

4. 手机

入场前一定要关掉手机或者把手机开到震动挡。有紧急电话要接时，要离开会场，找安静、人少的地方接听，并控制自己说话的音量。要尽量使自己的谈话简短，以免干扰他人。手机是现代文明生活之中标志性通信工具，千万不能让手机毁掉了你的文明礼仪。

5. 提前离场

无论出于何种原因，在会议中离开都是很容易使发言者分心且非常不礼貌的。如果你早知道要提早离开，你可以一直坐在最靠边的位子上或站在最后一排，以使你的离开不会影响别人。

9.6.3 会议发言人礼仪

（1）上台前，正式发言人应做到衣冠整洁，步态自然，刚劲有力地走上主席台。

（2）发言时，会议发言人应做到口齿清晰，讲究逻辑，简明扼要。如果是书面发言，要时常抬头扫视一下会场，不能低头念稿、旁若无人。发言完毕，应对听众致谢。

（3）自由发言时应注意发言要讲究顺序和秩序，不能争抢发言。发言前先要进行自我介绍。发言应简短，观点明确，有不同意见的要以理服人，态度平和。听从主持人安排。

阅读材料

商务会议十"不要"

在商务会议中，需要我们特别注意的礼仪有哪些呢？以下"十不要"为你解答。

1. 不要滔滔不绝，长篇大论，原则上发言时限为 3 分钟。

2. 不要取用与会议无关的资料。

3. 不要一言不发、沉默到底。

4. 不要人身攻击，恶语伤人；可以发表不同见解，求同存异。

5. 不要打断他人的发言。

6. 不要不懂装懂，胡言乱语。

7. 不要只谈期待性的预测。

8. 不要谈到抽象论或观念论。

9. 不要对其他发言者吹毛求疵。

10. 不要中途离席。

案例一　发放资料

　　某石化股份有限公司董事会召开会议，讨论从国外引进化工厂生产设备的问题。秘书小李负责为董事会准备会议所需文件资料。因有多家国外公司竞标，所以材料很多。小李由于时间仓促就为每位董事准备了一个文件夹，将所有材料放入文件夹。有三位董事在会前回复说有事不能参加会议，于是小李就没有为他们准备资料。不想，正式开会时其中的两位又赶了回来，结果会上有的董事因没有资料可看而无法发表意见，有的董事面对一大摞资料不知如何较快地找到想看的资料，从而影响了会议的进度。

　　讨论：从本案例谈谈称职的秘书应该怎么做工作？

会议礼仪

小　结

本章首先介绍了会议的含义，然后按照会议进行的顺序从会前准备、会中礼仪和会后礼仪3个方面重点介绍了会议礼仪的相关知识。第一部分主要介绍了确定议题内容、会址会期、与会人员并寄发通知及其他准备工作。第二部分介绍了包括统计签到、安排发言、会议记录、外事翻译、餐饮安排和服务保卫内容在内的相关知识。第三部分讲了会后资料整理、返程协助和活动游览方面的内容。

此外，本章还介绍了如何安排领导座次和与会人员应注意的礼仪问题，对学习者今后的实际工作将大有裨益。

思考与练习

1. 应怎样做好会议记录？
2. 会议主席台的名牌应如何摆放？

活动与探索

1. 如果你是一名会议主持人，会前你应做好哪些准备工作？
2. 假如你是一名会务人员，会后应如何妥善安排与会领导的食宿和参观游览？
3. 设想你是某学校外语系的一名会议组织人员，请根据外语系的实际情况，设计一套"××学院外语系第×××界学代会"的会议方案。

第 10 章
公共场所礼仪

本章讲述公共场所礼仪的含义与原则，并介绍在行进、交通工具、电影院、购物场所、图书馆等具体公共场所中的礼仪。

名言警句

亲善产生幸福，文明带来和谐。

——【法】雨果

阅读材料

世界赞叹中国"奥运热情"

"加油，加油！"——北京奥运会期间，在北京及其周边的体育场、游泳馆和其他体育场馆里，到处都能听到这种令人愉悦的鼓励声。这是一种集体性的鼓励，为运动员每一个完成的动作、每一支射出的箭、每一次举起的重量……这就是奥运赛场，热烈而朴实。参加北京奥运会的各国运动员、观看比赛的观众和参与报道的媒体记者纷纷指出，中国人民体现出来的奥运热情令人难忘，观看比赛的中国观众充满善意、气氛热烈，这是国外友人对北京奥运会的"第一大满意"。

美国《华盛顿邮报》报道：在美中男篮比赛中，东道主球迷们给两队以同样热烈的欢呼。当中国队姚明投入一个三分球时，现场中国球迷为他欢呼雀跃，而当美国队科比灌篮成功时，他们也热烈鼓掌。该报还指出，中国观众的热情不仅限于对中国运动员，即便在一些没有中国运动员参加的比赛中，中国观众也是举止妥当，很有礼貌地鼓掌。

法新社报道说，8月15日当天没有著名的中国运动员参赛，比赛也只是预赛，但"鸟巢"的7万多名中国观众仍然热情激昂，大喊"加油"，在获胜者的名字宣布时挥舞中国国旗。

图10-1所示为2008年奥运会场景。

图 10-1　2008 年奥运会场景

10.1 公共场所礼仪的含义与原则

公共场所指的是可供社会成员进行各种活动的公共活动空间，如街头、巷尾、楼梯、走廊、公园、车站、码头、机场、商厦、卫生间、娱乐场所、邮政设施、交通工具等。公共场合最显著的特点，是它的公用性和共享性。它为全体社会成员服务，是社会成员进行社会活动的处所。

公共场所礼仪，是在公共场所需要遵守的礼仪规范，反映了一定的社会公德，是人类文明程度的集中体现，更是社会和谐的综合展现。在社会交往中，良好的公共礼仪可以使人际之间的交往变得更加顺畅，更容易形成良好的人际关系，为社会公众创造一个高质量的生活环境，反之，不良的公共礼仪，会让身处此中的人们缺失信任，受累其中。

人是社会的人，除了个人生活、家庭生活之外，人们还别无选择地要置身于公共场合，参与社会生活。公共礼仪的基本内容，就是人们在公共场合与他人和睦相处、礼让包容的有关行为规范。学习、应用公共礼仪，应当掌握好以下三条基本原则。

① 遵守社会公德。
② 不妨碍他人。
③ 以右为尊。

10.2 公共场所礼仪

公共场所礼仪需要我们注意生活中方方面面的细节，按照这些礼仪的规范处事，将是一个彬彬有礼的人；不按规范处事，那将是一个不知书识礼的人，也必然是一个不受欢迎的人。只有懂得相应的礼仪规则，在身处不同的公共场所时才能表现得体。

10.2.1 行进礼仪

在行进过程中，应自尊自爱，以礼待人，自觉遵循有关礼仪规范，表现出自己良好的礼仪修养，具体地讲，应注意以下细节。

1. 路上行进

① 要自觉走人行道，不要走车行道，还应自觉让出专用的盲道。无人行道时，应尽量走路边。

② 要按惯例自觉走在右侧一方，不可逆行左侧一方。

③ 要保持一定的速度，不要行动太慢，以免阻挡身后的人，不要在马路上停留、休息或与人长谈。

④ 要与其他人保持适当的距离。两人一起走路时，不要把手搭在对方肩上；走廊内不要多人并排同行；在马路上不要多人携手并肩行走，造成堵路。

⑤ 在行走时，应体现"女士优先"的原则，男士应礼让女士进出大门和走廊；上下车时，男士不应抢在女士前面。

2. 上下楼梯

① 上下楼梯均应靠右单行行走，不应多人或并排行走。

② 为人带路上下楼梯时，应走在前面。

③ 上下楼梯时不应进行交谈，更不应站在楼梯上或楼梯拐弯处进行深谈，以免妨碍他人通过。

④ 男性与长者、异性一起上下楼梯时，如果楼梯过陡，应主动走在前面，以防对方有闪失。

⑤ 上下楼梯时，既要注意楼梯，又要注意与身前、身后的人保持一定距离，以防碰撞。

⑥ 上下楼梯时，不管自己有多么急的事情，都不应推挤他人，也不要快速奔跑。

案例分析

请走人行横道

小王是某公司员工，快过节了，公司发了一箱饮料，虽然不重但体积很大，提在手上不是件轻松的事。小王要过马路去坐车，马路中央用铁栏杆隔开了，有两处地方可以通过马路，那里有一小段没有铁栏杆。一般情况下，小王都是在没有铁栏杆的正面垂直通过马路，但是今天，小王看到远处马上就有汽车驶来，如果走到没有铁栏杆的正面时，汽车刚好就过来了，那样就得等很长时间才能通过马路。于是小王就想从马路上斜着走过去，但当他走到马路中央时，一名警察制止了他，告诉他应该走斑马线，而且一定要他回去重新走一次。没办法，小王只好回到马路边上，这样一来，小王不但没有节省时间，反而更浪费了时间。

分析：小王的行为有哪些安全隐患？如果你是小王，你会怎么做？

10.2.2 乘电梯礼仪

1. 注意安全

电梯关门时，不要扒门，不要强行挤人。在电梯人数超载时，不要强行进入。

2. 注意秩序

① 等电梯时，先按一下电梯口的上下按钮，然后站到电梯的一侧。

② 电梯到达后，应先出后进，不要争先恐后，要遵循"尊者为先"的原则，晚辈礼让长辈，男士礼让女士，职位低者礼让职位高者。如果与尊长、女士、客人同乘电梯，要视电梯类别，应尽量把无控制按钮的一侧让给尊长者和女士。

③ 在商场、机场或娱乐场所乘自动扶梯，一般应站在原地顺其行进方向上下，并自觉靠向右侧，给有急事的人留出一条通道。

3. 主动服务

乘电梯时，即便电梯中的人都互不认识，站在开关处者，也应主动做好开关电梯门的服务工作。

阅读材料

乘坐电梯时应注意以下细节

等候电梯时，不应挡住电梯门口，以免妨碍电梯内的人出来。

在电梯里，尽量站成"凹"字形，挪出空间，以便让后进入者有地方站。

进入电梯后，正面应朝电梯口，以免造成面对面的尴尬。

在电梯中，不应高声谈笑，不能吸烟，不能乱丢垃圾。

在电梯中，如发生突然偏梯或其他事故，不要惊慌失措，应立刻打电话通知检修人员检修。

10.2.3 乘交通工具礼仪

交通已经成为现代社会人们日常生活的重要组成部分。无论乘坐轿车、公共汽车，还是乘坐火车、轮船、飞机，都应遵守一定的礼仪规范。

1. 乘坐轿车

在乘坐轿车时，应遵守乘车礼仪，并注意以下细节。

（1）乘坐轿车应遵循客人为尊、长者为尊、女士为尊的礼仪规则。

① 在正式场合，乘坐轿车应分清座位的主次，找准自己的位置，而在非正式场合则不必过分拘礼。

② 有专职司机驾车时，其排位自高而低依次为后排右座、后排左座、后排中座、副驾驶座，此时后排的位置应当让尊长坐。

③ 当主人亲自开车时，副驾驶座不能空着，应把副驾驶座让给尊长，其余的人坐后排。由先生驾驶私家轿车时，其夫人一般应坐在副驾驶座上。

④ 吉普车前排副驾驶座为上座，其他座次由尊而卑依次为：后排右座、后排左座。四排座及以上的中型或大型轿车排位，应由前而后，由右而左，依距离前门远近排定。

（2）上车时，驾车人应将车子开到客人跟前，下车帮客人打开车门，站在客人身后请其先上车。若客人中有长辈，还应扶其先上，自己后上车。另外，关门时切忌用力过猛。

（3）下车时，主人或工作人员应先下，帮助客人打开车门，迎候客人或长者下车。

（4）夫妇两人被主人驾车送回家时，最好有一人坐在副驾驶座上，与主人相伴，而不要双双坐在后排。图10-2、图10-3、图10-4、图10-5分别用图示方法列出了五人座、六人座、七人座、九人座乘车的座次安排。

（a）主人驾车　　　　　　（b）司机驾车

图 10-2　双排五人座车乘车座次

（a）主人驾车　　　　　　（b）司机驾车

图 10-3　双排六人座车乘车座次

（a）主人驾车　　　　　　（b）司机驾车

图 10-4　三排七人座车乘车座次

（a）主人驾车　　　　　　（b）司机驾车

图 10-5　三排九人座车乘车座次

2. 乘坐公交车

乘坐公交车应讲究文明礼貌，并注意以下细节。

① 候车应按先来后到的顺序在站台上排队，车辆进站，应等车停稳后依次上车，对妇女、儿童、老年人及病残者要照顾谦让。

② 上车后不要抢占座位，更不要把物品放到座位上替别人占座。遇到老、弱、病、残、孕及怀抱婴儿的乘客应主动让座。

③ 在车上与人说话应轻声，不要大声谈笑，或与爱人过分亲昵。

④ 应讲究乘车卫生，不要在车上随地吐痰、乱扔果皮、纸屑；禁止在车上吸烟。

⑤ 下雨天上车后，应把雨衣脱下，不要让雨水沾湿别人的衣服；雨伞要伞尖朝下放置好。拎着鱼、肉或湿东西上车时，应事先把东西包好，以免蹭脏别人的衣服。

⑥ 下车应提前做好准备，在车辆到站之前向车门靠近。车内十分拥挤时，需要他人让路，应有礼貌地请前面的乘客让一下或调换一下位置。在调换过程中，动作要和缓，注意不要拥挤别人。如果自己暂时不下车，应主动为下车的乘客让路。车到站后，应依次下车，并应照顾礼让老、弱、病、残、孕和儿童。

3. 乘坐火车

乘坐火车时应自觉遵循乘车礼仪，并注意以下细节。

① 在候车时应自觉遵守公共卫生，要保持安静，不要大声喧哗，不要随地吐痰，不要乱扔废物，检票时排队依次前行，不要拥挤，推搡。

② 上车后不要见座就坐，甚至抢座。若未持有坐票，就座前应礼貌地征求邻座的同意后再坐。

③ 使用行李架时，应相互照顾，不要独占太多的空间，不要粗暴地将自己的行李放在别人行李上；当移动别人行李时应征得同意；往行李架上放行李时，不要穿鞋直接踩踏座位，行李安放好后，应礼貌地向邻座的乘客打招呼点头示意。

④ 坐定后，待时机成熟时再与邻座交谈。在交谈时，不要打听对方隐私，不要冒失地索要对方地址、电话，也不要旁若无人地嬉笑打闹。

⑤ 在卧铺车厢，不要盯视他人的睡前准备和睡相，自己脱衣就寝时，应背对其他乘客。

⑥ 当乘务员来打扫卫生和提供其他旅途服务时，应主动予以配合，

提供方便并表示谢意，必要时应给予帮助。

⑦ 当看到不良行为、不法行为时，要协助乘警、乘务员制止、抵制不法行为。

阅读材料

雷锋出差一千里，好事做了一火车

雷锋经常出去做报告。他走到哪里就把好事做到哪里，人们流传着这样一句话：“雷锋出差一千里，好事做了一火车。”

一天，雷锋坐上了从抚顺开往沈阳的火车。他看到坐车的人很多，就把座位让给了一位老人。他看到列车员忙不过来，就主动帮着扫地、擦玻璃、倒开水、帮助下车的旅客拿东西，忙个不停。有人劝他，说：“看把你累的，都满头大汗了，快歇歇吧！”可他说：“我不累。”

在沈阳换车的时候，一出站口，雷锋看见一群人围着一个背着小孩的中年妇女，原来是她把车票丢了。只见那个中年妇女浑身上下翻了个遍，车票还是没有找到。雷锋不由得上前问道：“大嫂，你到哪儿去啊？怎么把车票弄丢了？”那位妇女着急地说：“俺从山东来，到吉林去看孩子他爸，不知什么时候把车票和钱都丢了，这可怎么办啊？”雷锋听了，说：“大嫂！你跟我来吧！”雷锋领着那位妇女来到售票处，用自己的津贴买了一张到吉林的车票，塞到大嫂手里，说：“快上车吧，车就要开了。”那位大嫂手里拿着车票，感动得热泪盈眶，说：“大兄弟，你叫什么名字？是哪个单位的？”雷锋笑了笑，心想，大嫂还想还我钱呢，就不在意地说：“大嫂，别问了，我叫解放军，家就住在中国！”

又有一次，雷锋从丹东做报告回来，还是在沈阳换车，在地下道里看到一位老大娘，白发苍苍，拄着拐杖，还背着一个大包袱，非常吃力地走着。雷锋走上前问道：“大娘！您这是上哪儿去啊？”老大娘气喘吁吁地说：“我从关里来，要去抚顺看儿子。”雷锋一听，是和自己同路，就把包袱接过来，扶着老大娘上了车。车上人挺多，雷锋给老大娘找了一个座位。老大娘告诉雷锋，她儿子是煤矿工人，出来好几年了，这是头一次去看儿子。说着，从怀里掏出一封信，雷锋看了看信封上的地址，信封上只写着抚顺市××信箱。老大娘急切地问雷锋：“孩子，你知道这地方吗？”雷锋说：“您放心吧，下了车，我一定带您找着您的儿子。”老大娘听了，脸上露出了笑容。车到了抚顺，雷锋背起老大娘的包袱，搀着老大娘，东打听，西打听，找了两个多小时才找到。母子一见面，老大娘就对儿子说："多亏了这位解放军，要不然还找不到你呢！"母子一再感谢雷锋。雷锋却说："谢什么啊，这是我应该做的。"

4. 乘坐轮船

在乘船时，应自觉遵守乘船礼仪并注意以下细节。

① 上下船时，应按先后次序排队，不要拥挤、加塞儿。与长者、女士、孩子一起时应请他们走在前面，或者以手相扶，必要时应给予照顾和帮助。

② 在上下船时应注意安全，走跳板或小船时，不要乱蹦乱跳，要小心翼翼，不要去不宜前往的地方，如轮机舱、救生艇以及桅杆之上；不要一个人在甲板上徘徊；不要擅自下水游泳等。乘船时不得随意携带易爆品、易燃品、易腐蚀物品、枪支弹药、腐烂性物品、家畜等动物及其他一些违禁品。

③ 登船时应自觉接受有关人员对人体和行李的安全检查，要积极配合，不要加以非议给予拒绝。

④ 乘船时应对号入座。若自己买的是不对号的散席船票要听从船员的指挥、安排，不要随意挪动或选择地方。

⑤ 应自觉遵守公共卫生，要保持安静，不要大声喧哗，不要随地吐痰，不要乱扔废物。与他人同住一个客舱时，不要吸烟。

⑥ 若自己周围有人晕船、生病，应给予力所能及的帮助，不应对其另眼看待或是退避三舍。

⑦ 乘船旅途中若发生了难以预料的天灾人祸，要听从指挥，尽心尽力地先救助其他人，不要惊慌失措，夺路而逃。

5. 乘坐飞机

在乘坐飞机时，应自觉遵守乘机礼仪，并注意以下细节。

① 当上下飞机时，空中小姐站在机舱的门口迎送，并热情问候乘客，应向她们点头致意或问好。

② 登机后应对号入座。不要随地吐痰，不能在飞机上吸烟。在机舱内谈话声音不可过高，尤其是其他乘客闭目养神或阅读书报时，不要喧哗。

③ 对所有人，不论民族和种族，都应一视同仁，以礼相待。如果别的乘客主动向你打招呼或想找你攀谈，若非十分疲倦，应当友好地应对。

若你打算休息一下而不想交谈，则应向对方说明并表示歉意。

④ 遇到班机误点或临时改降，迫降在机场，不要惊慌失措，而要保持镇静，并积极与机场或乘务人员配合。

⑤ 下飞机后找不到行李，不要着急，应请机场管理人员协助查找。即使行李丢失，航空公司也会照常赔偿。

阅读材料

飞机客舱内不能用手机和其他电子类产品

在飞机上，使用手机和其他电子类产品会干扰飞机的通信、导航、操纵系统，会干扰飞机与地面的无线信号联系，尤其在飞机起飞和下降时干扰更大，即使只造成很小角度的航向偏离，也有可能导致机毁人亡的后果。

以移动电话为例，移动电话不仅在拨打或接听过程中会发射电磁波信号，在待机状态下也在不停地和地面基站联系，虽然每次发射信号的时间很短，但具有很强的连续性。飞机在平稳飞行时，距地面 6000 米至 12000 米，此时手机根本接收不到信号，无法使用，在起飞和降落过程中，手机才有可能与地面基站取得联系，但此时干扰导航系统产生的后果最为严重。各航空公司在机上广播词中加入了要求旅客在飞机上关掉随身携带的便携式电子装置电源的内容，飞机上禁止使用的电子装置有手机、寻呼机、游戏机遥控器、业余无线电接收机、笔记本电脑、CD唱机等。如图 10-6 所示。

亲，飞行模式
也不可以哦！

图 10-6 乘飞机中禁用各类电子产品

10.2.4 影剧院礼仪

在剧场、影院、音乐厅等，应自觉遵守有关礼仪，注意以下细节。

①　观看文艺演出和高雅高规格的演出，应做到仪表整洁得体。男士穿着西装或礼服，女士也应着正规套装或礼服。

②　不论陪同领导或贵宾，还是个人观看演出，都应自觉遵守剧场规则。如是专场演出，一般让普通观众先入场，嘉宾在开幕前由主人陪同入场，此时，其他观众应有礼貌地起立鼓掌表示欢迎。

③　观看演出时，应提前入场，不应迟到。如果有事迟到了，最好在幕间休息时入场。如果是看电影，应跟随服务员悄然入场，并尽可能地放轻脚步，通过让座者时应与之正面相对，切勿让自己的臀部正对着他人，同时向被打扰的周围观众轻声致歉，对起身礼让的观众致谢。

④　入座后，戴帽的应脱帽，不要左右晃动身体，以免影响他人的视线，同时，也不应把身旁的两个扶手都占用了，因为你身边的人也有权使用它。

⑤　在演出进行中，不可抽烟，不可随地吐痰、乱扔果皮杂物；吃东西时，应尽量不发出响声；携带手机的应将其关闭；如有规定不能摄影，则应按规定行事；与恋人一起观看影剧时，不应有过分亲昵的举动。

⑥　当演出到精彩之处时，可以通过鼓掌、喝彩等形式向演员致敬。但应注意把握好分寸，不宜用吹口哨、怪叫、跺脚等方式宣泄情感。若演出中出现一些故障或特殊情况，应采取谅解的态度，不应喧闹、喝倒彩。

⑦　演出未结束，若有急事中途退场，应轻声离座，并尽可能地利用幕间退出。否则既影响别人观赏，也是对演员的不尊重。演出快结束时，不能抢先出场而离座，应在演出结束后退场。

⑧　给演员献花，应选择适当的机会和时间，一般在演出结束或演员谢幕时为好。请自己喜爱的演员签名，也应分场合和情况，缠住演员不放是很失礼的行为。

⑨　演出结束后，观众应起立向演员热烈鼓掌，对他们的劳动和精彩演出表示感谢。在演员谢幕前便匆忙离去是对演员不礼貌的行为。如有贵宾在场，一般应待贵宾退席后再有秩序地离开，不应推搡。

阅读材料

3D 电影院

电影开始前，大家陆续就座了。忽然后面有个女人说："哇，好像不戴 3D

眼镜看起来一样嘛！3D眼镜好像没什么用嘛！"，声音还很大，很聒噪。电影开始了之后，大家陆陆续续聊了一会，终于因为剧情吸引人而安静下来。

接着，中间不停有人手机在响，然后很招摇地接手机。周围几排的人都能听见他们在聊自己的事情。

电影终于快结束了。大家也开始骚动起来，都等不及电影结束再发表自己的感想。

请分析案例中哪些行为有失公共礼仪。

10.2.5 体育比赛礼仪

不论在参加体育比赛，还是观看体育比赛时，都应自觉遵守赛场秩序，遵守有关礼仪，注意以下细节。

1. 参赛者

参赛者应严格遵守体育比赛的有关规定，自觉遵守赛场秩序，不允许冒名顶替，弄虚作假。应自觉尊重裁判、服从裁判，即使裁判有误，也应按有关程序反映，不应在赛场大喊大叫，发生争吵。应充分发扬友谊第一、比赛第二的体育道德精神。不论是输还是赢，都应把比赛对手当成朋友。还应善待热心观众，支持记者工作。

2. 观众

观众在观看比赛时，应自觉遵守赛场秩序，拥戴偶像应适度，宣泄情感应文明。为运动员加油助威的标语口号内容应健康，对本方的运动员和另一方运动员都应加油助威，对精彩表演都应掌声鼓励。

阅读材料

体育比赛观众不良行为

袒胸露背，赤膊上阵。

对运动员在比赛中的一些失误，言行粗鲁，喝倒彩或发出"喔"声。

偏袒起哄。对对方运动员和啦啦队使用不文明的语言和手势，甚至向运动员投掷物品或呼喊起哄。

10.2.6　就诊礼仪

在医院这种特殊的场所，无论是门诊检查还是住院治疗，应讲究文明，自觉遵守有关礼仪，注意以下细节。

在门诊看病应排队挂号。如有特殊情况需马上急诊，应向在前面等候的人说明原因，求得谅解和同意。不要在候诊室里喧哗吵闹、随意走动、大声呻吟、吸烟、随地吐痰、乱丢杂物等。

在就医的过程中，应尊重和信任医生，如对医生的诊断有怀疑，可委婉礼貌地向医生说明原因，请医生再作考虑。如果自己认为医生对疾病作了不当处理，应认真询问处理依据。即使确认属于医生的责任事故，也不可纠集亲友聚会寻事，而应通过正当的途径来解决问题。

10.2.7　购物礼仪

购物是我们生活中极为普通的事情，在购物的过程中，作为顾客我们每个人也应注意自己的举止，自觉遵守有关礼仪，注意以下细节。

① 在购买东西时应礼貌客气，当需要营业员提供服务时，应礼貌客气地提出请求，不应用命令的语气说话，更不可盛气凌人。

② 在挑选商品时，应该事先考虑一下，不应在选购时过分挑剔、换来换去，如由于某些原因需要调换已买好的商品，应耐心地向营业员说明原因。如理由正当而遭拒绝，可向商店领导反映，不应与营业员争吵。

③ 在需要排队购物的地方，不能加塞儿插队，对于老、弱、病、残及妇女儿童，应有礼让精神。在离开柜台时，对营业员所提供的服务应表示谢意。

到自选商场购物，可随意挑选自己满意的商品。没选中的应放回原处，不应乱放。选好商品以后，将其放在商场提供的容器里，主动到出口处付款。

10.2.8 游园礼仪

游园，是一种常见的休闲形式。在游园时，应讲究社会公德遵守有关游园礼仪，并注意以下细节。

① 游园是一种休闲活动，着装应以休闲装为主，可穿着牛仔服、运动服、夹克衫等服装，还可以穿背心、短裤，戴上棒球帽、太阳镜等。不应西装革履，与游园的轻松气氛不协调。

② 在游园时，所穿的鞋既应时髦、漂亮，更得合脚、轻软、防扎、防水、防滑，穿旅游鞋最佳，不宜穿皮鞋，尤其是高跟皮鞋。

③ 在游园时，在装饰上应当淡妆、简饰，也可以不化妆，不佩戴饰物。假如有必要进行一些修饰，也应化淡妆，并以少用饰物为宜。

④ 在参加娱乐活动时，应当自觉排队，讲究先来后到，服从工作人员的管理，不应一拥而上，给别人增添麻烦。

⑤ 在拍照、摄像时应避免与其他人为争抢好位置、好角度而发生不快。应当相互谦让，按照先后次序进行。不能争路先行或争抢拍照景点，对文物建筑等要求不准拍照或不得使用闪光灯时，应严格遵守其规定。不应进入"请勿入内"的草地或鲜花丛中拍照，也不应到危险或不宜攀登的地方照相。合影时，如需别人帮忙，应礼貌地提出请求并表示谢意。

⑥ 在游园时，若有人向自己微笑，打招呼，应立即予以回答，不可不予理睬。不应尾随他人，或是悄悄旁听其他人的介绍与交谈。

⑦ 在公园进行练歌、唱戏、跳舞等活动时，应尽量避免干扰其他人。与恋人或家人一起游园时，应注意公共道德。恋人或夫妻不能表现得过分亲昵，对于自己的孩子，也应严加管束。

⑧ 在游园时，对文物古迹应倍加爱惜，不应乱写、乱刻、乱画；对公共设施和树木花草应爱护，不应随意在树木雕塑建筑上攀高、乱摸、乱碰，肆意践踏破坏；对园林里放养的珍禽异兽，不应进行抓捕、恐吓。

⑨ 公园和其他一些旅游景点所设置的长椅长凳，是供游人作短暂休息用的，不可只顾自己，不能一个人长时间占用。许多公园的儿童游艺场，是专为儿童设计的，应注意爱护，成年人不可去玩，以防损坏。

⑩ 游园时应自觉保护环境卫生。不要随地吐痰，不乱扔果皮、纸屑、烟蒂、塑料袋、包装盒、易拉罐、饮料瓶等。不准随地大、小便，对于自己所带的儿童，也应教育其大、小便进卫生间，绝不能任其到处随意进行"方便"。

阅读材料

游园注意事项

在湖滨、河畔浏览和登船游玩时，不应肆意打斗追逐，以防翻船落水。

不应只身独闯危险地段。

不应在公园里从事攀岩、跳岩、嬉水等比较危险的运动。

在拍照、摄像或观看动物时，应脚下留神，头脑清醒，防止发生意外事故。

吸烟者、野餐者、野炊者需特别注意防火。

应注意饮食卫生，特别是应当避免生食各种食物，以防食物中毒。

10.2.9 吸烟礼仪

吸烟有害健康，吸烟者应尽早戒烟。有吸烟习惯的人应特别注意文明吸烟，自觉遵守吸烟有关礼仪，并注意以下细节。

1. 注意场合

凡是在贴有"禁止吸烟"或"无烟室"等字样的地方和有空调的房间、没有摆放烟灰缸的房间以及公共场合（如车、飞机、船、影剧院、展览馆、医院病房等），都应自觉禁烟，遵守社会公德。

在工作、参观、谈判和进餐中，一般不应吸烟或少吸烟。

与长者或女士共处一室时，最好不要吸烟，要吸烟也应先征得别人同意。在私人住宅，如果主人不吸烟，又未请客人吸烟，客人最好不要吸烟。

2. 注意文明

吸烟时，不应把烟灰、烟蒂、火柴棒到处乱丢，而应放入烟灰缸内。找不到烟灰缸时，应请主人拿给自己。丢烟头时，应将烟掐灭放入烟灰缸内，不要让烟头在烟灰缸里继续冒烟。

3. 讲究礼节

敬烟时先敬长者，如女士中有吸烟者，应先敬女士。敬烟时，手不应碰到过滤嘴，不可用手取出一支递给对方，更不可将烟扔给对方，而应把数支烟抖出烟盒递给对方，请对方自取。敬烟时，如对方谢绝，则不应勉强。对外宾不必敬烟，外国人通常没有敬烟的习惯。

点烟时，应先给对方点。若用火柴点烟，划着火柴后，一手护火挡风，一手递火，为对方点着香烟。如有女士吸烟时，男士应主动为女士点烟。当别人为自己点烟时，应躬身相迎，烟点完后，应向对方致谢。

自己如果不吸烟，当别人吸烟时，应尽量克制自己，不应露出厌恶的神色。

阅读材料

吸烟禁忌

不应一直吸到烧手或吸到滤嘴边缘。

不应将烟雾向别人直喷过去。

不应从鼻孔里往外吐烟。

不应当众吐烟圈。

不应使劲并发出声响。

不应叼着烟与人谈话。

不应走着路吸烟。

不应把烟夹在耳朵上。

不应在电扇和空调的上风处吸烟。

案例分析

2004年，某旅游团队前往南方某城市旅游，飞机经停深圳。在经停期间，所有乘客均在机舱内等候。突然，机舱内一阵骚动，甚至已经有部分乘客涌向登记入口处。难道发生了什么紧急事故？乘务人员快速赶往出事地点，经查，一旅游团的成员，因忍耐不住机舱内高温，擅自打开飞机安全门，跑到机翼上乘凉。飞机安全门只有在发生紧急事故时才可以打开，而此时的乘客们不明真相，都以为飞机出现重大事故，所以出现骚动。事后，该成员认识到事态的严重性，立即向乘客以及航空部门道歉，而且向航空部门赔偿一笔不小的损失。

小 结

本章开篇介绍了公共场合礼仪的三项原则：尊重社会公德、不妨碍他人和以右为尊，先让读者对公共场合礼仪有个基本的认识。之后又系统地介绍了 9 个常见公共场合的具体礼仪，使读者能够全面地认识到公共场合礼仪的重要性。

思考与练习

1. 在公共场所应当遵守哪些礼仪，简单举出几个例子。
2. 如果有人在公共场所抽烟，你应该怎么做？

活动与探索

1. 试分析开篇案例中反映出怎样的中国精神。
2. 与朋友们交流自己见到的公共场合不文明现象，并指出其不文明之处。

社交礼仪

第11章
推销礼仪

　　简单而言，推销是指推销人员通过帮助或说服等手段，促使顾客采取购买行为的活动过程。在一些商品经济发达的国家，"推销工作被认为是经营的命脉"、"熟悉经济环境及应付市场变化的好手"和"新产品的建议者和开发者"。随着我国改革开放的脚步，推销已越来越多地走进我们的工作和生活。

　　本章从推销人员的基本素质讲起，系统概述了推销的准备、技巧、语言等。

名言警句

推销就是热情、就是战斗、就是勤奋地工作、就是忍耐、就是执着的追求、就是时间的魔鬼、就是勇气。

——【日本】原一平

11.1 推销人员基本素质

推销人员指从事商品、服务推销工作的专业人员。现代产品技术错综复杂，现代顾客要求多种多样，现代推销工作要求越来越高。推销人员的素质与推销的效果紧密相关。

11.1.1 知识素质

推销的过程也是"知识"流通的过程。市场经济是一种高度社会化分工协作的经济形式，生产分工割断了生产过程与消费过程的直接联系，这就要求市场这个纽带再把它们联结起来，而市场销售人员则是这种联系的媒介。

首先推销知识，然后推销产品，这是现代市场销售工作的一个主要特征。销售人员必须把产品的各种知识介绍给用户，让消费者了解生产者的意图。当然，要推销知识，必须先掌握知识。一名优秀的市场销售人员至少应掌握一般的科学文化知识、产品专业知识和推销技术知识这3大类基本知识。

掌握产品知识，熟悉推销产品的性能、规格、特点等，熟悉同产品类似产品的情况，更好地向用户介绍产品，从而增强自己的推销信心和顾客的购买信心。

掌握科学文化知识和推销技术知识，是为了更好地了解自己的推销对象和推销环境，更透彻地了解人的本性、动机和行为模式，更有效地接近和说服顾客，提高推销效率。

11.1.2　身体素质

　　现代市场销售人员是企业的尖兵，必须具有良好的身体素质。知识再渊博，还是要身体力行。这里所讲的身体素质，是一个比较广义的综合性概念，既包括个人的体格、体质及其健康状况，又包括个人的举止、言谈及其仪表风范等。

　　就个人的体格和体质而言，要求市场销售人员经常锻炼身体，保持强健的体魄和旺盛的精力。现代企业市场销售工作流动性大，活动范围广，连续作业时间较长，如果没有良好的体质，根本就无法胜任这项具有挑战性的工作。

　　个人的举止、言谈和仪表风范，必须遵守推销人员的礼仪和行为规范。市场销售人员就是企业的外交家，要代表企业与各类社会公众打交道，必须讲究一定的企业外交礼仪和风范。良好的个人气质和推销行为会促进推销工作，有助于增强推销人员的说服力。所谓"推销自己"，关键的意义就在于此。一般说来，企业在选拔和培养市场销售人员的时候，都应该充分考虑这些因素。国外有些企业还制定了一系列的选拔标准，要求非常严格。不仅要进行"体检"而且要进行"面试"，目的就在于全面地考查其身体素质条件。

11.1.3　心理素质

　　良好的心理素质是现代企业市场销售人员所必须具备的又一个基本条件。销售人员每天与人打交道，要经受无数次的挫折与打击，要应付形形色色的推销对象，必须加强心理训练，培养正确的推销心态。

　　首先要有推销信心。没有信心，则一事无成。如果你自己都不相信自己，也就很难指望别人会相信你。当然，信心首先来自于知识，包括知人、知物、知事、知情、知己和知彼等，而不是盲目的自信。

　　爱心是力量的源泉和成功的保证。只有热爱生活和工作的人才会信心百倍，勇敢地去面对一切。

　　耐心非常重要。"百问不烦，百选不厌"这句话说起来容易，做起来比较困难。

　　热心万不可少。真诚待客，热情服务，这正是推销精神的一大支柱。

推销礼仪

此外，还有良心、恒心、虚心等。总之，现代企业市场营销人员应该培养热情、开放、大方、得体的推销心态，成为一名出色的企业外交官。

阅读材料

推销员的必备素质

1. 诚实

一些不诚实的推销员可能会一时得意，但是从长远的角度来看，只有诚实才能永保他的推销力。

2. 机敏

一个推销员"为了判断与解决"各种大大小小的问题，必须保持机敏与伶俐，并保持灵敏的市场嗅觉，把握市场行情，重视搜集、整理经济信息，分析经济动态和产品淡、旺季周期，从而有针对性地进行采购和推销。

3. 勇气

推销是必须经得起孤独与不断挑战的工作，没有勇气你就无法在这一行奋起直前。那些积攒了多年经验的推销能手，偶尔也会产生退缩或是放弃的念头。但是，他们绝不会让那些意念成为事实，因为他们有无比的勇气。

4. 勤勉

勤勉也就是全力投入，有着常人难比的耐力。纵使在失意或是业绩下跌的时候，推销员还是要奋力直冲，绝不撤退，直至完成目标。

5. 自信

一个拥有自信的推销员，也就拥有了成功的一半。

6. 关心他人

那些讨厌别人的推销员，肯定无法从事推销这个行业。每一位成功的推销员，都招人喜爱且亲切而富于同情心。

7. 态度和蔼

一个和蔼可亲、开朗爽直的推销员，会激发顾客购买商品的兴趣。相反，一个愁容满面、情绪低落的推销员很容易让顾客反感。

8. 随和豁达，有较强的亲和力

这类推销员天生对别人感兴趣，喜欢与人交往，容易发现他人的优点，富于同情心，待人真诚。

9. 沉着稳重

这类推销员身上蕴含很大的能量，具有与人深入沟通的能力，一旦遇到兴趣相投的人就可能成为至交，与客户关系非常牢固，业绩量也会持续而稳定攀升。

11.1.4 道德素质

超级推销员都是有道德的人。良好的道德素养也是现代企业市场营销人员必备的一个基本条件。这主要包括两个方面：一是对企业的忠诚，二是对顾客的诚实。

首先要忠诚于国家和企业的利益，避免私下交易或出卖国家、企业的利益。即使离职去别的企业或自己创业，也不能故意损害原来企业的利益。

不诚实的推销员绝不可能成就大事业，要设身处地为顾客着想，真心诚意为顾客服务，和顾客交朋友，实行顾客固定化策略，发展顾客关系，顾客是企业及其市场销售人员的最重要的资源。恪守职业道德，坚持实事求是，介绍产品必须诚心诚意，不可欺瞒哄骗。切记，欺骗顾客就是欺骗自己！

11.2 推销的准备

推销的成败与推销前的准备密切相关，认真而翔实地准备工作，可保证推销顺利完成。推销的准备主要包括了解客户、预约见面、了解产品和个人仪表准备等。

11.2.1 了解客户

了解客户是推销的第一步。客户的相关资料包括：姓名、性别、年龄、职业、身份、教育背景、生活水平、购买能力、社交范围、业余生活等。通过对客户相关资料的掌握，可以对客户的喜好、憎恶做出正确的判断，从而选择有针对性的促销手段和方式。

1．顾客类型

心理学家将顾客从心理上划分为内向、随和、刚强、神经质、虚荣、好斗、顽固、怀疑、沉默共 9 种类型。熟悉了解每一类顾客的性格与心理特征，可以在推销过程中对症下药，因人施计。一位顾客也许是几种类型的综合，也许是介于两类之间，在推销过程中需要灵活对待。

2．寻找顾客

对于大多数商品来说，80：20 定律都是成立的。也就是说商品 80% 的销售额是来自这种商品所拥有顾客中的 20%，能够顺利地找到这 20% 的顾客可以达到事半功倍的效果。然而，要在芸芸众生中确定你要拜访的顾客确实是一项困难的工作，但这项工作却非做不可。

（1）圈定范围

对于个人消费品来说，推销员应根据产品各层次的特点来分析这种产品主要满足哪些顾客的需求。确定其顾客群分布在社会哪个层面上，进而根据这些顾客总体的特点，就可以粗放地拟定出推销场所和时间。如某种化妆品，按其档次及特点判断出适用于职业女性，故而应在晚间上门推销；如果是工业品，则要确定产品是满足哪一类型工厂的需要。

（2）潜在顾客

寻找潜在顾客可以通过以下几种方法：

①客户利用法。对过去往来的顾客应设法保留，利用以往曾有往来的顾客来寻找、确定新的顾客，这种方法叫作客户利用法。②社会关系法。即通过同学、朋友、亲戚等社会关系来寻找可能的客户。一般说来，通过这种方法联系到的客户初访成功率应较高。③人名录法。即细心研究你能找到的同学录、行业、团体、工会名录、电话簿、户籍名册等，从中找到潜在顾客。④家谱式介绍法。即如果顾客对你的产品满意并与推销员之间保持良好的人际关系，那么你不妨请他将产品介绍给他的亲朋好友。

（3）顾客分类

一般说来，顾客可分为：具有明显的购买意图和购买能力、一定程度的购买可能、对是否会购买尚有疑问这样 3 类。挑选出重点推销对象，会使销售活动效果有明显改善。总的说来，营销工作的重点应放在前两类上。

11.2.2　预约见面

　　推销人员应注意选择最恰当的时间，而不要突然地、不合时宜地对顾客进行拜访。对顾客的拜访以安排在相对比较空闲的时间为宜，最好是节假日的下午或平日的晚饭之后。因为在这段时间里，客户一般都有接待来客的思想准备。应尽量避免在顾客进餐时间进行拜访。如果拜访对象有午睡习惯，就不要在午后进行拜访。晚上拜访的时间不宜太晚，尤其不要在对方就寝前去拜访。同时拜访地点的确定不能只考虑自己方便，应遵循以别人为主、兼顾自己的原则。

　　推销员常用的约见客户方法有以下几种：

　　1. 面约

　　面约即销售人员与客户当面约定再见面的时间、地点、方式等。

　　2. 函约

　　函约即销售人员利用各种信函约见客户。

　　3. 电约

　　电约即销售人员利用各种现代化的通信手段与客户约见。如电话、电服、电传等。

　　4. 托约

　　托约即销售人员拜托他人代为约见，如留函代转等。

　　5. 广约

　　广约即利用大众传播媒体把约见目的、内容、要求与时间、地点等广而告之。届时在约定地点与客户见面。

阅读材料

在销售实践中接近客户常用的几种方法

　　1. 介绍接近法。是指销售人员自己介绍或由第三者介绍而接近推销对象的方法。介绍的主要方式有口头介绍和书面介绍。

　　2. 产品接近法，也称实物接近法。是指销售人员直接利用介绍产品的卖点而引起客户的注意和兴趣，从而接近客户的方法。

　　3. 利益接近法。是指销售人员通过简要说明产品的利益而引起客户的注意和兴趣，从而转入面谈的接近方法。利益接近法的主要方式是陈述和提问，告诉购买要推销的产品给其带来的好处。

4．问题接近法。是指直接向客户提问来引起客户的兴趣的接近方法。

11.2.3　了解产品

有人说，没有比推销员对自己产品不熟悉更容易使本来想购买的顾客逃之夭夭的了。我们不能要求顾客是商品专家，但推销员一定要成为自己所推销商品的专家。了解自己的产品应做到如下几点。

1．了解产品的特点与功能

事实证明，一个仅仅推销具体产品的推销员与推销产品功能的推销员的销售，差别是非常大的。人们购买的最根本的目的是为满足某种需求，而正是商品的功能使需求得以满足成为可能。

根据美国心理学家马斯洛的需求理论，可把顾客的需求层次分为生理的需要、安全的需要、爱与归属的需要和获得尊重的需要。因此，一位优秀的推销员应该能够正确地认识自己的产品，了解它最能满足哪一个层次的需求。如有可能，应该开发出它的多层次性特征，以便根据将来面对的各种不同需求可以应对自如。

2．透彻掌握产品的方方面面

作为一名推销员，一定要有能力解决顾客的任何一个疑虑，这就要求推销员对于产品的专业数据不仅要心中有数，而且要能对答如流。这一点对于面向生产企业工作的推销员来说尤为重要，你一定要让客户感觉到他面前的人不仅是一名推销员，更是一位这一类产品的专家。这样一来你所讲的一切都意义非凡了。如果你推销的产品是高档耐用品，那么掌握各种专业数据也是必不可少的；同时对于产品的一些并不具体、并非显而易见的特点的了解也是至关重要的。一些感觉上的模糊可能导致顾客认识上的错误，进而使顾客对产品产生误解。

3．判断产品类型

商品可分为理性商品、中性商品和感性商品。一般说来，汽车、房屋、钢琴、空调等高档耐用品以及生产资料均为理性产品。对于这一类产品人们购买时多持谨慎态度，购买所花时间也较长，购买时要充分考虑商品的特性、效用、价格、付款方式以及售后服务。理性商品的价格一般来说比较高，人们购买的次数也较少。

而大多数日常用品，如食品等为感性商品。这些商品价格比较低，人们购买的频率高，对于商品的合理性、效用性、付款方式等不会过多考虑，购买所用时间较少，有时会在冲动心理下购买。还有一类产品是介于理性产品与感性商品之间的，我们称之为中性商品，如皮箱、手提包等价格中档，购买次数不太多的商品。

对于不同类型的商品，推销员所采用的推销技巧也应是不同的。具体说来，对于理性商品，推销员不能光凭三寸不烂之舌，还要依靠专业数据。这时的推销员还应该是技术员和咨询员，让所掌握的专业数据显示威力。而对于感性商品，推销员最好是用感情来推销，这时推销员个人的魅力就显得尤为重要了。对于中性商品也许你会感到手足无措，不妨采用一个最简单的办法，中性商品中价格较高的，可以采用偏向于理性产品的推销方法；价格较低的，不妨试试感性产品的推销法。

11.2.4 注重自身形象

营销界有这样一句话："推销产品先要推销自己。"所以自身形象对推销员来说是极其重要的。所谓的自身形象包括营销员的衣着打扮、举止和礼仪等。一个穿戴整洁、举止有礼的推销员容易赢得客户的信任和好感。而一个衣冠不整、举止粗鲁的推销员却会给客户留下糟糕的印象。因此，要想成为优秀的推销员，就要注重塑造良好的个人形象。

1. 推销员着装原则

推销员要按时间、场合、事件的不同，来分别穿戴不同的服装。要根据你的客户来选择与他们同一档次的服装，不能过高或过低。切记要以身体为主，服装为辅。如果让服装反客为主，你本身就会变得无足轻重，在客户的印象里也只有你的服装而没有你。正如法国著名的时装设计大师夏娜尔所说："一个女人如果打扮不当，您会注意她的穿着。要是她穿得无懈可击，您就注意她本身。"

2. 男性销售代表的衣着规范及仪表

西装：深色，最好为深蓝色，如果有经济能力最好选购高档一些的西装。

衬衣：白色，注重领子、袖口清洁，并熨烫平整。应至少准备3件以上。

领带：以中色为主，不要太花或太暗，最好准备5条以上。

长裤：选用与上衣色彩质地相衬的面料，裤长以盖住鞋面为准。

便装：中性色彩，干净整齐，无油污。

皮鞋：最好为黑色系带式，且要把皮鞋面擦亮，皮鞋底边擦干净。

短袜：最好为黑色，袜筒长短合适。

身体：要求无异味，可适当选用好一些的男式香水，但切忌香气过于浓烈。

头发：头发要梳理整齐，不要挡住额头，更不要有头皮屑。

眼部：检查有没有眼屎、眼袋、黑眼圈和红血丝。

嘴：不要有烟气、异味、口臭，出门前可多吃口香糖。

胡子：胡须必须刮干净。

手：不留长指甲，指甲无污泥，手心干爽洁净。

3. 女性销售代表的衣着规范及仪表

头发：整洁，无头皮屑，不宜焗染过于个性的颜色。

眼部：不要有渗出的眼线、睫毛液，无眼袋、黑眼圈。

嘴唇：可涂唇膏或唇彩，保持口气清香。

服装：西装套裙或套装，色泽以中性为好。不可穿着过于性感或暴露的服装，款式以简洁大方为好。

鞋子：黑色半高跟淑女鞋，保持鞋面的光亮和鞋边的干净。

袜子：高筒连裤丝袜，色泽以肉色为好。

首饰：不可太过醒目和珠光宝气，最好不要佩戴3件以上的首饰。

身体：不可有异味，选择淡雅的香水。

淡妆：一定要化妆，否则是对客户的不尊敬。但以淡妆为好，不可浓妆艳抹。

11.3 推销的技巧

推销是一门学问。恰当、得体的技巧可以帮助推销员实现推销目的，获得成功。

11.3.1 重视第一印象

珍惜最初的 6 秒钟。人与人初次见面，在最初的 6 秒钟内就能对彼此做出评价。这种印象主要来自于人的眼睛，而无须通过语言。在此意义上说，你有 6 秒钟的时间来给顾客创造良好的第一印象。所以，你要格外珍惜这最初的 6 秒钟。在这 6 秒钟里，请你学会用眼睛说话 。人们常说："眼睛是心灵的窗户"。这是再恰当不过的比喻。有时，有声语言无法表述出来的内心世界，也能从人的眼睛里显示出来。

人总是先看外表，形象关系到给客户留下的第一印象。作为推销员，如果不注重仪表，那么客户就会对你和你要推销的产品失去兴趣。美国营销大师法兰克·贝格说过："外表的魅力可以让你处处受欢迎，不修边幅的营销员给人留下第一印象时就失去了主动。"因此，优秀的推销员都十分注意自己的仪表，以期给客户留下最好的第一印象。

11.3.2 带上微笑

微笑是与人交流最好的方式，也是个人礼仪的最佳体现，对于推销员来说，更为重要。微笑无需成本，却创造出许多价值，以微笑迎接客户，给客户一个好心情，这样与客户洽谈才更容易成功。

11.3.3 举止有礼

行为举止是一种无声的语言，是一个人性格、修养的外在体现，它会直接影响到客户的观感和评价。因此，推销员在客户面前一定要做到举止高雅，坐、立、行、走都要大方得体。

首先是守时守约。一般说来，推销员若与顾客约定了拜访时间，就一定要严格遵守，如期而至，不要迟到，更不能无故失约。如果有紧急的事情，或者遇到了交通阻塞，立刻通知你要会见的客户。如果打不了电话，请别人替你通知一下。如果是对方要晚点到，你可以充分利用剩余的时间。例如，坐在一个离约会地点不远的地方，整理一下文件资料。

另外要讲究敲门的艺术。要用食指敲门，力度适中，间隔有序敲三下，等待回音。如无应声，可再稍加力度，再敲三下，如有应声，再侧身站立于右门框一侧，待门开时再向前迈半步，与主人相对，经允许后进屋。

谈话时间不宜过长。起身告辞时，要向主人表示感谢。出门后，回身主动伸手与主人握别，说："请留步。"待主人留步后，走几步，再回首挥手致意。

11.3.4 学会倾听

卡耐基认为：倾听是一种典型的攻心战略。一个不懂得倾听，只是滔滔不绝、夸夸其谈的推销员不仅无法得知客户的各种信息，还会引起客户的反感，导致推销失败。认真倾听客户讲话，是赢得客户的一种非常有效的办法。每一位推销员都应学会少说多听，这是获得成功的捷径。

11.3.5 言谈有礼

推销是说服的艺术。推销员必须学会面对不同销售市场和销售对象。这就对推销员的语言提出了要求，不仅要"善谈"，更主要的还要有"礼节"，言谈的有礼与否往往决定了推销的业绩。

11.3.6 信守承诺

从心理活动分析，推销开始时，顾客一般是消极的。因此，推销员在任何推销场合，都必须做到诚信。用真诚、热情的态度，向顾客提供真实的信息。情真意切的语言可以缩短推销员与顾客间的情感距离，消除顾客对推销员固有的戒备心理。做到一是一、二是二，不花言巧语，不故弄玄虚，真正做到童叟无欺。

推销活动中，信守承诺，是与真诚相辅相成的。"言必信，行必果"是推销员必备的品格。推销员说话必须信而有据、一言九鼎。在利益和信誉发生抵触时，也要舍财力保信誉。因为财力往往是一时眼前小利，信誉才是战略性的长远大利。

"轻诺者，必轻信"，因而推销员必须慎重承诺。为了"重诺"，必须力戒"轻诺"。一定要"三思而后诺"，有强烈的"一诺千金"的意识。

11.3.7　化难为易

信任需要时间的考验。特别是原本互不相识的双方，要使对方信任自己，其难度之大、考验之深，可想而知。因此，在推销活动中"分段处理"要比"一次解决"来得实际、有效。在推销活动中，推销员应将顾客一时难以解决的大问题——买还是不买，转换成一连串的、对于顾客来说易于解决的小问题，各个击破，环环相扣，从而顺利达成交易。

"分段处理"在推销活动中的作用很大，它能使顾客转换头脑中所考虑的对象，产生一种希望交易尽早成交的愿望。所以，推销员在开始推销时，一开始就要做好充分的准备，向顾客做有意识地肯定和暗示，一步一个脚印地顺着顾客的话推销，一环套一环，从而推销成功。

11.3.8　欲擒故纵

人们对事物的态度，是越朦胧就越想看清；胃口吊得越高，其购买欲望就越强。人的天性似乎在于追求那些自己心目中追求已久的东西，一旦难以得到，就更觉得渴望和向往。有经验的推销员就善于抓住人们的这一天性，成功地运用"欲擒故纵"的方法，让顾客了解到他们购买商品是自己想要买，而不是别人要我买，而且一旦买到，还对自己的努力表示赞赏。

欲擒故纵法是大部分商场老将惯用的手法，然而并不是"放之四海而皆准"的真理，使用时务必注意，对待顾客一定要诚恳老实，千万不要故弄玄虚。

11.4 推销的语言艺术

推销语言必须既有科学性，又有艺术性。没有科学性，推销语言就没有说服力；没有艺术性，推销语言就不能打动人心。推销的语言艺术就在于对顾客产生一种魔力，使顾客在不知不觉中被吸引，自觉自愿地购买推销员所推荐的产品。

11.4.1 第一句话

无数事实证明，能否真正吸引顾客的注意力，第一句话是十分重要的。如果第一句话不能有效地引起顾客的兴趣，那么就很难继续谈下去。第一句话一定要打动人心，否则就不能吸引顾客。为此需要刻意营造一个怡人的语言环境。可以利用人们的从众心理引发顾客的购买动机；可以通过适度的赞扬满足顾客内心潜在的自尊需求，使之产生是自己人的认同感和亲近感；可以从实惠、便宜、安全等功利角度激发顾客的兴趣乃至购买欲望。

案例分析

最合适的开场白

下面是不同的推销员上门推销与消费者说的第一句话。

推销员甲的第一句话是："家里有高级食品搅拌器吗？"

推销员乙的第一句话是："我想来问一下，你们是否愿意购买一个新型的食品搅拌器。"

推销员丙的第一句话是："您需要一个高级食品搅拌器吗？"

分析：本案例中，谁的开场白最合适、效果最好？为什么？

11.4.2 问候语

寒暄在行销谈判中的作用是十分重要的，但并不是任意的寒暄都能起到这种作用。不恰当的寒暄很可能会弄巧成拙。而寒暄的恰当与不恰当的关键在于话题的选择。什么样的话题是恰当的寒暄话题呢？经验者认为，凡是能引起对方兴致的话题都适于作寒暄的话题。

寒暄是正式行销谈判的前奏，它的"调子"定得如何，直接影响着整个行销谈判的过程。

因此，对寒暄决不能轻而视之。首先应有主动热情、诚实友善的态度。寒暄时选择合适的方式、合适的语句是非常必要的，但这合适的方式、语句的表示，还有赖于主动热情、诚实友善的态度。只有把这三者有机地结合起来，寒暄的目的才能达到。另外做任何事情都有个"度"，寒暄也不例外。恰当适度的寒暄有益于行销谈判，但切忌没完没了，时间过长（当然，对方有聊的兴致时例外）。有经验的推销员，总是善于从寒暄中找到契机，因势利导，"言归正传"。

11.4.3 巧施赞美

赞美一个人的优点，维护其期望，虽价廉却很实用。因为喜欢赞美是人的天性，所以赞美是现代交际所不可缺少的技巧。几句适度的赞美，能像润滑剂一样使对方产生亲和心理，为交际沟通提供前提——心理上的亲和，是别人接受你意见的开始，也是转变态度的开始。适当地赞美对方，满足对方的自尊心和虚荣心，可使之产生一种优越感，处于喜悦之中，从而分散其注意力，解除其戒备心理。这是推销活动中常用的一种行之有效的方法。

巧施赞美，贵在一个"巧"字。世人都喜欢恭维，但恭维应因人而异，用不同的方式讲不同的恭维话。赞美和恭维应掌握分寸，不要弄巧成拙。适度得体的恭维应建立在理解他人，鼓励他人，尊重他人的正常心理需要以及为人际交往创造一种和谐友好的气氛基础之上。

11.4.4 巧妙施问

有经验的推销员总能以顾客的需求出发，通过一系列有针对性的问题，诱发其购买欲，从而使其一步步舒舒服服地完成购买活动。所以，推销员在促使顾客做出购买决定之前，应有步骤地向顾客提出一些问题，从而引导其购买。

引导顾客成交的提问方式有多种，大体上可分为主导式、征询式、含蓄式、应答式和限定式等几种。

主导式提问：把你的主导思想说出来，在这句话末尾用提问的方式把你引导成交的意图传递给顾客。

征询式提问：以征求意见或请教的方式提出问题进行引导，给人较为亲切的感觉。

含蓄式提问：把引导推销成交的意图隐藏于提问中，含而不露。

应答式提问：每当顾客对产品表示了某种有利的主观见解时你要立即应答，把他的见解肯定下来，一步步地促使他下决心。

限定式提问：在一个问题中提示两个答案可供选择，两个答案都是肯定的。

11.4.5 循循善诱

不可否认，每个人都有自己的欲望，一个人在不同时期又有着不同的欲望。而人们的欲望总是不易被别人察觉，推销员只有通过自己的头脑和嘴巴，使这种欲望被层层剥露，才能利用它达到推销的目的。如果推销员巧妙地运用语言艺术，循循善诱，就会激发顾客的购买欲望，使其产生拥有这种商品的感情冲动，促使并引导顾客采取购买行动。

推销员在推销介绍中，无论是向顾客传递推销信息，还是向顾客讲解商品知识，都应紧紧围绕顾客的实际需要。运用口才，以自己的情感、行为影响顾客，抓住顾客的心理、情绪和意志变化，诱发和激励顾客的购买动机，再促使其购买动机向现实需求转化，然后趁热打铁，引导顾客做出购买决策，达到刺激需求的目的。

从情感方面看，但凡熟练的推销员都能使自己的讲解引人入胜、饶有趣味，富于感染力并培育出和谐的推销气氛。在这种气氛的衬托下，很容易把握顾客的心态，诱发顾客的购买动机。

在行为方面，主要是利用各种现代化的宣传工具，竭力用形象化的推销介绍方法去渲染推销气氛，打动顾客的恻隐之心，激发他们的购买欲望。

11.4.6 摆脱尴尬

我们在行销的过程中，总会遇到千变万化的情况，作为一名专业的推销员要沉着冷静，有"卒然临之而不惊，无故加之而不怒"的大将风度，并能机智灵活化不利因素为有利因素。这就是说，要能随机应变。

1. 借题发挥应变法

这里所说的借题发挥，是指推销员在介绍商品的过程中，借发生的问题来表达自己真正的想法。例如，有位推销员当着一大群顾客推销一种钢化玻璃酒杯，他在进行商品说明之后，便向顾客做商品示范。这一示范就是，把一只钢化玻璃酒杯扔在地上而不会破碎。可是他碰巧拿的是一只质量没过关的杯子。只见他猛的一扔，酒杯碎了。这样的事在他整个推销酒杯的过程中是前所未有的，大大出乎他的意料。他心里很吃惊，但没流露出来。而顾客呢，则是目瞪口呆，因为他们本已相信了推销员的推销说明，只不过想亲眼看看得到一个证明而已，结果，却出现了这样的一个尴尬的场面。然而，仅过 3 秒钟，就听推销员不紧不慢地说："你们看，像这样的杯子，我就不会卖给你们。"顾客笑了，沉默的气氛变得活跃了。接着，这位推销员又扔了 5 只杯子，个个掉在地上完整无损。推销员的随机应变能力博得了顾客的好感，5 个完整无损的酒杯赢得了顾客的信任。推销员很快推销出几十打酒杯。试想，如果推销员不能随机应变，顾客肯定会拂袖而去。

2. 幽默诙谐应变法

所谓幽默诙谐法，就是在推销的过程中，如果遇到意外的变故，可用幽默诙谐的方法来摆脱窘境。例如，美国有一家大百货商店，门口竖着一块广告牌，上面写着："无货不备，如有缺货，愿罚 10 万。"有个法国人很想得到这 10 万元，便去见经理。他开口就问："潜水艇在什么地方？"经理把他领到 22 层楼，那儿真有一艘潜水艇。法国人又说："我还要看看飞船。"经理将他带到了第九层。只见一只飞船停放在那里。法国人并不罢休，问道"可有肚脐眼生在脚下面的人？"他以为这样一问，经理肯定被难住了。谁知，经理却不动声色，平淡地对旁边的店员说："你来一个倒立给这位先生看看！"这位经理明知那个法国人是有意刁难他，但他却能随机应变，以幽默的方法接待了这位顾客。如此一来，既可不损失10万元，又给顾客留下了深刻的印象。

3. 巧用语境应变法

语境，就是使用语言的环境，它包括行销谈判的时间、地点、社会环境、自然环境等。在推销过程中，如果你能巧妙地利用语境，就能收到意想不到的效果。

4. 应付周旋应变法

假如你正在与一位新顾客洽谈生意，突然，一位老顾客打来了电话，他告诉你说，撤销以前答应你的购买许诺。不用说，这时，你肯定有着双重的压力，既想跟老主顾挽回败局，又怕在新顾客那里泄漏推销失利的信息。面对此种局面，如果你惊慌失措，或对着电话与老主顾大叫大嚷，斥责他言而无信，那就是太愚蠢了。结果只能是留不住老主顾，又赶跑了新顾客，鸡飞蛋打。我想，聪明的你绝不会这么做。你肯定会客气地对老主顾说："这没关系，不过，我现在正在与一位朋友谈要紧事，我们明天见面再详细谈谈，你看怎样？"这的确是一种理智而聪明的做法，我们称之为"应付周旋法。"这种做法的高明之处在于：左右逢源。通常情况下，听你这样一说，老主顾是不会跟你在电话中继续纠缠的，他会答应你的请求。如此一来，你就又有了一个跟他谈判、以期维持原有交易的机会；而另一方面，新顾客不仅会为你重视他而高兴，也会为你因他而拒绝一次约会而感到歉意，这非常有益于你与他达成交易，真是一举两得。

【经典案例】

坚韧不拔的奇迹

EDS公司老板罗斯是以坚韧不拔而闻名的。在EDS的一次调查表明显示其85%的客户在购买前不止一次说过"不"字。早年，罗斯在IBM公司做销售，其负责的区域内最大的潜在客户是西南人寿保险公司。由于 IBM 的推销员去的次数太多，以至该保险公司指示门卫"凡 IBM 的推销员一概不得入内"。但罗斯不断地去试，结果连门卫也懒得对他说"不"。最后，他终于见到该公司的高层经理，让他们接受了 IBM 电脑。但是仍有一个人除外，那就是董事长伍德，想说服他并不容易。

罗斯开始琢磨怎么才能跟他见面。后来罗斯灵机一动，想起他的上司说过，IBM 公司始终不渝地支持推销员开展工作。于是，他直接去找地区销售经理温德勒，告诉他："我想请行政总监沃森跟我一起去拜访一位客户。"请行政总监跟新来的推销员一同出马，这念头大出温德勒所预料，于是他便说："沃森先生是位出色的推销员，可他对保险业并不很熟。请数据处理总裁琼斯一起去怎么样？"有数据处理总裁陪同去，的确能增强信心。罗斯熬了几夜把有关西南人寿以及保险业的材料全都看了。伍德虽然听了他们的销售计划，但罗斯觉得并没有怎么打动他。事后伍德向手下一位副总裁打听："跟琼斯一块来的那小伙子是谁？"显然，罗斯的那些准备工作给他留下了印象。

后来伍德同意再见罗斯一次。这回，罗斯问了他一大堆问题以便弄清 IBM 公司的设备如何能帮他们解决问题。罗斯发现西南人寿的工作量只需一台电脑工作一个轮班就够了。于是，他说服伍德买一台，然后把晚班时间租给蓝十字公司使用。这样，双方共同分担成本，共同受益。

伍德终于同意签订合同，但在签合同前却想改动合同内容。那时 IBM 从不修改合同。罗斯拨通公司法律部门负责人的电话，对他说："你能帮我做成公司在本地区有史以来最大的一笔生意。但他们需要在合同上做一点点小小的改动。"

"罗斯，公司一般情况下是不会修改合同的。"

"这点改动无关紧要。"罗斯说。

"你要改什么？"听完罗斯的解释后，他想了一会儿："我们改。"

罗斯说："那给我发封电报来。"他拿着电报到了伍德的办公室，告诉他将按他的要求改动合同。

伍德看电报时，罗斯把合同放在他的案头，接着把笔递给了他。"罗斯，你很精明。"他说完微微一笑，挥笔签了合同。

小　结

　　本章首先介绍了推销员应该具备的素质，并从知识、身体、心理、道德4个方面深入解析；第二部分介绍了推销的准备，主要涉及顾客、产品和自我形象3方面的内容；第三部分列举了8个推销员应注意的技巧以及6种语言艺术。

　　推销的技巧和语言在推销活动中至关重要。推销员在进行推销时，必须灵活机智地使用多种方法，针对不同的顾客和不同的情况采用不同的方式和语言艺术，有的放矢，投其所好，供其所需，才能创造辉煌的推销业绩。

思考与练习

1. 推销人员的素质有哪些要求？
2. 了解产品主要包括哪些内容？

活动与探索

1. 选择生活中的一个常用物品，做一份推销方案。
2. 假如你是一名推销员，遇到尴尬该怎样摆脱？

第12章
商务仪式礼仪

　　仪式是指在一定场合举行的具有专门程序规范化的活动。简而言之，仪式是一种典礼的秩序形式。

　　本章主要介绍商务活动中常见的签字仪式、剪彩仪式和庆典仪式。

名言警句

商务礼仪是企业及管理者在商务场合中的脸面，如果不注意礼仪，就会失去脸面。

——【日本】松下幸之助

12.1 签字仪式礼仪

签字仪式，通常是指订立合同、协议的各方在合同、协议正式签署时所举行的仪式。举行签字仪式，不仅是对谈判成果的一种公开化、固定化，而且也是有关各方对自己履行合同、协议所做出的一种正式承诺。签字仪式是一种隆重的活动，礼仪规范较严格。

12.1.1 签字仪式准备

签字仪式关系重大，东道主为签字仪式应做好充分的准备工作。一般应从以下 4 个方面着手。

1. 准备待签文本
仪式前准备好待签合同文本的翻译、校对、定稿、印刷、装订和盖章等全套工作。同时要准备好签字用的文具、代表双方组织的旗帜或标志牌等物品。

2. 确定出席人员
双方要事先商定好签字人。其人选要视文件的性质来确定，可由最高负责人签字，也可由具体部门负责人签字，但双方签字人的身份应该对等且与待签文件性质相符。事先还要安排好助签人员，并洽谈好签字的有关细节。其他出席签字仪式的，基本上应是双方参加会谈的全体人员。如一方要求某些未参加谈判的人员出席签字仪式，应事先征求对方的意见，取得对方同意。一般礼貌的做法是，出席签字仪式的双方人数大体相等。有时为表示对本次商务谈判的重视或对谈判结果的庆贺，双方更高一级的领导人也可出面参加签字仪式，级别一般也是对等的。

3．选择签字场所

签字仪式举行的场所，一般视参加签字仪式的人员规格、人数多少及协议中的商务内容的重要程度等因素来确定。多选择在客人所住的宾馆、饭店，或东道主的会客厅、洽谈室等场所。有时为了扩大影响，也可商定在某个新闻发布中心或著名会议、会客场所举行。无论选择在什么场所举行，都应取得对方的同意，否则就是失礼的行为。

4．排列会场位次

各国安排的签字仪式不尽相同。我国的惯例是采用并列式，如图 12-1 所示：（1）签字桌；（2）双方国旗；（3）客方签字人；（4）主方签字人；（5）客方助签人；（6）主方助签人；（7）客方参加签字仪式的人员；（8）主方参加签字仪式的人员。在签字厅内设置一张长方桌，作为签字桌，桌后放两把椅子，供双方签字人入席就座。主方签字人座位位于签字桌左侧，客方签字人的座位位于签字桌的右侧。双方的助签人员分别站立于各方签字的外侧，其任务是帮助翻开待签文本，并向签字人指明签字处。双方其他参加签字仪式的人员则应分别按一定的顺序排列于各方签字人员之后。

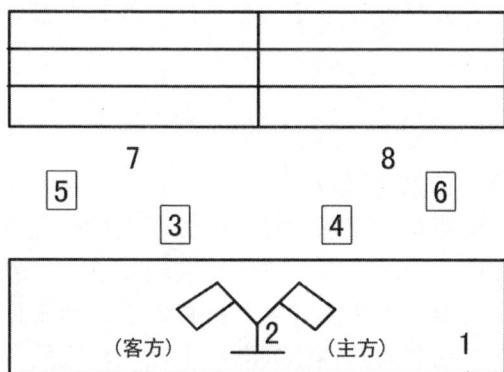

图 12-1　并列式签字仪式

另一种较常用排列方法是相对式，如图 12-2 所示：（1）客方签字席位；（2）主方签字人席位；（3）客方国旗；（4）主方国旗；（5）参加签字人员。相对式签字仪式的排座，与并列式签字仪式的排座基本相同。二者之间的主要差别，只是相对式排座将双边参加签字仪式的随员席移至签字人的对面，签字桌可以是一张，也可以是两张。

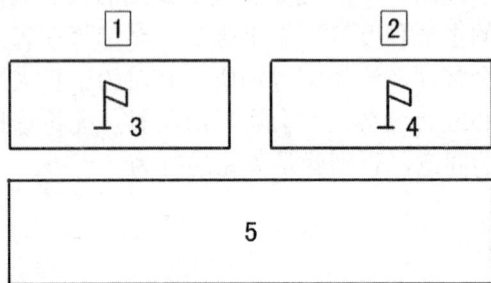

图 12-2　相对式签字仪式

12.1.2　签字仪式程序

在具体操作签字仪式时，可以依据下述基本程序进行运作。

1.　宣布开始

此时，有关各方人员应先后步入签字厅，在各自既定的位置上正式就位。

2.　签署文件

通常的做法是，首先签署应由己方所保存的文本，然后再签署应由他方所保存的文本。依照礼仪规范，每一位签字人在己方所保留的文本上签字时，应当名列首位。因此，每一位签字人均须首先签署将由己方所保存的文本，然后再交由他方签字人签署。此种做法，通常称为"轮换制"。它的含义是：在文本签名的具体排列顺序上，应轮流使有关各方均有机会居于首位一次，以示各方完全平等。

3．交换文本

在交换文本时，各方签字人应热烈握手，互致祝贺，有时会互换方才用过的签字笔，以示纪念。全场人员应热烈鼓掌，以表示祝贺之意。

4．留念庆贺

一般在交换文本后合影留念，有时可安排礼宾人员为所有来宾送上香槟酒，双方干杯以示庆贺。之后，有秩序地退场。

12.2 剪彩仪式礼仪

剪彩仪式是指商界的有关单位，为了庆祝公司的成立、公司的周年庆典、企业的开工、宾馆的落成、商店的开张、银行的开业、大型建筑物的启用、道路或航道的开通、展销会或展览会的开幕等而举行的一项隆重的礼仪性程序，如图 12-3 所示。

图 12-3　剪彩 1

12.2.1 剪彩的由来

剪彩的由来有两种说法。一种说法是，剪彩起源于西欧，另一种说法是，剪彩起源于美国。

1. 起源于西欧

在古代，西欧造船业比较发达，新船下水往往吸引成千上万的观众。为了防止人群拥向新船而发生意外事故，主持人在新船下水前，在离船体较远的地方，用绳索设置一道"防线"。等新船下水典礼就绪后，主持人就剪断绳索让观众参观。后来绳索改为彩带，人们就给它起了"剪彩"的名称。

2. 起源于美国

1912 年，在美国的一个乡间小镇上，有家商店的店主独具慧眼，从一次偶然发生的事故中得到启迪，以它为模式开一代风气之先，为商家创立了一种崭新的庆贺仪式——剪彩仪式。

当时，这家商店即将开业，店主为了阻止闻讯之后蜂拥而至的顾客在正式营业前耐不住性子，争先恐后地闯入店内，将用以优惠顾客的便宜货争购一空，而使守时而来的人们得不到公平的待遇，便随便找来一条布带子拴在门框上。谁曾料到这项临时性的措施竟然更加激发起了挤在店门之外的人们的好奇心，促使他们更想早一点进入店内，对行将出售的商品先睹为快。

事也凑巧，正当店门之外的人们的好奇心上升到极点，显得有些迫不及待的时候，店主的小女儿牵着一条小狗突然从店里跑了出来，那条"不谙世事"的可爱小狗若无其事地将拴在店门上的布带子碰落在地。店外不明真相的人们误以为这是该店为了开张致喜所搞的"新把戏"，于是立即一拥而入，大肆抢购。让店主转怒为喜的是，他的这家小店在开业之日的生意居然红火得令人难以设想。

向来有些迷信的他便追根溯源地对此进行了一番"反思"，最后他认定，自己的好运气全是由那条被小女儿的小狗碰落在地的布带子所带来的。因此，此后在他旗下的几家"连锁店"陆续开业时，他便将错就错地如法加以炮制。久而久之，他的小女儿和小狗无意之中的"发明创造"，经过他和后人不断地"提炼升华"，逐渐成为一整套的仪式。它先是在全美，后是在全世界广为流传开来。在流传的过程中，它自己也被人们赋予了一个极其响亮的名称——剪彩。沿袭下来，就成了今天盛行的"剪彩"仪式。

12.2.2 剪彩仪式准备

剪彩仪式的准备必须一丝不苟，例如场地的布置、环境的卫生、灯光与音响的准备、嘉宾与媒体的邀请、人员的培训等，必须认真细致，精益求精。

1. 物品准备
剪彩仪式上所需使用的某些特殊用具，诸如红色缎带、新剪刀、托盘以及红色地毯等，需与剪彩主题相适应，认真地进行选择与准备。

2. 邀请剪彩者
剪彩者，即在剪彩仪式上持剪刀剪彩之人。在剪彩仪式上担任剪彩，是一种很高的荣誉。剪彩仪式档次的高低，往往也同剪彩者的身份密切相关。因此，在选定剪彩的人员时，最重要的是要把剪彩者选好。

根据惯例，剪彩者可以是一个人，也可以是几个人，但是一般不应多于5人。通常，剪彩者多由上级领导、合作伙伴、社会名流、员工代表或客户代表所担任。

确定剪彩者名单，必须是在剪彩仪式正式举行之前。名单一经确定，应由举办剪彩仪式的单位领导亲自出面或委派代表专程前往邀请。在一般情况下，确定剪彩者时，必须尊重对方个人意见，切勿勉强对方。需要由数人同时担任剪彩者时，应分别告知每位剪彩者届时他将与何人同担此任。这样做，是对剪彩者的一种尊重。千万不要"临阵磨枪"，在剪彩开始前方才强拉硬拽，临时找人凑数。

若剪彩者仅为一人，则其剪彩时居中而立即可。若剪彩者不止一人时，则其同时上场剪彩时位次的尊卑就必须予以重视。一般的规矩是：中间高于两侧，右侧高于左侧，距离中间站立者愈远位次便愈低，即主剪者应居于中央的位置。

重要提示

剪彩者的位次"右侧高于左侧"，这是一项国际惯例，剪彩仪式理当遵守。

3. 助剪者培训

助剪者，指的是剪彩者剪彩的一系列过程中从旁为其提供帮助的人员。一般而言，助剪者多由东道主一方的女职员担任。现在通常聘请专业的礼仪小姐。

具体而言，在剪彩仪式上服务的礼仪小姐，又可以细分为迎宾者、引导者、服务者、拉彩者、捧花者、托盘者等多种角色。迎宾者的任务，是在活动现场负责迎来送往。引导者的任务，是在进行剪彩时负责带领剪彩者登台或退场。服务者的任务，是为来宾尤其是剪彩者提供饮料，安排休息之处。拉彩者的任务，是在剪彩时展开、拉直红色缎带。捧花者的任务则在剪彩时手托花团。托盘者的任务，是为剪彩者提供剪刀、手套等剪彩用品。在一般情况下，迎宾者与服务者应不止一人。引导者既可以是一个人，也可以为每位剪彩者各配一名。拉彩者通常应为两人。捧花者的人数需要视花团的具体数目而定，一般应为一花一人。托盘者可以为一人，亦可以为每位剪彩者各配一人。人员确定以后，要进行必要的分工和演练。

4. 媒体宣传

剪彩仪式前，可邀请相关媒体参加仪式，要善于运用各种媒介广泛宣传，提高影响力和知名度。

12.2.3 剪彩仪式程序

一般来说，剪彩仪式程序宜紧凑，忌拖沓，在所耗时间上愈短愈好。短则一刻钟即可，长则至多不宜超过 40 分钟。

1. 来宾就位

在剪彩仪式上，通常只为剪彩者、来宾和本单位的负责人安排座席。在剪彩仪式开始时，即应敬请大家在已排好顺序的座位上就座。一般情况下，剪彩者应就座于前排。若其不止一人时，则应使之按照剪彩时的具体顺序就座。

2. 宣布仪式开始

在主持人宣布仪式开始后，乐队应演奏音乐，现场可燃放鞭炮，全体到场者应热烈鼓掌。此后，主持人应向全体到场者介绍到场的重要来宾。

3. 发言

发言者依次应为东道主单位的代表、上级主管部门的代表、地方政府的代表、合作单位的代表等等。其内容应言简意赅，每人发言不超过 3 分钟，重点应分别为介绍、道谢与致贺等。

4. 剪彩

主持人宣布剪彩开始，此刻，全场应热烈鼓掌，必要时还可以奏乐或者燃放鞭炮。

礼仪小姐率先登场。在上场时，礼仪小姐应排成一行。从两侧同时登台，或是从右侧登台均可。登台之后，拉彩者与捧花者应当站成一行，拉彩者处于两端拉直红色缎带，捧花者各自双手手捧一朵花团。托盘者要站立在拉彩者与捧花者身后一米左右，并且自成一行。

在剪彩者登台时，宜从右侧出场，引导者应在其左前方进行引导，使之各就各位。当剪彩者均已到达既定位置之后，托盘者应前行一步，到达前者的右后侧，以便为其递上剪刀、手套。

剪彩者若不止一人，其登台时亦应列成一行，并且使主剪者行进在前。在主持人向全体到场者介绍剪彩者时，后者应面含微笑向大家欠身或点头致意。

剪彩者行至既定位置之后，应向拉彩者、捧花者含笑致意。当托盘者递上剪刀、手套，亦应微笑着向对方道谢。

在正式剪彩前，剪彩者应首先向拉彩者、捧花者示意，待其有所准备后，集中精力，右手手持剪刀，表情庄重地将红色缎带一刀剪断。若多名剪彩者同时剪彩时，其他剪彩者应注意主剪者动作，与其主动协调一致，力争大家同时将红色缎带剪断。

按照惯例，剪彩以后，红色花团应准确无误地落入托盘者手中的托盘里，切勿使之坠地。为此，需要捧花者与托盘者的合作。剪彩者在剪彩成功后，可以右手举起剪刀，面向全体到场者致意。然后放下剪刀、手套于托盘之内，举手鼓掌。接下来，可依次与主人握手道喜，并列队在引导者的引导下退场。退场时，一般宜从右侧下台。

待剪彩者退场后，其他礼仪小姐方可列队由右侧退场。

不管是剪彩者还是助剪者在上下场时，都要注意井然有序、步履稳健、神态自然。在剪彩过程中，更是要表现得不卑不亢、落落大方。

有时为剪彩仪式简洁方便，可固定捧花，减少礼仪小姐，如图12-4所示。

图 12-4　剪彩 2

5. 参观

剪彩之后，主人应陪同来宾参观。仪式至此宣告结束。随后东道主单位可向来宾赠送纪念性礼品。

阅读材料

剪彩者礼仪

剪彩者礼仪指的是在剪彩仪式中持剪刀剪彩的人员应遵守的礼仪。

剪彩者是剪彩仪式的主角，一定要注意仪容仪表。剪彩者一般都具有极高的威望，深受大家尊敬和信任。剪彩者的仪容仪表直接关系到剪彩仪式的效果和企业的形象。因此，作为剪彩者，既要有荣誉感，也要有责任感。衣着服饰要大方、整洁、挺括，容貌适当修饰，看上去容光焕发，充满活力，以求给人一种精干和文明的印象。

剪彩者必须注意剪彩中的仪态举止。剪彩过程中，要使自己保持一种稳重的姿态、洒脱的风度和优雅的举止。当主持人宣布开始剪彩时，剪彩者要面带微笑，步履稳健地走向剪彩礼仪小姐扯起的彩带。当礼仪小姐用托盘呈上剪彩用的剪刀时，可用微笑来表示谢意并随即拿起剪刀。剪彩者要向扯彩带的礼仪小姐微笑致意，然后，聚精会神、严肃认真地把彩带一刀剪断。如果同时有几位剪彩者共同剪彩时，处在外端的剪彩者应用眼睛余光注视处于中间位置的剪彩者的剪彩动作，力争同时剪断彩带。同时，还应和礼仪小姐配合，注意让彩球落入托盘内，然后把剪刀也放回托盘内。有的剪彩者将彩带一刀剪断后，举剪向众人微笑示意，也是一种礼仪举止，但示意一下即可，不可久停。

在剪彩仪式的过程中，剪彩者言谈举止要有节制。剪彩仪式开始前，可以和举办单位领导、来宾及共同剪彩者随意交谈。当宣布剪彩仪式开始后，即应中断谈笑，全神贯注地听主持人讲话。如继续谈笑或向别人打招呼，则是有失礼仪的表现。剪彩完毕，应转身向四周的人们鼓掌致意。这时可与主人进行礼节性谈话，或同其他剪彩者进行赞赏性谈话。但时间都不宜过长。在这种场合，无休止地高谈阔论或旁若无人地纵情谈笑，都是不合礼仪的。

剪彩之后的参观或聚会时要虚心、认真。参观时，要耐心听取主办单位介绍，对其所取得的成就应给予肯定和赞许。聚会时，要谦虚谨慎，言谈举止应彬彬有礼。

12.3　庆典仪式礼仪

庆典，是各种庆祝仪式的总称，比如开业仪式、周年庆典、奠基仪式、落成仪式等。庆典应本着"热烈、隆重、节约、缜密"的原则进行。

庆典内容通常分为邀请嘉宾、确定场所、会场布置、庆典程序等。庆典的程序大致相同，可分为以下 4 个步骤。

首先宣布庆典开始，可奏国歌、升国旗，也可鸣礼炮等。

第二项，主方讲话，主要介绍嘉宾、庆典目的等。

第三项，客方讲话，宣读贺词等。

第四项，庆典结束合影留念，参观或演出等余兴活动。

【经典案例】

礼宾次序安排

1995 年 3 月在丹麦哥本哈根召开联合国社会发展世界首脑会议，出席会议的有近百个国家元首和政府首脑。3月11日，参会的各国元首与政府首脑合影。照常规，应该按照礼宾次序名单安排好每位元首、政府首脑所站的位置。

首先，这个名单怎么排，究竟根据什么原则排列？哪位元首、政府首脑排在最前面？哪位元首、政府首脑排在最后，这项工作实际上很难做。丹麦和联合国的礼宾官员只好把丹麦首脑（东道国主人）、联合国秘书长、法国总统以及中国、德国总理安排在第一排。而对其他国家领导人，就任其自便了。好事者事后向联合国礼宾官员"请教"，答曰："这是丹麦礼宾官员安排的。"向丹麦礼宾官员核对，回答说："根据丹麦、联合国双方协议，该项活动由联合国礼宾官员负责。"

讨论：礼宾次序有灵活运用的可能吗？

小　结

本章主要介绍了商务仪式礼仪中的签字、剪彩和庆典3种主要的仪式礼仪，按照仪式进行的顺序详细地介绍了每个步骤应该注意的礼仪细节和注意事项，有助于增长仪式知识，了解相关仪式程序，指导实际操作。

思考与练习

剪彩者的挑选有哪些标准？

活动与探索

请同学们搜集近年来我国重大签字仪式活动的资料，总结我国签字仪式礼仪有哪些？